Bernd-Lutz Lange

Freie Spitzen

aufbau

Bernd-Lutz Lange

Freie Spitzen

Politische Witze
und Erinnerungen aus den Jahren
des Ostblocks

Mit Illustrationen
von Egbert Herfurth

aufbau

Mit 20 Abbildungen und
sieben Illustrationen von Egbert Herfurth

MIX
Papier aus verantwortungsvollen Quellen
FSC® C083411

ISBN 978-3-351-03885-4

Aufbau ist eine Marke der Aufbau Verlage GmbH & Co. KG

1. Auflage 2021

Einbandgestaltung zero-media.net, München
Satz und Reproduktion LVD GmbH, Berlin
Druck und Binden CPI books GmbH, Leck, Germany
Printed in Germany

www.aufbau-verlag.de

Dieses Buch widme ich meiner langjährigen Lektorin
Birgit Peter.
Viel zu früh starb sie im Januar 2020.
Ich verdanke Birgit viele gute Hinweise zu meinen
Texten, und aus unserer Zusammenarbeit entwickelte
sich eine herzliche Freundschaft.
Das Thema des Buches hätte ihr bestimmt gefallen –
sie hat so gern gelacht.

Inhalt

Für immer vorbei

Zunächst eine kurze Erklärung zum Titel dieses Buches: Hinter dem Begriff »Freie Spitzen« verbargen sich in der DDR pflanzliche und tierische Produkte, die über das Ablieferungssoll hinaus produziert und verkauft wurden. Vom staatlichen Aufkaufbetrieb wurden dann deutlich höhere Preise gezahlt.

Die DDR hatte bekanntlich eine Planwirtschaft (auch wenn das nicht immer so aussah …), also gab es auch ein Plansoll. Dieses Soll war sozusagen ein Zielwert, in einer bestimmten Zeit sollte eine Ware produziert werden. Die »Freie Spitze« wiederum war ein Produkt über den eigentlichen Plan hinaus – das konnten auch Erzeugnisse aus anderen Bereichen als der Landwirtschaft sein.

Für das Leben in der DDR und im Ostblock hat der Begriff nun automatisch eine Doppelbedeutung. Der politische Witz läuft immer zu großer Form auf, wenn die Wahrheit nicht mehr öffentlich gesagt werden darf. Dann wurde er eine echte freie Spitze gegenüber dem Staat.

Millionen Menschen nahmen sich in all den Jahren des Ostblocks diese Freiheit im vertrauten Kreis, um auf- und durchzuatmen.

Die Pointe befreite für Sekunden.

In einer Runde von Gleichgesinnten zelebrierte man letztlich schon »Wir sind das Volk« und siegte über Unfreiheit, Dogmatismus und die Borniertheit der Funktionäre.

Und ich denke in diesem Moment des Schreibens an die vielen Menschen im Ostblock, die in den Jahrzehnten von der Veränderung träumten und sie nicht mehr erlebten.

Wir haben in der DDR nie vom »Ostblock« gesprochen. Wir sagten zumeist »Warschauer Pakt« oder »sozialistisches Lager«. Auch den offiziellen Begriff der Volksdemokratie für die osteuropäischen Länder hat umgangssprachlich kein Mensch benutzt. Lakonisch analysierte der jeweilige Bewohner:

«Was ist der Unterschied zwischen einer Demokratie und einer Volksdemokratie?

Derselbe wie zwischen einer Jacke und einer Zwangsjacke.«

Der Begriff Volksdemokratie ist doppelt gemoppelt. Wenn eine Demokratie schon eine Volksherrschaft ist, dann wäre das ja letztlich eine Volksvolkherrschaft ...

Von einem Westblock war bezeichnenderweise weder drüben noch hüben die Rede.

In diesem Buch werden die Witze ins Umfeld ihrer Zeit gestellt und durch anekdotische Streiflichter, Informationen und eigene Reiseerlebnisse etwas näher beleuchtet.

Es soll also an jene Zeiten erinnert werden, in denen für viele Menschen das Lachen und das Verlachen ihrer Nöte eine Art Überlebenshilfe war.

Natürlich handelt es sich um eine völlig subjektive Auswahl, es sind meine persönlichen politischen Lieblingswitze aus jenen Ländern.

Der von mir hochgeschätzte Kabarettist Werner Finck, der die Nazi-Diktatur erlebt und die sogenannte Diktatur des Proletariats beobachtet hatte, schrieb in seinem Vorwort zu »Der politische Witz« von Milo Dor und Reinhard Federmann:

»Wovor muss ein Politiker auf der Hut sein?

Vor freien Wahlen, vor freien Meinungsäußerungen, vor Fanatikern. Und vor Witzen.«

In einem totalitären Staat kann er die Wahlen verfälschen, die Meinungsäußerungen knebeln, die Fanatiker unschädlich machen.

Nur gegen den Witz ist er machtlos. Allenfalls kann er den Witzerzählern an den Kragen. Die Witze selbst entziehen sich der Verfolgung.

Die lauteste Propaganda, die gängigste Phrase, die raffinierteste Lüge: ein treffender Witz, und sie werden lächerlich gemacht, das Schlimmste, was ihnen passieren kann!«

Finck hatte es in der Nazizeit am eigenen Leibe erfahren. In der »Katakombe«, dem letzten bedeutenden Kabarett, das noch bis in die Nazizeit hinein spielte. Auf Anordnung von Goebbels wurde es geschlossen. Finck bekam Auftrittsverbot.

So viel Angst hatten die Mächtigen vor einem Kabarettisten.

Im April 1936, die Olympischen Spiele in Deutschland ermöglichten für kurze Zeit etwas Lockerung, durfte er im »Kabarett der Komiker« wieder auftreten. Sein Solo hieß »Spaß – ernst genommen« und endete folgendermaßen:

»Ich bitte Sie noch um Nachsicht, dass ich von Zeit zu Zeit in das Manuskript gesehen habe. Aber ich bin es nicht mehr gewöhnt, frei zu sprechen.«

Finck war aus gutem Grund der Überzeugung, dass der politische Witz zu seiner Existenz die politische Unfreiheit braucht.

Und auf diesem Gebiet hatte ja der Ostblock allerhand zu bieten …

In westdeutschen Büchern wird der politische Witz des Ostens mitunter als »Flüsterwitz« bezeichnet. Das Wort stammt aus der Nazi-Zeit. Diesen Begriff hat kein DDR-Bürger benutzt.

Ich möchte hier aber eine kleine Exkursion zum politischen Witz in der Nazi-Zeit machen … Im Leipziger Antiquariat »Die Bücherinsel« erwarb ich ein besonders seltenes Exemplar aus jenen Tagen: Jörg Willenbacher, »Deutsche Flüsterwitze. Das Dritte Reich unterm Brennglas«. Die Publikation erschien bereits 1935 in der Verlagsanstalt »Graphia« Karlsbad.

Die Broschur hat seinerzeit, das ist am Ex Libris ersichtlich, ein gewisser Edgar Goldschmid erworben. Und zwar in der Buchhandlung Librairie Nouvelle von Edwin Frankfurter in Lausanne. Diese Information kann man wiederum auf einem kleinen Etikett lesen, das von der Firma ins Buch geklebt wurde.

Beim Schreiben dieser Zeilen kam mir plötzlich die Idee, doch einmal bei Wikipedia nachzusehen, ob über die beiden Herren vielleicht zufällig ein Eintrag vorhanden ist.

Und schon erzählen mir die zwei eingeklebten Etiketten eine interessante Geschichte: Zur Buchhandlung von Edwin Frankfurter gehörte auch ein Verlag, ein paar Publikationen sind tatsächlich heute noch antiquarisch zu haben. Vor wenigen Jahren wurde im bekannten Versteigerungshaus Ketterer für über 4000 Euro ein Brief von Rainer Maria Rilke an Edwin Frankfurter versteigert.

Edgar Goldschmid steht wiederum für das Schicksal eines deutschen Juden. Er wurde in Frankfurt am Main als Sohn eines Bankiers und Kunstsammlers geboren, studierte Medizin, arbeitete in München, London, Berlin und Genf. Er war dann an der Frankfurter Universität Professor für Pathologie und konnte zum Glück schon im Jahr 1933 in die Schweiz emigrieren und war dort an der Universität Lausanne tätig. Goldschmid gelang es sogar noch, die väterliche Sammlung von Gemälden und anderen Kunstwerken nach Lausanne zu retten. Er war unter Kennern in der Stadt für seine große Bibliothek bekannt. Eine Publikation daraus befindet sich nun in meinem Besitz.

Sie hat seinerzeit ein Frankfurter bei Frankfurter gekauft … Wie kam sie aber von Lausanne nach Leipzig? Bücher haben eben ihre Schicksale.

Zurück zum Autor der Sammlung politischer Witze aus der Nazi-Zeit: Der Name Jörg Willenbacher, so habe ich wiederum bei Wikipedia erfahren, ist das Pseudonym von Franz Osterroth. Er trat schon mit siebzehn Jahren der SPD bei, war ab 1928 in Magdeburg in der Redaktion der Zeitung »Das Reichsbanner« tätig und leitete unter anderem das Kabarett »Rote Spielschar«.

Der drohenden Verhaftung entging er mit seiner Familie durch die Flucht in die Tschechoslowakei. 1938 konnte Osterroth mit seiner Familie nach Schweden fliehen, zehn Jahre später kehrte er wieder nach Deutschland zurück.

Über den politischen Witz wird im Vorwort die folgende Passage aus dem »Neuen Vorwärts« (also der Exilausgabe der SPD-Zeitung) zitiert: »Er entsteht in der Luft zwischen den Menschen. Er kristallisiert als Niederschlag der Atmosphäre wie die Rauhreifnadeln an kahlen Zweigen. Seine Anonymität gibt ihm symptomatische Bedeutung als knapp gesammelter Ausdruck übereinstimmender Meinungen. Und diese Übereinstimmung macht ihn geflügelt. Er wird nicht nur kolportiert – er wird überall sofort verstanden. Er ist das Chiffretelegramm der Gleichgesinnten: Wir verstehen uns!«

Interessant ist nun die Tatsache, dass es trotz der immensen Unterschiede zwischen Nationalsozialismus und Sozialismus Witze gab, die wenige Jahre nach dem Ende des sogenannten Dritten Reiches in der damaligen Sowjetzone bzw. in der DDR entsprechend aktualisiert ihre Auferstehung erlebten. Die Strukturen einer Diktatur schaffen eben bestimmte Parallelen.

Zwei Beispiele für aus der Nazi-Zeit übernommene politische Witze, die ich in dem Band von Franz Osterroth fand. Bei ihm drehte sich der Text natürlich um den Nationalsozialisten an sich. Schon wenige Jahre nach dem Krieg wurde er so erzählt:

Man kann nicht gleichzeitig Kommunist, ein ehrlicher und ein intelligenter Mensch sein.

Ist man intelligent und ehrlich, dann ist man nicht Kommunist.

Ist man intelligent und Kommunist, dann ist man nicht ehrlich.

Und ist man ehrlich und Kommunist, dann ist man nicht intelligent.

Eben reisten in dem folgenden Witz noch Hitler, Göring und Goebbels nach Paris. Und nun wollen Pieck, Grotewohl und Ulbricht inkognito in die französische Hauptstadt fahren.

Nachdem es ihnen gelungen ist, die Grenze unerkannt zu passieren, hören sie in Paris beim Aussteigen auf dem Bahnsteig jemanden rufen: »Bagage, Bagage!«

Darauf sagt Ulbricht: »Schnell weg! Wir sind erkannt!«

Bei Bertolt Brecht heißt es in den »Flüchtlingsgesprächen«: »In einem Land leben, wo es keinen Humor gibt, ist unerträglich, aber noch unerträglicher ist es in einem Land, wo man Humor braucht.«

Damals konnte er nicht ahnen, dass er nach der Nazi-Zeit in dem Teil Deutschlands leben sollte, wo man – wie im gesamten Ostblock – den Humor schon wieder bitter nötig hatte, wo er geradezu überlebenswichtig war. Wo es einen danach verlangte und man allerdings auch dafür belangt werden konnte.

Nach dem Ende des Zweiten Weltkriegs war einigen Menschen schnell klar, was in den osteuropäischen Ländern passieren würde. Der Schriftsteller Klaus Kordon hat es so formuliert: »... aber es wird werden wie in der Sowjetunion: Aus dem Lehren wird Belehren, aus dem Belehren Bevormundung, aus der Bevormundung Vormundschaft, aus der Vormundschaft Diktatur.«

Und so kam es auch.

Im Kalten Krieg wurden aus propagandistischen Gründen auch vom Westen Witze eingesetzt. Ich habe antiquarisch zwei Hefte erworben, die das belegen. Vielleicht landeten sie als Flugblätter mittels großer Ballons auf dem Gebiet der DDR. Solche Aktionen inszenierten zum Beispiel die »Kampfgruppe gegen Unmenschlichkeit« oder das »Ostbüro der SPD«, das eine Außenstelle in Westberlin hatte.

Das eine dünne Heft heißt »Die Sowjetzone flüstert ... Die Sowjetzone lacht!«, und darunter steht der Text »Besser als alle Wahlen gibt dieses Anekdoten-Heft die wahre Volksstimmung wieder! Bitte lesen und weiterverbreiten!«

Das konnte für den »Weiterverbreiter« schon sehr dumm ausgehen. Genauso trifft das für das zweite Heft zu: »Wer lacht da? Flüsterwitze aus der Sowjetunion, aus der Sowjetzone und aus den Volksdemokratien«. Weder ein Verlag noch ein Herausgeber tauchen auf, und einige Witze machen mir eher den Eindruck, dass sie »drüben« erfunden wurden. Es fehlt der ostdeutsche Pfiff. Agitation und Propaganda von der anderen Seite eben.

Es ist auch keiner dabei, den ich in dieses Buch aufgenommen habe.

Witze habe ich mir schon in meiner Jugend gut merken können.

Meine ersten kabarettistischen Versuche waren gestaltete Witze. Das habe ich mir nicht bewusst gemacht. Ich versuchte stets, das ist mir später klar geworden, die darin vorkommenden Figuren in einem bestimmten Gestus darzustellen.

In der Frühphase unseres Studentenkabaretts »academixer«, das ich 1966 mit gegründet hatte, bemerkte ich, dass mich einmal unser Chef Jürgen Hart in unserer Stammkneipe »Schwalbennest« genau fixierte, während ich einen Witz erzählte. Nach der Pointe beugte er sich über den Tisch, tippte mir auf die Brust und sagte: »Genauso musst Du auf der Bühne spielen!«

In meiner Jugendzeit habe ich gern im Kreis der Freunde oder auf Feten Witze erzählt. Ich freute mich über die Resonanz. Das Lachen der anderen war mein erster Beifall. Und bei guten politischen Witzen war es besonders stark.

Walter Ulbricht tauchte damals oft auf. Schoten über ihn, wie sie mein Berliner Freund Peter »Pepe« Laube nannte, konnten logischerweise nur die Sachsen richtig erzählen, an der Imitation seines Dialektes scheiterten alle Berliner, Mecklenburger oder gar Schwaben und Bayern. Um das auch mal in sächsischer Schriftsprache zu verdeutlichen ...

Ulbricht besucht eine Landwirtschaftliche Produktionsgenossenschaft. Ein musterhaftes Gut. Er lobt die fleißigen Bauern und gibt sein fachmännisches Urteil ab:

»Dähr Roggn schdehd ja sähr guhd, ja!«

Schonend wird ihm beigebracht, dass es sich bei diesem Roggen um Weizen handelt.

Darauf er: »Na, machd nichds – Haggfruchd bleibd Haggfruchd!«

Die westdeutschen Aussteller, die jedes Jahr zur Frühjahrs- oder Herbstmesse nach Leipzig kamen, waren immer besonders scharf auf neue politische Witze.

1967 lud mich, nachdem ich mit Bekannten in der Leipziger Gaststätte »Altes Kloster« gesessen hatte, eine benachbarte Männerrunde auf ein Bier ein. Sie hatten mitbekommen, dass ich ab und an unseren Tisch unterhalten und zum Lachen gebracht hatte und wollten auch gern davon profitieren.

Es waren sympathische fröhliche Menschen, und sie kamen alle aus der Bundesrepublik.

Also holte ich aus dem Portemonnaie meine Kärtchen, die ich manchmal nutzte. Auf denen standen Stichpunkte oder Abkürzungen, beispielsweise »Wüste/Sand«.

»Was passiert, wenn man in der Wüste den Sozialismus aufbaut?

Zunächst gar nichts, aber mit der Zeit wird der Sand knapp.«

Und was verbarg sich hinter »Impr./Express. Soz. Real.?«

»Beim Impressionismus malten die Künstler, was sie sahen.

Im Expressionismus malten sie, was sie fühlten.

Und beim Sozialistischen Realismus malen sie, was sie hören.«

Es wurde ein unvergesslicher Abend, und die Freundschaft mit einem der Teilnehmer, mit Fritz »Friedel« Haase aus Hannover, die hat ein Leben lang gehalten. Mittlerweile also schon über fünfzig Jahre.

Wären die Kärtchen der Stasi in die Hände gefallen, hätte ich mich auf Erinnerungslücken berufen. Die habe ich nun nach fünf Jahrzehnten tatsächlich, und so kann ich manche Stichwörter mittlerweile leider nicht mehr entschlüsseln …

Wenn ich mich an die DDR-Zeit erinnere, so sehe ich Menschen bei der Arbeit, bei Feiern, am Kaffeehaus- oder Kneipentisch in dieses entspannte und verschwörerische Lachen ausbrechen. Für ein paar Minuten hatte man dem System eine Nase gedreht und gegen die da oben gewonnen.

Nicht umsonst formulierte einst George Orwell: »Jeder Witz ist eine winzige Revolution.«

Und er hat auch eine Sentenz formuliert, die für alle Länder des Ostblocks galt: »Je weiter sich eine Gesellschaft von der Wahrheit entfernt, desto mehr wird sie jene hassen, die sie aussprechen.«

Einen großen Sammler von Witzen aus dem Bereich der Politik in Ost und West schätze ich außerordentlich – Willy Brandt. Er hat sogar ein Buch herausgegeben. Darauf komme ich im DDR-Kapitel noch zu sprechen.

Und einen guten Witzerzähler aus der Bundesrepublik, der Pointen setzen konnte, lernte ich in den frühen 90er Jahren in Düsseldorf kennen: Ministerpräsident Johannes Rau. Wir zapften unser Reservoir nach einem Gastspiel beim Bier an, das ich mit meinem Kollegen Gunter Böhnke im legendären Düsseldorfer Kommödchen hatte. Da schallte frisch vereinigtes ost-westliches Lachen durch das Foyer.

Politische Witze sind aber mehr als Witze. Geistvolle Satire geht mit Humor eine Verbindung ein. Es sind mitunter philosophische Miniaturen, die dem Wert einer Anekdote oder eines Aphorismus ebenbürtig sind. In der Literaturgeschichte tauchen sie allerdings nirgends als kleine Form auf. In seinem Buch »Der Witz« schreibt Lutz

Röhrich »Der politische Witz ist von hohem kulturgeschichtlichen Interesse, weil er in einer kurzen Erzählung die Probleme einer Zeit anschaulich macht ... Es wäre möglich, die Geschichte des 20. Jahrhunderts auf der Basis von Witzen zu schreiben.«

Wir Kabarettisten in der DDR mussten unsere Programme vor der öffentlichen Premiere den verantwortlichen Funktionären vorspielen. Diese Veranstaltung nannte sich »Abnahme«.

Das war ein geschöntes Wort für Zensur.

Dagegen war der Volkshumor unzensiert. Er hätte bei der Abnahme keine Chance gehabt.

Aber letztlich waren die politischen Witze im Ostblock mitunter die kürzesten Kabaretttexte, die es im Sozialismus gab.

Und wenn Freud seinerzeit sagte: »Ein neuer Witz wirkt fast wie ein Ereignis von allgemeinstem Interesse; er wird wie die neueste Siegesnachricht von dem einen dem anderen zugetragen« – so stimmte das vor allem für den politischen Witz im Ostblock. Einige wurden sogar von Land zu Land getragen, denn die Lebensbedingungen waren weitgehend vergleichbar.

Die Führung jedes Landes behauptete, auf der Seite des imaginären Fortschritts zu sein – der Vergleich mit der Realität fiel verheerend aus. Deshalb glaubte sie, man müsse nur die »Werbung« für das System verbessern. Dafür gab es die Agitation und Propaganda, und diese beiden Hohlkörper verschlimmerten dann die Bestandsaufnahme und forderten erst recht den Witz des Volkes heraus. Der seziert die Plumpheit und Verlogenheit.

Die Misere der Gesellschaft ist für jeden deutlich, der Augen hat, zu sehen, und Ohren hat, zu hören.

Wenn ich an Gebäuden die Losung »Die Lehre von Marx ist allmächtig, weil sie wahr ist« las, dann erinnerte mich das stark an ein religiöses Bekenntnis – im Namen einer angeblich wissenschaftlichen Weltanschauung.

Wie der Teufel das Weihwasser scheute die Parteiführung dagegen diese grundlegende Lebensweisheit von Karl Marx: »An allem ist zu zweifeln.«

Wer zweifelte, war schon fast ein Feind. Nur der gläubige Marxist war erwünscht.

»Alles ist zu glauben«, lautete unausgesprochen eigentlich die Parole.

Und wenn jene Gläubigen auf grobe Widersprüche stießen, dann trösteten sie sich, wie es mir einer mal erklärte, » dass man wegen der großen Gerechtigkeit in der Zukunft die kleinen Ungerechtigkeiten der Gegenwart ertragen müsse«.

Die vollkommene Gesellschaft wurde in die Zukunft verlegt. Dadurch musste niemand den Beweis antreten, dass das System tatsächlich einmal funktionieren würde.

Es ging immer um die Idee an sich. Um das große Ganze.

Und es wurde nicht mal das kleine Halbe.

Witze erzählte man in den sozialistischen Ländern überall, in den frühen stalinistischen Jahren natürlich vorsichtiger, denn da konnten ein paar Sätze mit einer Pointe noch zu Verhaftung und Gefängnis führen. Die Schätzungen belaufen sich für den Ostblock auf etwa 200 000 verurteilte Witze-Erzähler. In der zeitgeschichtlichen Sendung des ORF »Was ist schöner: Sex oder Sozialismus?« heißt es: »Allein in der Sowjetunion wurden mehr als 100 000 Menschen für das Erzählen eines Witzes verfolgt, inhaftiert, deportiert. Viele überlebten die jahrelange Lagerhaft nicht.«

Menschen kamen also ins Gefängnis, weil sie sich »ihre Meinungs- und Gedankenfreiheit« bewahrt hatten. Verfolgt und geahndet wurden solcherlei Delikte mindestens bis in die sechziger Jahre. Dabei ging es nicht um den Witz an sich. Es gab keinen Paragraphen, der das Erzählen von Witzen unter Strafe stellte. Es ging um den Inhalt. Richtete der sich nach Meinung der Zensoren gegen den Sozialismus, so konnten sie schnell den Tatbestand der »Hetze« konstruieren – und das führte dann zur Verurteilung.

Der ungarische Schriftsteller György Dalos, der in Berlin lebt, schreibt in seinem Buch »Proletarier aller Länder, entschuldigt mich!«: »Die Philosophie, die dem Ostblockwitz zugrunde liegt, ist in der tiefsten Überzeugung verwurzelt, dass es im realen Sozialismus weder Gleichheit noch Freiheit gibt. Die heiligen Prinzipien der Gründerväter des Sozialismus werden missachtet, die kleinen Leute werden unterdrückt, gedemütigt und betrogen. Das System ist mit Ausnahme seines Gewaltapparates funktionsunfähig.«

Und Gabriel Laub, der bedeutende Satiriker, Aphoristiker und Publizist, der den realen politischen Witz in der Sowjetunion, in Polen und der ČSSR erlebte, ehe er nach dem Einmarsch der Truppen des Warschauer Vertrages aus Prag floh und im Jahr 1968 in Hamburg eine neue Heimat fand, schrieb seinerzeit: »Politische Witze sind wie synthetische Diamanten – sie entstehen unter hohem Druck. Und sie sind – wie synthetische Diamanten – ein scharfes Instrument, mit dem man die hermetisch geschlossenen, undurchsichtigen Fenster des engen, offiziell zugeteilten geistigen Raumes aufschneidet, um ein wenig Luft zu schnappen ... Politische Witze sind die besten Zeugen der Geschichte: Sie sind unbestechlich, ihre Aussage ist kurz und einleuchtend.«

Das trifft auch für seine Aphorismen zu: »Denken ist kriminell. Die Gedanken werden ja gleich in grauen Zellen geboren.« Oder: »Alle Macht geht vom Volke aus und kommt nie wieder zurück.«

Laub war einst ein »gläubiges Parteimitglied«. Aber er verlor diesen Glauben Stück für Stück beim Betrachten der Realität. Als er 1968 in den Westen floh, verlor der »ironische Humorist«, wie ihn mal ein Kritiker nannte, seinen scharfsinnigen Blick auf die Wirklichkeit nicht: »In einem totalitären Regime kommen die Idioten durch Gewalt und Intrigen ans Ruder, in einer Demokratie durch freie Wahlen.«

Ich habe Gabriel Laub 1994 in Hamburg bei seiner Tante Anni Grynbaum kennengelernt. Durch meine Beschäftigung mit der Geschichte der Leipziger Juden war ich auf sie gestoßen. Ihn kannte ich durch seinen bei Hanser erschienenen Band »Verärgerte Logik«, den mir eine Bekannte aus der Bundesrepublik 1969 geschenkt hatte. Es waren Aphorismen von höchster Qualität. Und nun saßen wir 25 Jahre später gemeinsam am Tisch, sprachen über Gott und die Welt, ein Satiriker und ein Kabarettist. Und nach dem Motto »Wo ein Jude ist, ist auch ein Witz« dauerte es nicht lange, bis er sein Repertoire anzapfte. Viele Juden sind auf diesem Gebiet grandiose Erzähler. Gabriel konnte hervorragend Pointen setzen. Das erlebte auch bald das Leipziger Publikum im »Boccaccio«, denn ich lud ihn zu einer Lesung ein. Er initiierte eine Gegeneinladung, und so trat ich mit meinem Kabarettkollegen Jürgen Hart im Literaturhaus Hamburg auf. Beim anschließenden Umtrunk erzählte mir Gabriel, dass er Max Brod, den Retter und Bewahrer der Manuskripte von Franz Kafka, einmal in Israel besuchen konnte. Ich habe seinen Satz im wohlklingenden böhmischen Dialekt noch im Ohr: »Brod machte die Tür auf, ich ging in die Wohnung, und es roch wie in Prag.«

Er hatte quasi seine Prager Küche »mitgenommen«.

Und so duftete es in Tel Aviv nicht nach orientalischen Gewürzen, sondern nach böhmischer Küche.

Es wird wohl nicht lange gedauert haben, bis die beiden die ersten Anekdoten und jüdischen Witze ausgetauscht haben ...

Jüdischer Witz ist für mich der brillanteste, der intelligenteste. Wenn sich diese Denkstrukturen mit den Konflikten im Ostblock mischen, entstehen besondere satirische Perlen. Ich denke, man kann sogar sagen, dass der jüdische Witz im Ostblock zu seiner letzten großen Form in Europa aufgelaufen ist. Es sind nicht etwa neue Witze über arme Schnorrer und weise Rabbis, die da entstanden, aber die Tradition, das Denken, die Dialektik wurden benutzt, um die neue Zeit zu beschreiben, zu entlarven und ad absurdum zu führen.

Mitunter wehrte man sich im Witz gegen den Antisemitismus, der in Ländern wie Polen, der Sowjetunion oder Ungarn besonders verbreitet war und leider nicht nur dort selbst heute noch in bestimmten Kreisen existent ist.

Viele Juden haben eine besondere Affinität zu Satire und Humor, sowohl im Erfinden als auch im Erzählen und Sammeln.

Auf eine interessante Information stieß ich in dem Buch von Ben Lewis »Das komische Manifest«. Er verweist darin auf eine frühe Publikation zum Thema mit dem Titel »Humor hinter dem Eisernen Vorhang«, die ein gewisser Mischka Kukin herausgegeben hat. Und nun die Überraschung: Dieser Name ist das Pseudonym von Simon Wiesenthal. Der Mann, der eine ganze Reihe von Nazi-Verbrechern aufspürte, der sein Leben dem Recht und nicht etwa der Rache gewidmet hat, brauchte vermutlich ab und an etwas Entspannung von seiner aufregenden Arbeit.

Da die Strukturen gleich sind, verstehen alle Ostblock-Bewohner die Witze aus den anderen Ländern. Die Mächtigen ähneln einander. Es sind immer bestimmte Charaktere, die an die Macht streben.

In einem guten politischen Witz kann die Leitidee eines tragikomischen Stückes in wenigen Sätzen formuliert sein.

Milo Dor und Reinhard Federmann schreiben in ihrem Buch »Der politische Witz«:

»Ihre Erfinder und Erzähler machen sich über ihre eigene Ohnmacht lustig. Der Witz bewährt sich hier als geistiges Ventil, als Wirkstoff gegen die totale Verzweiflung und als Regulativ zur Wiederherstellung des seelischen Gleichgewichts. Mehr noch, er verleiht dem Unterdrückten dem Unterdrücker gegenüber eine Position geistiger Überlegenheit.«

Und weiterhin: »Die Fähigkeit, Witze zu machen, unterscheidet aber nicht nur den Menschen von allen anderen Lebewesen, sondern auch den geistigen Menschen von seinen geist- und humorlosen Widersachern. Tyrannen haben keinen Humor – ebenso wenig wie ihre sturen Gefolgsleute. Zum Humor gehören Freiheit, Individualität, Toleranz und Großzügigkeit, jenes Element der Urbanität, das den zivilisierten Menschen vom Barbaren unterscheidet ... Solange der Mensch lacht – über alle Bedrohungen, denen er ausgesetzt ist, über alle Einschränkungen, denen er unterworfen wird, und selbst über seine eigene Schwäche –, kann er nicht untergehen.«

Aus gutem, nein aus schlechtem Grund gibt es unzählige Witze über den sogenannten Sozialismus, der nie einer war. Er hatte zwar den Kapitalismus abgeschafft, aber keine gerechtere Ordnung geschaffen.

Marx schwebte ja eine Diktatur der Gerechtigkeit vor.

Die dann sich etablierende Diktatur des Proletariats war aber lediglich eine der Funktionäre.

Und trotz der vielen Funktionäre funktionierte sie nicht mal. Oder vielleicht gerade deswegen.

Mit diesem Buch möchte ich dem Volkswitz ein kleines Denkmal setzen. Vor der lange erhofften Befreiung von diesem System gab es wenigstens mal ein kurzzeitiges befreites Auflachen.

Die politischen Witze im Ostblock haben den Boden für Veränderung mit gelockert und letztlich ihren Beitrag zum Sturz des Systems geleistet.

Aber wir mussten ganz schön lange Witze erzählen, ehe es zu einem grundlegenden Wandel kam. Immerhin über vierzig Jahre ...

Union der Sozialistischen Sowjetrepubliken

Die Struktur der späteren politischen Ostblockwitze entstand logischerweise mit der Gründung der Sowjetunion, mit der Bürokratie und Unterdrückung, die ein kommunistisch regierter Staat hervorbringt.

Zwischen 1917 und 1945 gab es diese Art von Humor, diesen satirischen Blick auf eine neue Gesellschaftsordnung, nur dort. 28 Jahre waren sie in dieser Beziehung allein auf der Welt (genauso lange gab es übrigens zufälligerweise in der DDR die Mauer ...).

Erst im Zuge der Besetzung Osteuropas im Zweiten Weltkrieg durch die sowjetischen Truppen bildete sich dann nach und nach das sogenannte sozialistische Lager, weil die Sowjetarmee nun ihr Regime auch in diesen befreiten Ländern errichten konnte.

Hitler, der angetreten war, den Bolschewismus zu vernichten, hat durch seinen verbrecherischen Krieg die Ausbreitung des Bolschewismus in Europa erst ermöglicht.

Die Kommunisten in jenen Ländern verdanken nur den sowjetischen Besatzungstruppen die Übernahme der Macht. Ich erinnere mich noch an eine Diskussion mit meinem Geschichtslehrer, der die Entstehung dieser Staaten als »gesetzmäßig« im Sinne der marxistischen Weltanschauung einstufte. Das leuchtete mir nicht ein, es war für mich lediglich ein Zufall: Nur wo Sowjettruppen das Land erobert hatten, entstand Sozialismus. Ich brachte den Lehrer damit in die Bredouille, dass nach seiner Lesart dann ja Hitler und der Zweite Weltkrieg »gesetzmäßig« gewesen wären.

Er eierte herum und meinte, die Zeit wäre sowieso für diese revolutionären Veränderungen reif gewesen ... Er behauptete also einfach etwas, das er nicht beweisen konnte, wir aber für wahr halten sollten.

Fakt ist jedenfalls, dass der Sieg der Sowjetunion über die Nazis und die Umwandlung jener Staaten in Volksdemokratien wiederum die Geburtsstunde jenes besonderen politischen Witzes in Osteuropa ist.

Schon die Oktoberrevolution 1917 in Russland stand unter einem denkbar schlechten Stern. Arthur Koestler schreibt in seinem Buch »Der Yogi und der Kommissar«: »Die Bedingungen waren ungünstig, weil die sozialistische Theorie auf der Grundlage beruht, dass die Arbeiterklasse die politische Macht zuerst in industriell fortgeschrittenen Ländern erobern werde, in denen die Massen eine höhere politische Reife erreicht haben; während das zaristische Russland sogar sprichwörtlich das rückständigste Land Europas war, mit asiatischer Tradition und einer Landbevölkerung, die zehnmal größer war als das Industrieproletariat, und mit mehr als 80 Prozent Analphabeten.«

Blicken wir bei der Gelegenheit in die Zeit der Kollektivierung der Landwirtschaft zurück, die in den Jahren von 1929 bis 1933 vom Staat mit harter Hand durchgesetzt wurde. Es gab viel Widerstand, denn man zwang die Bauern mit Gewalt in die Kolchosen. Viele Menschen wollten sich aber nicht von ihrem Hof trennen. Umsonst: Sie verloren ihr Hab und Gut. Wer den Beitritt verweigerte, musste mit Verbannung nach Sibirien rechnen.

Ein Agitator hat endlich einen Bauern überzeugt, dass er Kolchosmitglied wird:

»Iwan Iwanowitsch, bist du bereit, deine Kühe an den Kolchos abzugeben?«

»Ja, ich bin bereit.«
»Und die Pferde?«
»Ja.«
»Und die Ziegen?«
»Nein, die Ziegen nicht.«
»Aber warum? Du gibst die Kühe und die Pferde, aber wieso nicht die Ziegen?«
»Ich hab nur Ziegen.«

Die vielen Widersprüche boten reichlich Stoff für den Volkswitz. Und so ist es logisch, dass über die lange Zeit von 1922 (dem Gründungsjahr der UdSSR) bis 1991 die meisten Witze über Sozialismus und Kommunismus in der Sowjetunion entstanden. In fast 70 Jahren kommt einiges zusammen ...

Die führenden Vertreter des Systems versuchten immer wieder, ein »neues Lachen« zu installieren, also eine Art »positiven Humor«, der die lichte Zukunft beschreibt. Man behauptete, alles Hässliche sei Überbleibsel des Kapitalismus. Und das redeten sich auch viele gläubige Kommunisten aus dem Ostblock ein, wenn sie das erste Mal ins Mutterland des Kommunismus reisten und von den wirklichen Zuständen im Land stark irritiert waren.

Ich kam 1950 in die Schule und bin seit frühester Kindheit mit den Bildern von Stalin aufgewachsen. Was hat man uns in der Schule für Geschichten über ihn erzählt, von Väterchen Stalin, der alle friedliebenden Menschen der Welt liebt und für sie kämpft!

Es dauerte ein paar Jahre, bis ich mit dem Älterwerden und durch westliche Quellen nach und nach die Wahrheit über ihn erfuhr.

Der kranke Lenin hatte in einem Brief noch vor Stalin gewarnt. Er erkannte augenscheinlich die Gefahr, die von dessen Charakter ausging. Als Stalin zum Generalsekretär des Zentralkomitees gewählt wurde, kommentierte das Lenin mit dem Satz: »Dieser Koch wird uns noch scharf gewürzte Speisen bereiten!«

Und im Jahre 1923 forderte Lenin in einem Testament-Nachtrag sogar die Absetzung von Stalin als Generalsekretär und schrieb: »Stalin ist rücksichtslos.«

Der Volksmund hatte das alles längst durchschaut und spitzte das Geschehen schwarzhumorig zu:

Als Lenin im Sterben liegt, ruft er Stalin zu sich.

»Ich bin sehr besorgt, ob die Menschen dir folgen werden.«

Stalin antwortet überzeugt: »Doch, werden sie, ganz bestimmt werden sie das.«

»Ich hoffe es«, meint Lenin, »aber wenn sie es nicht tun?«

»Dann werden sie eben dir folgen.«

Und dann war der Georgier, der eigentlich Josef Wissarionowitsch Dschugaschwili hieß, doch an der Macht.

Von den engsten Mitarbeitern Lenins, also von denjenigen, die mit ihm die russische Revolution und die weitere Entwicklung verwirklichten, blieb keiner am Leben.

Von Trotzki bis Sinowjew, von Kamenew bis Bucharin, von Rykow bis Tuchatschewski und viele andere.

Fassungslos nahmen die Menschen zur Kenntnis, dass plötzlich die engsten Mitarbeiter von Lenin Volksfeinde oder Spione gewesen sein sollten. Stalin entledigte sich aller Menschen, die potenzielle Konkurrenten seiner Herrschaft sein könnten.

Wilhelm Herzog schreibt in seinem Buch »Menschen, denen ich begegnete«: »Nur so konnte er die von ihm angestrebte Alleinherrschaft erreichen und festigen. Nur so war es möglich, dass ein Personenkult entstand, wie er unmarxistischer kaum gedacht werden kann. Byzantinisch bis zur Lächerlichkeit ... Der Weg führte in Russland vom Matriarchat über das Patriarchat zum Sekretariat, zur Herrschaft einer selbstherrlichen, größenwahnsinnig gewordenen und in ihrem Größenwahn ausschweifenden Bürokratie, die in Josef Stalin, dem ›Unfehlbaren‹, gipfelte.«

Der vor allem von ihm ausgelöste Massenterror in den Jahren 1937/38 betraf Millionen Menschen. Das russische Innenministerium schätzt nunmehr die Zahl der Hinrichtungen auf über 700 000.

Es kam zu völlig absurden »Geständnissen« durch permanente Verhöre, Folter und Psychoterror. Die Moskauer Schauprozesse mit vielen Todesurteilen, der Terror des NKWD (Volkskommissariat des Innenministeriums mit eigenen Truppen und einer Geheimpolizei), die Lager in Sibirien verbreiteten Angst und Schrecken. Von 1930 bis in die fünfziger Jahre waren in den Lagern etwa 18 Millionen Menschen inhaftiert. Mehr als 2,7 Millionen starben dort oder in der Verbannung. So steht es bei Wikipedia. Anne Applebaum zählt in ihrem monumentalen Werk »Der Gulag« noch sechs Millionen Verbannte nationaler Minderheiten dazu. Sie kommt deshalb auf viereinhalb Millionen Opfer, die im »Fleischwolf« zu beklagen sind. So nannten die Betroffenen im Jargon den Gulag.

Auch diese Tatsache ist eigentlich unvorstellbar: Ein großer Teil der KPD-Mitglieder, die sich nach der Machtergreifung der Nazis in Deutschland in die Sowjetunion gerettet hatten, wurde verhaftet und nicht selten in der Zeit des Nichtangriffspaktes bis 1941 sogar an die Nazis ausgeliefert. Sie entkamen Hitler, dem »Führer«, aber nicht Stalin, der in der UdSSR übrigens oft »Großer Führer« genannt wurde.

Hätten Rosa Luxemburg (sie begrüßte die Oktoberrevolution, aber warnte andererseits auch vor einer Diktatur der Bolschewiki) und Karl Liebknecht noch gelebt und in Moskau Zuflucht gesucht, dann wären sie mit großer Wahrscheinlichkeit ebenfalls im Gulag gelandet …

Rosa Luxemburg sagte: »Freiheit nur für die Anhänger der Regierung, nur für Mitglieder einer Partei – mögen sie noch so zahlreich sein – ist keine Freiheit. Freiheit ist immer nur Freiheit des Andersdenkenden.« Sie wollte nicht, dass sie »zum Privilegium« wird.

Trotzki, einer der potenziellen Nachfolger von Lenin, wurde auf Befehl Stalins im mexikanischem Exil ermordet, deutsche Antifaschisten klagte man als »deutsche Trotzkisten« an. Aufrechte Linke erklärte man zu »rechten Abweichlern«.

Manés Sperber schreibt in seinen »Sieben Fragen zur Gewalt« über Aussagen von Trotzki, die sich als Prophezeiung erweisen sollten: »Die Parteiorganisation, sagte er voraus, wird sich anstelle der Partei setzen; das Zentralkomitee wird die Parteiorganisation ersetzen und schließlich wird ein einziger Mensch die Macht des Zentralkomitees an sich reißen.«

Ich habe aus meiner Kindheit in Erinnerung, dass meine Mutter über meinen leider früh verstorbenen Vater erzählte, dass er einmal zu ihr gesagt hatte: »Stalin watet im Blut.« Eine Sendung im Londoner Rundfunk, den wir mit Mühe und etwas Glück in unserem veralteten Radio in Zwickau hören konnten, hatte ihn über dessen Verbrechen aufgeklärt.

In die Zelle eines Moskauer Gefängnisses werden drei Verhaftete gesperrt. Nachdem die Tür geschlossen wurde, kommen sie gleich auf den Grund ihrer Verhaftung ins Gespräch.

»Ich bin verhaftet worden, weil ich *für* den Genossen Popow war.«

Das wundert den neben ihm Stehenden: »Ich bin verhaftet worden, weil ich *gegen* den Genossen Popow war!«

Da sagt der Dritte: »Ich *bin* der Genosse Popow!«

Ich erinnere mich noch, wie ich als Kind diesen Satz von Erwachsenen aufschnappte: »Den hammse abgeholt!« Ich wusste natürlich nicht, warum und wozu man ihn »abgeholt« hatte, ahnte nur, dass es sich um etwas völlig anderes handelte, als wenn ich meinen Schulfreund Rudi von zu Hause abholte ... Durch die Stimmlage der Erwachsenen, durch ihre Mimik ahnte ich, dass von etwas Bedrohlichem geredet wurde.

Das waren dann die ostdeutschen »Popows«.

Aber zurück in das Moskauer Gefängnis.

Eine Zelle weiter sitzen ebenfalls drei Insassen und unterhalten sich über ihre Haftgründe:

»Weshalb hat man dich eingesperrt?«

»Ich kam zu spät zur Arbeit. Das hat man mir als Sabotage ausgelegt.«

»Und du?«

»Ich kam zu früh. Deshalb hielt man mich für einen Spion.«

Die beiden wenden sich dem dritten Mann zu: »Tja, ich kam pünktlich, aber mein Fleiß und Eifer war in ihren Augen nur ein Deckmantel für meine Feindschaft gegenüber dem Kommunismus.«

Noch ein paar Beispiele aus jenen Jahren:

Drei angebliche Trotzkisten sind zum Tode verurteilt worden.

Ein Pole, ein Tscheche und ein Jude.

Sie werden alle drei nach ihrem letzten Wunsch befragt.

Der Pole sagt: »Wenn ich erschossen worden bin,

dann soll man meine Asche auf das Grab von Pilsudski streuen.«

Der Tscheche meint: »Ich möchte, dass meine Asche auf das Grab von Masaryk gestreut wird.«

Der Jude bittet darum, dass seine Asche auf das Grab von Stalin gestreut wird.

Verwundert antwortet man ihm: »Aber Stalin ist doch noch gar nicht tot!«

Darauf der Jude: »Ich kann warten.«

Ein Staatsanwalt besucht einen befreundeten Richter. Der sitzt am Schreibtisch vor einer Akte und lacht.

»Warum lachst du?

»Ach, das ist wirklich ein toller Witz.«

»Erzähl!«

»Nein, das geht nicht. Ich habe den Erzähler gerade zu fünf Jahren verurteilt.«

Um drei Uhr morgens klopft jemand bei Rabinowitsch an die Tür.

Er schreckt aus dem Schlaf hoch, zittert und überlegt, ob er öffnen oder gleich aus dem Fenster springen soll.

Da hört er die Stimme des Nachbarn: »Erschrecken Sie nicht, es ist nichts Ernstes! Ich wollte Ihnen nur sagen, dass das Haus brennt.«

Ein Amerikaner, ein Franzose und ein Russe unterhalten sich über Glück.

Der Amerikaner erzählt: »Ich war kurz vor der Pleite. Da ruft mich mein Börsenmakler an und gibt mir einen Tipp. Über Nacht habe ich eine Million verdient. Das war mein größtes Glück.«

Der Franzose sagt: »Ich war seit Monaten unglücklich verliebt. Eine Traumfrau. Und dann hat sie mich plötzlich doch erhört, und ich verlebte mit ihr eine sagenhafte Liebesnacht – mein größtes Glück!«

Schließlich berichtet auch der Russe von seinem größten Glückserlebnis: »Es war an einem Montag, fünf Uhr morgens. Es klopft laut an meiner Tür. Ich erwache, erschrecke und zittere vor Angst. Natürlich muss ich öffnen. Draußen stehen drei Geheimpolizisten von der GPU.

»Sind Sie Alexej Stepanowitsch Sokolow?«

»Nein ... eine Treppe höher.«

Im Zimmer einer Verwaltung klingelt das Telefon.

»Ich hätte gern den Genossen Aronowitsch gesprochen.«

»Er ist nicht da.«

»Ist er auf Arbeit?«

»Nein.«

»Auf einer Dienstreise?«

»Nein.«

»Hat er Urlaub?«

»Nein.«

Nach einer kleinen Pause: »Habe ich Sie richtig verstanden?«

»Ja.«

Dieser Dialog, der vielleicht sogar tatsächlich so an einem Telefon stattgefunden hat, ist ein Witz aus jenen Tagen, der eine Gänsehaut erzeugt.

Zwei Juden sind zum Tod verurteilt worden. Sie sollen erschossen werden. Kurz vor dem Termin teilt man ihnen mit, dass sie nicht erschossen, sondern erhängt werden.

»Siehst du«, sagt der eine, »nicht einmal Munition haben sie noch!«

Eine Kommission kommt in ein Lager und spricht mit verschiedenen Häftlingen.

»Wie lautet dein Urteil?«

»Zehn Jahre.«

»Wofür?«

»Für nichts.«

»Das ist unmöglich. Wenn du fünf Jahre bekommen hättest, dann könnte es für nichts sein, aber für zehn Jahre muss es schon irgendetwas gewesen sein. Also, warum wurdest du eingesperrt?«

»Wegen Faulheit.«

»Wegen Faulheit?«

»Ich saß mit einem Kollegen zusammen. Wir tranken Wodka und erzählten politische Witze. Dann ging ich nach Hause. Es war kalt und regnete. Ich war bei dem Wetter zu faul, meinen Kollegen sofort anzuzeigen. Morgen ist auch noch ein Tag, dachte ich, und es ist vielleicht schönes Wetter. Mein Kollege war nicht so faul und hat mich gleich beim NKWD angezeigt. Nun sitze ich hier wegen meiner Faulheit.«

Ein Hase ist aus der Sowjetunion geflohen. Man fragt ihn nach dem Grund.

»Es wurde eine neue Verordnung erlassen, dass man allen Tieren den fünften Fuß abschneiden wird.«

»Aber du hast doch nur vier!«

»Leider wird erst abgeschnitten, dann gezählt.«

Man konnte sich in jenen Jahren benehmen, wie man wollte. Es gab keinen Schutz, kein Rezept, dem Verderben zu entgehen. Die Willkür regierte.

Allein beim Bau des von Stalin geforderten 230 Kilometer langen Weißmeer-Ostsee-Kanal starben mindestens 50 000 Menschen, manche schätzen die Zahl der Opfer noch viel höher.

Nicht umsonst nannte man ihn den »Kanal des Todes«.

Der Volksmund fragte: »Wer hat den Kanal erbaut?« und gab auch gleich die Antwort: »Die Witze-Erzähler.«

Und dann erhält man noch eine genauere Information:

»Das rechte Ufer haben die gegraben, die Witze erzählt haben.«

»Und das linke?«

»Die, die ihnen zugehört haben.«

In einem Interview wird Stalin gefragt, ob er ein Hobby habe.

»Ja, ich sammle Witze über mich.«

»Und wie viele haben Sie schon?«

»Ein paar Lager voll.«

Als ich im Jahr 1964 mit zwanzig Jahren zum ersten Mal in meinem Leben mit »Jugendtourist« der DDR in die UdSSR reiste und mir in Moskau eine Papirossa der Marke »Belomorkanal« ansteckte, nach Russenart das filterlose Mundstück knickte, da hatte ich keine Ahnung, wie viel menschliches Leid hinter diesem Namen steckte.

Die Zigarette galt als die stärkste im sozialistischen Lager, aber mein Rauchvergnügen hielt sich stark in Grenzen. Dagegen war der Schaden für jene, die sie täglich inhalierten, garantiert grenzenlos. Es soll in der Sowjetunion die beliebteste Zigarettensorte gewesen sein.

Stalin war ja Pfeifenraucher, aber wenn er sich mal ein Stäbchen ansteckte, dann war es eine Papirossa (was übrigens so viel wie Papierchen heißt) der Sorte Kasbek. Das hat der Georgier vielleicht schon aus Heimatverbundenheit gemacht, denn sie war nach dem über 5000 Meter hohen kaukasischen Berg in Georgien genannt.

Stalin hatte ja in seiner Jugend ein Priesterseminar besucht und strukturierte die Partei sozusagen im Sinne einer atheistischen Religion. Er ließ sich gottähnlich verehren. Bei Umzügen wurden die neuen Heiligenbilder wie Monstranzen umhergetragen, und das jeweils größte Bild zeigte immer ihn. Ein Teufel schuf sich seine Gemeinde, und die Ketzer schickte er in seine Höllen.

Er wusste, sah und konnte alles.

Stalin ist natürlich auch der größte Jäger in der Sowjetunion.

Noch nie hat er ein Ziel verfehlt.

Mit Mitgliedern des Politbüros geht er auf Entenjagd. Eine Ente fliegt aus dem Schilf eines Sees auf. Stalin schießt. Die Ente fliegt weiter.

Ein Genosse ruft: »Ein Wunder! Die erste tote Ente, die weiterfliegt!«

Im Jahr 1937 beging man in der UdSSR den 100. Todestag des großen russischen Dichters Alexander Puschkin. Die Sowjetregierung schrieb einen Wettbewerb für ein repräsentatives Denkmal aus. Die Kommission hat eine Fülle von Entwürfen zu beurteilen. Schließlich gibt es drei Arbeiten, die in die engere Wahl gezogen werden:

»Puschkin steht auf einem Gipfel im Kaukasus und blickt verträumt in die Ferne«, »Puschkin fällt, niedergestreckt von der Kugel seines Duellgegners«, »Puschkin wird von den Musen mit Lorbeer bekränzt«.

Die Jury entscheidet sich aber dann doch für den Entwurf: »Stalin liest Puschkin«.

In der Art dieses Witzes gibt es noch eine Variante.

Es soll ein Lenindenkmal errichtet werden. Stalin muss es natürlich absegnen. Der Künstler zeigt ihm den Entwurf, ein mehrere Meter hohes Standbild Lenins.

Stalin wirft einen Blick darauf und meint: »Ich glaube,

da fehlt noch etwas. Sie sollten noch einmal darüber nachdenken.«

Nach einigen Tagen kommt der Künstler mit einem neuen Entwurf: Auf der Zeichnung steht neben Lenin der junge Stalin.

»Das gefällt mir schon besser, aber ich meine, dass diese Komposition trotzdem noch etwas unausgewogen ist.«

Der Künstler überlegt intensiv und präsentiert schließlich dem Parteiführer die dritte Version, die schließlich akzeptiert wird: Stalin sitzt in einem Sessel und liest ein Buch von Lenin.

In einem Demonstrationszug gehen zwei alte Männer. Sie tragen ein Transparent mit der Aufschrift »Wir danken dem Genossen Stalin für unsere glückliche Kindheit«.

Da werden sie von einem Mann aus der Menge angesprochen: »Was für ein Unsinn? Als ihr Kinder wart, da war der Genosse Stalin ja noch gar nicht an der Macht!«

»Dafür danken wir ihm.«

Als Chef des Innenministeriums brachte Lawrenti P. Berija besonders viel Leid und Elend über die Bevölkerung. Von 1938 bis 1953 war er der Organisator des Stalinschen Unterdrückungsapparates.

Ein sowjetischer Schriftsteller wurde in den späten dreißiger Jahren von Berija eingeladen, ein Lager zu besichtigen. Nach seiner Rückkehr fragten ihn Kollegen über seine Eindrücke. Er fasste sie in einen Satz zusammen: »Ich fühlte mich ... wie ein Fuchs im Pelzgeschäft.«

In dem Buch »Berija. Henker in Stalins Diensten«, das Vladimir F. Nekrassow herausgegeben hat, schreibt Andrej Gromyko, dass er Augenzeuge war, wie Stalin in Jalta an einer Tafel von Roosevelt gefragt wurde: »›Wer ist denn dieser Gentleman, der dem Botschafter Gromyko gegenübersitzt?‹

Berija war Roosevelt offensichtlich nicht vorgestellt worden.

Stalin antwortete darauf:

›Ach, das ist unser Himmler. Das ist Berija.‹«

Gromyko empfand das als »treffsicheren Vergleich«.

Nach dem Tod Stalins – da gab es übrigens noch 175 Lager im Land – strebte Berija nach der Macht. Er wollte unbedingt sein Nachfolger werden. Chruschtschow hatte das längst registriert und suchte deshalb Verbündete, um das zu verhindern. Er organisierte mit Präsidiumsmitgliedern des ZK die Verhaftung von Berija während einer Sitzung.

Marschall Shukow betrat mit einigen Offizieren den Raum.

Chruschtschow beschreibt in dem oben erwähnten Buch jene Situation. Malenkow forderte Shukow auf: »›Als Vorsitzender des Ministerrates der UdSSR fordere ich Sie auf, Berija zu verhaften.‹

Shukow befahl Berija: ›Hände hoch!‹«

Und so wurde der völlig überraschte Berija ausgeschaltet.

Die verehrten Repräsentanten, deren Bilder am 1. Mai durch die Straßen getragen wurden, waren plötzlich Akteure in einer Polit-Farce.

Der Kreml wurde aber von vielen bewaffneten Leuten des Innenministeriums bewacht. Nun mussten die Militärs Berija auf konspirative Weise nach draußen bringen. Es spielte sich eine Szene wie in einem amerikanischen Abenteuerfilm ab, und ich zitiere hier aus den Erinnerungen von Shukow: »Wir verstauten ihn auf dem Rücksitz eines SIS und deckten ihn mit einem Teppich zu. Die Kremlwache, die ihm als Minister des Inneren unterstand, schöpfte keinen Verdacht und ließ uns passieren.«

Das muss man sich einmal vorstellen: Offiziere der ruhmreichen Sowjetarmee schleusen den Minister des Innern der UdSSR in einer ganz speziellen Partisanenaktion unter einem Teppich im Auto nach draußen!

Die Offiziere brachten ihn in das Gefängnis des Moskauer Militärbezirks. Dort saß er bis zu seinem Prozess »Über verbrecherische staatsfeindliche Handlungen L. P. Berijas«. Und dort wurde er auch erschossen.

Ich habe diese Episode etwas ausführlicher beschrieben, weil wir alle im Ostblock damals keine Ahnung hatten (und es heute noch viele nicht wissen), was sich in jenen Tagen des Jahres 1953 im Moskauer Kreml abspielte. Welten klafften generell zwischen dem, was die Menschen im Warschauer Pakt über die Sowjetunion offiziell erfuhren, und dem, was sich dort in den höchsten Kreisen tatsächlich abspielte.

Zdeněk Mlynář wurde 1950 von der kommunistischen Partei der Tschechoslowakei zum Studium nach Moskau delegiert. Damals war er zwar ein gläubiger junger Stalinist, aber doch über manche Erscheinungen des Lebens in Moskau erstaunt, so zum Beispiel »... dass zahllose Betrunkene auf den Gehsteigen lagen, über die die Passanten hinwegstiegen, ohne dass es sie im geringsten zu kümmern schien, ob sie überhaupt noch am Leben waren«.

Die Intensität des Alkoholkonsums im Land verblüffte ihn. Er konnte sich natürlich der Einladung seiner sowjetischen Kommilitonen nicht verschließen, und so endete er anfangs mehrfach im Vollrausch. Da war schon ein gewisses Training vonnöten, um diese Gelage zu überstehen.

Der Alkohol, das war seine Erfahrung, spielte im Leben

des Sowjetmenschen eine ganz bestimmende Rolle. »Der Wodka ließ ihn eine Zeit lang die Realität vergessen und schuf ihm die Illusion der Freiheit. Erst unter dem Einfluss des Wodkas entstand eine normale menschliche Kommunikation.«

Und es gab auch einen politischen Aspekt der Sache. Mlynář teilte sich sein Zimmer im Studentenwohnheim mit sechs ehemaligen sowjetischen Frontsoldaten. An der Wand hing ein gerahmtes Stalin-Plakat. In seinem Buch »Nachtfrost« schreibt er: »Sobald eine Flasche Wodka auf den Tisch kam, wurde das Plakat umgedreht und auf der Rückseite erschien das selbstgemalte Bild einer Kurtisane aus dem zaristischen Petersburg, das nun den Raum beherrschte. Man verriegelte die Zimmertür, und es öffneten sich die Portale zu einem Leben ohne Verstellung, in dem die Menschen, während ihre Zunge vom Alkohol immer schwerer wurde, immer einsichtsvollere Dinge äußerten.«

Die Verwunderung über die besonderen Verhaltensweisen in diesem Zustand zeigte sich für Mlynář auch in der folgenden anekdotischen Begebenheit. Ein betrunkener Funktionär fordert ihn unter Tränen auf, dass er ihm sagen soll: »Ich bin ein Schwein. Sag mir, dass ich ein Schwein bin!«

Was war passiert?

Der Funktionär hatte gerade auf einer Versammlung der Universität für den Ausschluss seines Freundes gestimmt. Es ging um eine Wette, die jener Mann initiiert hatte. Er war der Meinung, dass der Freund sich nicht getrauen würde, in einer Turnhose den Gang des Studentenwohnheims entlangzulaufen. Für die puritanischen Verhältnisse in der Sowjetunion wäre das schon als Skandal empfunden worden. Etwa so, als wenn in einem anderen Land einer völlig nackt den Gang entlangspazieren würde.

Aber: Der Freund tat es tatsächlich, und so war der Skandal da. Und nun hatte aber sein Kumpel, der an allem schuld war, gegen ihn gestimmt. Unter Alkohol regte sich sein Gewissen: »Und der zerknirschte Bolschewik an meiner Brust beruhigte sich nicht eher, bis ich ihm zustimmte, ja er sei ein Schwein.«

Mlynář, der übrigens in den sechziger Jahren zu den führenden Reformkommunisten der ČSSR gehörte und 1970 aus der Partei ausgeschlossen wurde, fügt nun zum Lebenslauf des Mannes an, dass dieser ehemalige Mitstudent nach dem Studium Ankläger bei einem Militärgericht wurde, und so ist damit zu rechnen, dass er sich wohl nach manchem Prozess betrinken musste und dann sicher regelmäßig jemanden aufforderte, ihm zu bestätigen, dass er ein Schwein sei ...

Stalin war nie in der DDR. Ostdeutschen Boden betrat er nur während der Potsdamer Konferenz. Die Anreise erfolgte mit dem Zug, da Stalin Flugangst hatte.

Mir ist auch nicht bekannt, dass er jemals in ein Land des Ostblocks gereist wäre.

Vielleicht hatte er in jenen Ländern noch mehr Angst vor einem Attentat als zu Hause in Moskau. Wie man nach der sowjetischen Wende in der »Sowjetskaja Molodjosh« erfuhr, hatte der Diktator jahrelang einen Doppelgänger.

Stalin lebte immer in Angst vor seinem Volk.

Ausgerechnet der Mann, der fortwährend beschwor, alles für sein Volk zu tun, ängstigte sich vor ihm. Vielleicht kam ihm ja doch der Gedanke, dass sich jemand für sein Tun rächen könnte. Deshalb ist eigentlich sein Handeln ganz folgerichtig.

Der Geheimdienst bekam jedenfalls den Auftrag, einen Mann zu suchen, der ihm täuschend ähnlich sah. Und nun folgt eine Pointe, die nur das Leben schreiben kann: der Antisemit Stalin (»Was ist der Unterschied zwischen Moses und Stalin? Moses hat die Juden aus Ägypten und Stalin aus dem Zentralkomitee geführt.«) wurde von dem jüdischen Buchhalter Jewsej Lubizki gedoubelt.

In einer Datsche bei Moskau beschäftigten sich Kosmetiker, Schneider und Friseure mit ihm, um einen perfekten Stalin zu modellieren. Nachdem das Werk gelungen war, wurden sie alle liquidiert.

Lubizki soll auch als Stalin auf der Tribüne des Lenin-Mausoleums gestanden haben.

1952 wurde er verhaftet und in ein Lager nach Sibirien geschickt. Nach Stalins Tod hat man ihn freigelassen.

Ich möchte noch einmal auf Stalins Tod am 5. März 1953 zurückkommen.

Im DEFA-Augenzeugen (der filmischen Wochenschau im Kino vor dem Hauptfilm) sahen wir Kinder den Trauerzug in Moskau, die ernsten, weinenden, teils geradezu hysterischen Menschen, die am offenen Sarg des Aufgebahrten vorbeizogen. Stundenlang.

Jahrzehnte später, nach der Wende, las ich im Buch der Gebrüder Wainer »Im Zeichen von Schlinge und Stein«, was sich in jenen Stunden in der sowjetischen Hauptstadt tatsächlich abgespielt hatte.

Die Autoren beschreiben in aller Härte das Leben in der Sowjetunion. Geschrieben haben sie es in den siebziger Jahren. Es hatte nie eine Chance der Veröffentlichung. Sie wollten es aber nicht im Westen oder im Samisdat herausbringen, sondern warteten auf bessere Zeiten. Die Gebrüder Wainer haben das Manuskript aus guten Gründen nicht in einer Schublade liegen lassen, »sondern einen Film mit dem chiffrierten Text an sicherer Stelle verborgen«.

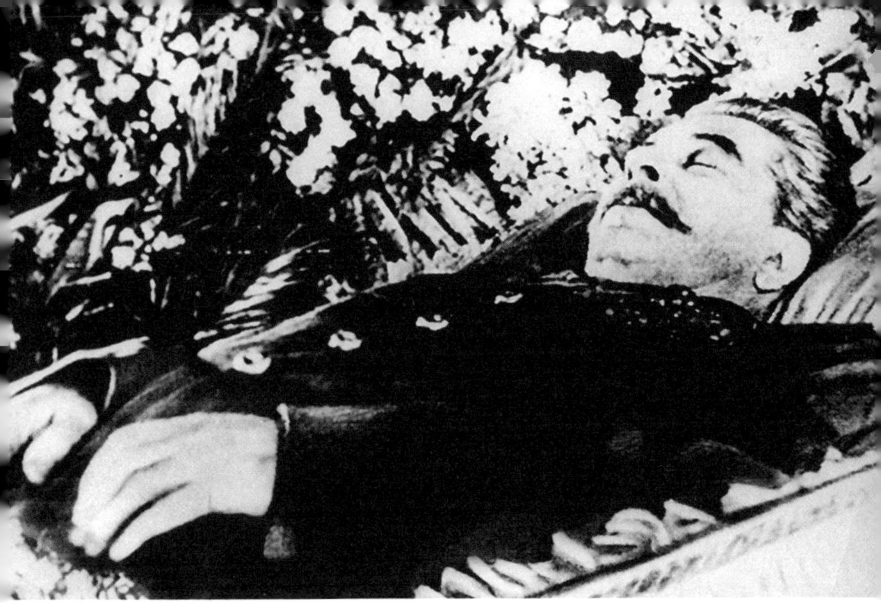

1 *Aufbahrung von J. W. Stalin in der Säulenhalle des Moskauer Gewerkschaftshauses*

Ihr Buch erschien dann 1990 in Moskau. Ein toll geschriebener und spannender Roman, der wie ein Film an einem vorüberzieht.

Wie war das also an jenem Tag, als Stalin aufgebahrt wurde?

Im Moskau jenes Trauertages »... wälzten sich brodelnde, schreiende Wogen ins Zentrum, aufgeregte, angetrunkene Menschen. Drei Millionen sollen es gewesen sein. Die Türen des Säulensaals ließen pro Minute sechzig Menschen durch ... Langsam, unaufhaltsam bewegten sich die Militärfahrzeuge der Menge entgegen, um das Volk aus den ans Regierungszentrum angrenzenden Straßen abzudrängen ... Ein ungeheuerliches, die Ohren zerreißendes Geheul erhob sich über der verängstigten grauen Stadt ... Ich sah, wie Menschen zerquetscht wurden.

Moskau steht auf sieben Hügeln. Von jedem strömte Blut abwärts. Von den Gipfeln rollte die Menschenlawine unaufhaltsam hinunter. Die Vordersten wurden unter wilden Entsetzensschreien an den Bordwänden der Fahrzeuge zerdrückt.«

Ein unvorstellbares Inferno: »Dieses furchtbare Gebrüll … vor uns tönten die Hupen der Militärlaster, hysterisch schreiende Frauen in Todesangst, aus dem Straßenlautsprecher dröhnte Trauermusik, dazu das gellende Geheul der Krankenwagen, die nicht zu den Eingequetschten gelangten.«

Während wir Kinder im Kino den DEFA-Augenzeugen mit den Trauernden am Sarg sahen, spielte sich im Zentrum von Moskau eine Tragödie ab. Und ich habe davon zum ersten Mal im Jahr 2020 in dem Buch der Gebrüder Wainer gelesen. Kurioserweise fand ich im gleichen Jahr zufällig noch einen Augenzeugen-Bericht über diesen Tag.

Zdeněk Mlynář, von dem ich weiter vorn schon geschrieben habe, war auch in jenen Märztagen in Moskau, als mit Stalins Tod schon gerechnet wurde. »Und gerade in diesen Tagen kam mir, nach allen bisherigen Erfahrungen, auch klar zum Bewusstsein, dass Stalin für die Sowjetmenschen im Grunde genommen ein gefürchteter und gleichzeitig geliebter Zar war: nicht weniger, aber auch nicht mehr.«

Als im Rundfunk bekanntgegeben wurde, dass Stalin im Moskauer Gewerkschaftshaus aufgebahrt lag, machte sich Mlynář mit Kommilitonen auf den Weg und landete mitten in den chaotischen Verhältnissen. Es wurde sogar berittene Miliz eingesetzt.

»Die Milizionäre schossen nicht, sie schwenkten auch keine Säbel, wie es die zaristischen Kosaken zu tun pflegten, aber das war auch gar nicht nötig. In geschlossener Phalanx, Roß an Roß, ritten sie auf die Massen zu, und da Pferde stärker sind als Menschen, drängten sie die Menge zurück. Wo der Widerstand zu hartnäckig war, erhoben sich die Pferde auf die Hinterbeine …

Wenn aber auch das nicht nützte, halfen die Knüppel der Reiter nach.«

Mlynář kommt in immer größere Bedrängnis und wird »gegen die Metallkarosserie des LKWs gepresst … wie ein Gegenstand am Wagen entlanggeschleift. Meine einzige Hoffnung war die, dass ich bis zum Motor geschleift würde und dann über die Haube auf die andere Seite entkommen könnte. Damit würde ich zwar die Chance aufgeben, Stalin im Sarg zu sehen, aber die Sicherheit gewinnen, nicht selbst in einem Sarg zu enden. Ich wählte die Sicherheit und es gelang mir zu entkommen.«

Zu Sowjetzeiten wurde die Katastrophe als Staatsgeheimnis behandelt, aber es gibt bis heute keine genauen Zahlen. Fest steht, dass Hunderte Menschen in Stalins Trauerzug ums Leben kamen, manche Quellen vermuten gar bis zu 2 000 Opfer.

Und dann passierte das: Auf dem längst legendären XX. Parteitag der KPdSU im Jahre 1956 hielt Chruschtschow eine Geheimrede über die Verbrechen Stalins.

Diese Rede blieb nicht lange geheim, sondern machte bald weltweit die Runde. Sie ließ innerhalb der sozialistischen Staatengemeinschaft die Hoffnung auf Veränderungen wachsen, weil Chruschtschow damit die Entstalinisierung einleitete.

Jene Menschen, die nach Stalins Tod aus den verschiedenen Lagern entlassen wurden (erst mal nur ein Teil), antworteten schwarzhumorig auf die Frage, wo sie die letzten Jahre gearbeitet hatten, dass sie zum Studium an der »Fernöstlichen Akademie für Gesellschaftswissenschaften« waren …

Nach dem XX. Parteitag gab es neue Fragebögen im Land. Darin wurde gefragt, ob der Betreffende bei der Durchführung der entsprechenden Parteilinie geschwankt habe.

Einer soll auf dem Bogen formuliert haben: »Ich schwankte stets im Einklang mit der Linie.«

Aber nun war das Schlimmste erst einmal vorbei.

Und Stalin kommt selbstverständlich in die Hölle!

Der Kessel wird sofort angeheizt. Da sieht er plötzlich, dass Hitler hinter einem Schreibtisch sitzt und irgendwelche Schreibarbeiten verrichtet. Nun beschwert sich Stalin beim Oberteufel: »Ich soll hier im Kessel gekocht werden, und dieser Massenmörder kriegt sogar noch eine geistige Tätigkeit!«

»Den sollten Sie nicht beneiden«, meint da der Oberteufel zu ihm, »er ist dazu verdammt, ›Das Kapital‹ aus dem Hebräischen ins Russische zu übersetzen!«

Ein anderes Kapitel in der Sowjetunion ist die Glorifizierung von bestimmten sowjetischen Wissenschaftlern.

Der Biologe Mitschurin war in der Stalinzeit besonders anerkannt. Sein Schüler Lyssenko war Präsident der Agrarwissenschaftlichen Akademie und bekämpfte in seiner Funktion »formalistische« Biologen, attackierte vor allem die Anhänger der längst bewiesenen Mendelschen Gesetze oder generell der Genetik. Der sowjetische Volksmund karikierte wiederum die pseudowissenschaftlichen Erkenntnisse von Lyssenko mit der folgenden Geschichte:

In einem Labor findet ein Experiment mit einem Floh statt. Ein Biologe fordert ihn auf: »Spring!«

Der Floh springt. Danach reißt er ihm ein Bein aus: »Spring!«

Er hüpft wiederum. Das Experiment geht weiter, bis er alle seine Beine verloren hat und auf den Befehl »Spring!« nicht mehr reagiert.

Und was schreibt der Biologe danach in seinen Untersuchungsbericht?

»Die empirische Untersuchung hat bewiesen, dass ein Floh seine Hörorgane an den Füßen hat.«

Es kam in jenen Jahren sogar tatsächlich zu einem neuen »-ismus« in der Sowjetunion. Dieser Lyssenkoismus hat die gesamte Genetik-Forschung in der UdSSR weit zurückgeworfen.

Der Scharlatan erhielt siebenmal den Lenin-Orden und dreimal den Stalin-Preis und behauptete, dass Lebewesen nur durch die Umwelt und nicht durch Gene bestimmt seien.

Er war der Überzeugung, dass der Mensch problemlos die Gesetze der Natur umstoßen kann.

Ende der vierziger Jahre wurden in der Sowjetunion viele Biologen entlassen, weil sie sich gegen seine Thesen wandten. Trofim Denissowitsch Lyssenko galt unter Stalin als Wunderwissenschaftler. Der Volkswitz beschrieb die Situation in jenen Jahren so:

Eine Delegation von Bauern besichtigt die Versuchsfelder von Lyssenko.

Nach seiner Rückkehr berichtet einer, er habe auf den Feldern mitten im Schnee reife Erdbeeren in Kürbisgröße gesehen. Die Zuhörer staunen und fragen, ob das alle aus der Delegation gesehen haben.

»Nein«, sagt daraufhin lächelnd der Bauer, »deshalb sind sie ja auch nicht zurückgekommen.«

Noch in der ersten Hälfte der sechziger Jahre hatte Lyssenko in der Sowjetunion einen gewissen Einfluss. Raissa Orlowa-Kopelew beschreibt in ihrem Buch »Eine Vergangenheit, die nicht vergeht« eine Szene, die sich 1964 anlässlich der Wahlen in der Akademie der Wissenschaften abgespielt hat. »Unter den Kandidaten befand sich ein gewisser Nushdin, ein Schurke und getreuer Gefolgsmann des damals noch in Amt und Würde thronenden Lyssenko.«

Ans Rednerpult trat ein junger Mann und bewies mit eindrücklichen Sätzen, dass dieser Nushdin ein Pseudowissenschaftler ist, der wie Lyssenko für die Vernichtung der Genetik in der Sowjetunion und ebenso für das Kesseltreiben gegen damit befasste Wissenschaftler verantwortlich zeichnet. Der junge Mann forderte seine Kollegen auf, Neinstimmen abzugeben.

Der anwesende Abteilungsleiter beim Zentralkomitee, Leonid Iljitschow, wandte sich mit gedämpfter, jedoch ergrimmter Stimme an den damaligen Präsidenten der Akademie Keldysch:

›Wer ist der Bengel?‹

›Der Konstrukteur der Wasserstoffbombe!‹«

Das schlug bei dem Abteilungsleiter natürlich wie eine Bombe ein ... Es war das bedeutende junge Akademiemitglied Andrej Sacharow, der später mit der Parteiführung in schwere Konfrontationen geriet und nach Gorkij in die Verbannung geschickt wurde – mit einem Milizposten vor der Tür!

Die westliche Welt ehrte ihn mit der Verleihung des Friedensnobelpreises.

Raissa Orlowa-Kopelew schrieb: »Sein Weg führte aus dem Wohlstand, aus der Sicherheit von den Höhen der sowjetischen Gesellschaft hinunter zum Leid, zu Erniedrigungen; in Wirklichkeit ist es aber ein Aufstieg ohnegleichen.«

Zu Stalins Zeiten wurden gern wissenschaftliche Erfindungen als das Werk von Russen ausgegeben. Diese Propaganda karikierte der Volkswitz auf seine Art:

Die Moskauer Akademie der Wissenschaften erklärte, nicht nur die Dampfmaschine und das Radio, sondern auch das Röntgengerät seien nach neuesten Forschungen von einem Russen erfunden worden. Bei dem Erfinder handelt es sich um einen nach Sibirien verbannten Revolutionär. In seinem Nachlass habe man einen Brief gefunden, der das beweist. In diesem Brief schreibt der Mann: »Mascha, Mascha, du Luder betrügst mich, aber ich durchschaue dich!«

Der Zweite Weltkrieg war nur wenige Jahre vorbei, da spielte in den Medien eine neuerliche Kriegsgefahr eine große Rolle, aber ebenso eine angebliche Überlegenheit der Sowjetunion und des Warschauer Paktes. Sätze dazu fanden sich reichlich in der Agitation und Propaganda. Wir fürchteten, dass ein Atomkrieg zwischen den beiden Großmächten USA und UdSSR möglich war.

Die Menschen in der Sowjetunion trieben mit Entsetzen Scherz:

Pjotr und Pawel treffen sich auf dem Roten Platz. Pjotr verzieht kummervoll das Gesicht.

»Was hast du?«, fragt Pawel.

»Ich mach mir Sorgen, dass es Krieg geben könnte.«

»Du musst dich nicht sorgen. Die Sowjetunion ist inzwischen so stark, dass wir jeden Krieg verhindern können. Und weißt du, wie? Wir nehmen einfach zwölf Koffer und die verstecken unsere Leute vom Geheimdienst an zwölf wichtigen strategischen Punkten in Amerika. Also zum Beispiel in Häfen, Industrieanlagen und in den Zentren der großen Städte. Wenn uns die Amerikaner mit Krieg drohen, lassen wir die Bomben durch Fernzündung hochgehen, und die USA sind erledigt. Verstehst du?!«

Pjotr schaut weiter bekümmert.

»Na, was? Ist der Plan nicht genial?«

»Ja … das schon. Der Plan ist sehr gut. Die Atombomben haben wir, das mit der Fernzündung wird auch klappen, aber … wo nehmen wir die *zwölf* Koffer her?«

Und schon wurden die großen Konflikte der Welt auf die permanent schlechte Versorgungssituation des Landes heruntergebrochen … Das Problem mit dem Einkaufen im Land zog sich wie ein roter Faden von Anbeginn bis zum Schluss der UdSSR durch alle Tage.

Der Moskauer Korrespondent einer westdeutschen Zeitung möchte mit Gagarin ein Interview führen. Als er an der Tür des Kosmonauten klingelt, öffnet ihm dessen kleiner Sohn.

»Kann ich deinen Vater sprechen?«

»Nein, er ist heute mit einer Rakete in den Weltraum geflogen und wird für die Umkreisung der Erde 108 Minuten brauchen und 10 Uhr 55 wieder landen.«

»Kann ich wenigstens deine Mutter sprechen?«

»Nein, die ist heute Morgen um sieben Uhr fortgegangen, um Fleisch einzukaufen. Wann sie allerdings wiederkommt – das kann ich nicht sagen.«

Vor einem Geschäft in Moskau steht eine lange Schlange.

Ein Bürger schimpft auf die Zustände in der Sowjetunion. Ein vorbeikommender Polizist hört das und will den Mann verhaften. Die Menschen versuchen sofort, dem Mann zu helfen.

»Lassen Sie ihn, Genosse, sehen Sie denn nicht, dass er verrückt ist?«

»Ja, aber«, meint der Polizist, »wenn er verrückt ist … wieso redet er dann so vernünftig?«

Eine junge Französin war in den sechziger Jahren als Touristin in Moskau. Nach ihrer Rückkehr wird sie gefragt, wie ihr in der Sowjetunion die Mode gefallen hat.

»Nach meiner Beobachtung werden dort die Röcke länger getragen als bei uns.«

»Wie viel Zentimeter?«

»Nicht Zentimeter – Jahre!«

Kapitalismus, Sozialismus und Kommunismus treffen sich zu einer Konferenz über die Zukunft der Welt.

Zu Beginn gibt es einen Rechenschaftsbericht.

Da sagt der Sozialismus: »Wir schreiten gestärkt voran, sind auf einem guten Wege. Zur Zeit haben wir nur noch Probleme mit den Schlangen nach Fleisch, aber das werden wir im kommenden 5-Jahr-Plan lösen!«

Da fragt der Kapitalismus: »Was sind Schlangen?«

Und der Kommunismus: »Was ist Fleisch?«

Eine Erfahrung, die nicht nur für die Sowjetunion, sondern für den gesamten Ostblock gilt:

Die Schlange ist hinten am giftigsten.

Eine Frau ist zu Besuch in Moskau und betritt ein Geschäft. Zu ihrem großen Erstaunen findet sie ein großes Fleisch- und Wurstangebot vor.

»Ich hätte gern 200 Gramm von der Leberwurst.«

»Arbeiten Sie im Zentralkomitee?«

»Nein.«

»Das tut mir leid, aber wir verkaufen nur an Mitarbeiter vom Zentralkomitee.«

Sie geht weiter die Straße entlang und betritt ein anderes Geschäft.

Auch hier findet sie einen vollen Laden vor.

»Ich hätte gern 200 Gramm Leberwurst.«

»Arbeiten Sie in der Regierung?«

»Nein.«

»Das tut mir leid, aber wir versorgen nur Mitarbeiter der Regierung.«

Bald stößt sie auf ein weiteres Geschäft, das ebenfalls alle möglichen Wurst- und Fleischwaren bietet.

»Ich hätte gern 200 Gramm Leberwurst.«

»Arbeiten Sie im Generalstab?«

»Nein.«

»Das tut mir leid, aber wir versorgen nur Mitarbeiter des Generalstabs.«

Nach einiger Zeit kommt sie schließlich an ein weiteres Geschäft in einem kleinen Gebäude.

Sie betritt den Laden. Es zeigt sich, dass es sich um eine fast völlig leere Fleischerei handelt.

Nur an einem Haken hängt eine Blutwurst.

»Ich hätte gern 200 Gramm Blutwurst.«

»Haben Sie schon Blut gespendet?«

Zwei alte Kommunisten stehen in einer Schlange vor dem Kaufhaus GUM.

Es geht und geht nicht vorwärts.

Schließlich hat der eine die Faxen dicke: »Ich habe dieses elende Warten satt! Ich gehe jetzt zum Zentralkomitee und haue dem Chruschtschow eine runter!«

Als er wieder zurückkommt, fragt ihn sein Freund: »Na? Hast du ihm eine runtergehauen?!«

»Nein, die Schlange dort war noch länger.«

In dem Buch »Im Zeichen von Schlinge und Stein« von Arkadi und Georgi Wainer las ich über diese »sozialistischen Wartegemeinschaften«, wie sie auch vom Volksmund genannt wurden, die folgenden Sätze: »Nirgends sind die Menschen so isoliert wie beim Anstehen nach Kochwurst. Nirgends sind sie so unverträglich wie in der vielzähligen sich windenden Schlange, jedes ihrer Glieder hasst das vorhergehende und ist dem nachfolgenden gegenüber völlig gleichgültig. Die endlose Hydra wird nie kürzer, und wieviel Menschen sich auch vom Ladentisch lösen, sie wächst vom Schwanz her nach, flucht vor Wut und in der Hoffnung, wenigstens ein halbes Kilo Kochwurst zu erstehen. Ohne Ende ringeln sich die Schlangen durch das ganze Geschäft und verdauen in sich alles Gute, Mildherzige, Menschliche.«

Auch wenn Chruschtschow Veränderungen im Land einleitete, gab es aus gutem Grund bald eine Menge Witze über ihn, nachdem er an die Macht gekommen war. Das Leben auf dem Land lag ihm besonders am Herzen.

Chruschtschow besucht eine Kolchose und unterhält sich mit den Bauern.

»Nun erzählt mir einmal, wie geht es euch denn hier?«

»Vielen Dank, Nikita Sergejewitsch, uns geht es hier sehr gut!«

»Das höre ich gern, sehr schön, aber tut ihr auch etwas für eure Bildung? Lest ihr Zeitungen?«

»Natürlich, woher sollten wir denn sonst wissen, dass es uns gut geht?«

In eine weit abgelegene Kolchose kommt Chruschtschow zu Besuch.

Die Bauern sind hocherfreut, klagen ihm aber bald ihr Leid:

«Nikita Sergejewitsch, wir haben zu wenig Traktoren, außerdem hat man uns nicht genügend Saatgut zugeteilt, es fehlt an Futter für unsere Kühe, deshalb geben sie kaum Milch. Sieh dir unsere mageren Kinder an!«

Chruschtschow lässt sich von einem seiner Mitarbeiter eine Mappe mit Fotos geben, die von einer Afrika-Reise stammen. Sie zeigen Aufnahmen von einem Pygmäenstamm. Er lässt die Fotos bei den Bauern herumgehen und sagt: »Genossen, es tut mir leid, dass es euch nicht besonders gut geht, aber jetzt seht einmal, wie schlecht es den Genossen in Afrika geht ... Sie müssen in Schilfhütten hausen, haben nichts anzuziehen, sind alle klein und unterernährt!«

Da meldet sich ein altes Bäuerlein: »Nikita Sergejewitsch! Wie lange leben denn diese afrikanischen Genossen schon unter dem Sozialismus?«

Ein Rundfunkreporter der Landwirtschaftsredaktion fragt einen sowjetischen Kolchosbauern:

«Nun, Genosse, wie sieht es bei Ihnen aus?«

»Schlecht, sehr schlecht. Hier will einfach nichts wachsen!«

»Und wie wäre es, wenn Sie Mais aussäen würden?«

»Ja, das wäre was anderes ... wenn man etwas aussäen würde ... dann sicher.«

Versammlung in einer Kolchose.

Zwei Punkte stehen auf der Tagesordnung:

1. Der Bau einer neuen Scheune
2. Der Aufbau des Kommunismus in der Sowjetunion

Der Vorsitzende fragt nach der Eröffnung, ob jemand zur Tagesordnung etwas sagen will. Da steht ein Bauer auf und sagt: »Genossen, wir wollen doch ehrlich sein, es gibt weder Ziegel noch Zement, weder Holz noch Glas. Das wird also nichts mit unserer neuen Scheune. Deshalb lasst uns gleich zum zweiten Tagesordnungspunkt übergehen!«

Ein altes Mütterchen beklagt sich beim Vorsitzenden des Dorfsowjets, dass ihre Kuh entlaufen ist. Sie habe schon überall ohne Erfolg gesucht.

»Kein Problem«, meint der Vorsitzende, »wozu haben bei uns inzwischen alle ein Radio?

Wie werden eine Meldung an den Rundfunk geben, und bald wird man irgendwo deine Kuh gefunden haben.«

»Das ist eine gute Idee! Aber, wenn es geht, sollte die Durchsage in der ›Stimme Amerikas‹ kommen – die anderen Sender hört doch kein Schwein!«

Ein Kolchosbauer kommt in eine Poliklinik und fragt am Informationsschalter nach einem Augen-Ohren-Arzt. Die Mitarbeiterin sagt ihm, dass es nur einen Hals-Nasen-Ohren-Arzt oder einen Augenarzt gibt.

»Aber ich brauche einen Augen-Ohren-Arzt!«, meint darauf vehement der Patient.

»Was haben Sie denn für Beschwerden?«

»Die Sache ist einfach so: Ich höre das eine und sehe aber etwas völlig anderes.«

Ideal und Wirklichkeit klafften im real existierenden Sozialismus weit auseinander.

Das merkten mitunter schon die Kleinen.

Chruschtschow besucht einen Kindergarten. Die Kindergärtnerinnen haben die Jungen und Mädchen beschworen, dass sie auf jede Frage im Chor antworten sollen: »In der großen Sowjetunion.«

Als Chruschtschow im Raum steht, fragt die Leiterin die Kinder: »Wo sind die Kinder am glücklichsten?«

»In der großen Sowjetunion.«

»Wo gibt es die besten Kindergärtnerinnen?«

»In der großen Sowjetunion.«

»Und wo gibt es das beste Essen in den Kindergärten?«

»In der großen Sowjetunion!«

Chruschtschow ist hell begeistert.

Plötzlich weint ein kleines Mädchen. Chruschtschow fragt sie nach dem Grund.

»Ich möchte so gern in die große Sowjetunion!«

Was aus dem Gedächtnis selbst von Menschen meiner Generation weitestgehend verschwunden ist: Mitten im Kalten Krieg reiste im Jahr 1959 Chruschtschow zu einem Besuch in die USA. Das war natürlich für die damaligen Zeiten geradezu sensationell. Ein sowjetischer Führer hatte noch nie amerikanischen Boden betreten. Der leibhaftige Beelzebub kam also in die USA.

Seine rustikale Art ließ ihn aber sogar bei der Bevölkerung und den Medien einige Pluspunkte sammeln. Einen Kommunisten aus dem Land des Bösen hatte man sich eigentlich anders vorgestellt. Und was ließ sich der sowjetische Volksmund zum Staatsbesuch einfallen?

Der nutzte den Besuch, um die Informationspolitik der Partei bloßzustellen ...

Eisenhower lädt Chruschtschow zum Wochenende nach Camp David ein. Irgendwann kommt der amerikanische Präsident auf die Idee, dass sie doch beide ein Autorennen veranstalten könnten. Eisenhower setzt sich in seinen Cadillac, Chruschtschow in seinen Tschaika. Das sowjetische Auto bleibt weit hinter dem amerikanischen zurück und kommt mit großer Verspätung im Ziel an.

Am nächsten Tag erscheint in der sowjetischen Presse die folgende TASS-Mitteilung:

«Am Wochenende nahm der Erste Sekretär der KPdSU und Ministerpräsident der Sowjetunion, Nikita Sergejewitsch Chruschtschow, zusammen mit dem USA-Präsidenten Eisenhower an einem Autorennen teil. Der sowjetische Ministerpräsident Nikita Sergejewitsch

Chruschtschow belegte dabei einen ehrenvollen zweiten Platz. Der amerikanische Präsident Eisenhower wurde lediglich vorletzter.«

Als sich in der Zeit unter Chruschtschow die Lage, besonders nach dem XX. Parteitag, etwas entspannte, gaben sich die Schriftsteller, Künstler und Bücherfreunde für die Zukunft trotzdem keinerlei Illusionen hin:

»Wie wird der zweite Band von Ilja Ehrenburgs Roman ›Tauwetter‹ heißen?«

»Aller Voraussicht nach ›Glatteis‹«.

Als der erste sowjetische Kosmonaut, der die Venus erreicht hat, wieder auf die Erde zurückgekehrt ist, fragt ihn Chruschtschow:

«Was meinst du Genosse, ist ein Leben auf der Venus möglich?«

»Nein, dort auch nicht.«

Chruschtschow wurde von Breschnew abgelöst. Der kam 1964 an die Macht. Und sofort spottete der Volksmund:

Wann hat Lenin seine berühmten Worte »Lernen, lernen und nochmals lernen« gesagt?

Als er das Zeugnis des kleinen Leonid Breschnew sah.

Nachdem Breschnew nunmehr einige Jahre Generalsekretär der KPdSU ist, kommt seine Großmutter zu Besuch, stolz zeigt er ihr sein Haus mit wertvollen Möbeln und Bildern, den weitläufigen Garten, in der Garage sein großes Auto, und schließlich fährt er sie auch noch zu seiner Datscha im Wald.

Die Großmutter ist sehr beeindruckt und meint zu ihm »Aber sag mir, Leonid, hast du nicht Angst, dass dir das die Roten eines Tages alles wegnehmen?!«

Breschnew zeigt Gästen alle Geschenke, die er aus der DDR erhalten hat.

Eine unglaubliche Fülle.

Bewundernd sagt einer der Gäste: »Die Menschen in der DDR müssen Sie ja sehr lieben!«

»Ja, das müssen sie.«

Die Amerikaner sind auf dem Mond gelandet. Sie sind damit bei der Eroberung des Weltalls wieder an die erste Stelle gerückt.

Nun geht es darum, die Amerikaner mit einer neuen Aktion im Weltall zu übertrumpfen. Breschnew gibt im ZK bekannt, dass ein sowjetisches Raumschiff auf der Sonne landen wird.

Einige Genossen melden Widerspruch an. Auf der Sonne! Absurd! Das kann nicht gut gehen.

Breschnew beruhigt die Funktionäre: »Aber Genossen, wir landen natürlich in der Nacht!«

Nixon, Pompidou und Breschnew werden von Gott empfangen.

Jeder darf eine Frage zur Zukunft seines Landes stellen.

Nixon fragt: »Wann werden die Amerikaner alles haben?«

»In fünf Jahren.«

Darauf Nixon: »Also leider nicht mehr in meiner Amtszeit.«

Pompidou will wissen: »Wann erreichen die Franzosen einen allgemeinen Wohlstand?«

»In fünfzehn Jahren.«

»Also leider auch nicht mehr zu meiner Zeit.«

Breschnew interessiert: »Und wann wird es in der Sowjetunion allen gut gehen?«

»Leider nicht mehr in meiner Amtszeit«, sagt Gott.

Und dann passierte in der Breschnew-Ära etwas Unvorstellbares: 1969 kam es zu militärischen Auseinandersetzungen zwischen den Bruderstaaten UdSSR und der Volksrepublik China am Grenzfluss Ussuri.

Der Volkswitz reagierte mit einer getürkten Meldung der sowjetischen Nachrichtenagentur TASS:

»An der sowjetisch-chinesischen Grenze eröffneten die Chinesen das Feuer. Sie schossen mit Maschinengewehren auf einen friedlich pflügenden Traktor. Der Traktor erwiderte das Feuer und flog davon.«

Eines Tages kommt ein Mitarbeiter zum Generalsekretär der KPdSU im Kreml und informiert: »Genosse Breschnew, draußen auf dem Roten Platz sitzen hundert Soldaten und essen.«

»Na und? Lass sie doch essen.«

Am nächsten Tag berichtet er wiederum: »Genosse Breschnew, auf dem Roten Platz sitzen inzwischen tausend Soldaten und essen. Und zwar ...«

«Ist schon in Ordnung. Die werden an einem Manöver teilnehmen.«

Am dritten Morgen kommt der Sekretär völlig aufgeregt zum Generalsekretär gestürzt: »Genosse Breschnew! Furchtbar! Heute ... heute sind es inzwischen zehntausend Soldaten, die auf dem Roten Platz essen!«

«Und was essen sie denn?«

«Keine Ahnung, aber sie essen – mit Stäbchen!«

Und dann stellt sich der Schöpfer eines Witzes vor, wie ein sowjetisch-chinesischer Krieg ungefähr ablaufen würde:

Die UdSSR siegt natürlich auf der ganzen Linie.

TASS meldet: »Hunderttausend chinesische Kriegsgefangene.«

Am zweiten Tag lautet die Meldung: »Eine Million chinesische Kriegsgefangene.«

Am dritten Tag: »Zehn Millionen chinesische Kriegsgefangene.«

Am vierten Tag trifft ein Telegramm aus Peking ein: »Gebt lieber auf, sonst ergeben wir uns.«

Der russische Schriftsteller Viktor Nekrassow lebte im Exil in Paris. Er ließ sich für das Buch »Das neue Exil. Die verbannten Dichter« von Jürgen Serke als Scherz in seinem Arbeitszimmer in der Freiheit mit einer Breschnew-Maske fotografieren und sagte: »Das beste Mittel gegen Heimweh ist immer noch die Lektüre der ›Prawda‹.«

An dieser Stelle unterbreche ich kurz: Prawda heißt Wahrheit, und Iswestija bedeutet Nachrichten. Und was sagt der russische Volksmund dazu?

In der »Prawda« steht nicht die Wahrheit, und in der »Iswestija« liest man keine Nachrichten.

Im Gespräch mit dem deutschen Autor formuliert Nekrassow, dass der Marxismus nicht die Vergangenheit befreit, sondern sie den Herrschenden als Beute bereitet. Und dann zitiert er das in Ostblock-Zeiten berühmte Bonmot, was ist der grundsätzliche Unterschied zwischen Kapitalismus und Sozialismus?

»Kapitalismus ist die Ausbeutung des Menschen durch den Menschen. Im Sozialismus ist es umgekehrt.«

Nekrassow hat die gnadenlosen Herrscher in der Sowjetunion erlebt. Und er fand die Ausbeutung durch die Funktionäre schlimmer als die Ausbeutung durch das Kapital.

Der Schriftsteller hat auch eine logische Erklärung für die Tatsache, warum es in der Sowjetunion keinen Terrorismus gibt: »Sehr einfach, weil er dort nicht von unten, sondern von oben ausgeht.«

Und Jürgen Serke schreibt, dass Nekrassow im Exil alle Freiheiten gewonnen hat. Bis auf die eine: die Freiheit heimzukehren. Um eine Freiheit habe ich ihn beim Lesen des in der DDR verbotenen Buches Mitte der achtziger Jahre besonders beneidet: Als großer Liebhaber alter Kaffeehäuser las ich dort, wie er nun in Paris im Café Deux Magots oder Flore sitzen konnte. Das war mir mit entsprechender Verspätung erst im Jahr 1994 vergönnt ... Aber besser spät als nie.

In einem wichtigen Punkt hat sich Nekrassow damals getäuscht. Vielleicht reichte da die Phantasie eines gebeutelten ehemaligen Sowjetbürgers nicht aus. »Breschnew wird gehen, für ihn wird ein Neuer kommen. Alle werden sie wie bisher dulden, erfüllen, übererfüllen, betrügen, stehlen und sich flüsternd ihre Bewunderung für Sacharow oder für einen anderen nach ihm anvertrauen, der die Hoffnung rechtfertigt, dass bei uns noch nicht alles verfault ist ... Aber dann werden sie weiterleben mit der allgemeinen Schlamperei.«

Aber was für einer nach Breschnew kam! – Dazu reichte unser aller Phantasie nicht aus. Und plötzlich kam die Hoffnung mitten aus dem Kreml!

Aber so weit sind wir noch lange nicht.

Mitte der siebziger Jahre erkrankte Breschnew. Er hatte mehrere Herzinfarkte und Schlaganfälle. Der Volksmund kannte aber kein Mitleid und gab im Stil von TASS ein Bulletin heraus:

Mit großem Bedauern gibt die Regierung der UdSSR bekannt, dass der Generalsekretär des Zentralkomitees der Kommunistischen Partei und Präsident des Obersten Sowjets, Genosse Leonid Breschnew, nach langer Krankheit und ohne das Bewusstsein wiedererlangt zu haben, seine Regierungsverpflichtungen wieder aufgenommen hat.

Eine wichtige Stütze, um die Macht der Partei zu erhalten, war in all den Jahrzehnten der berühmt-berüchtigte und gefürchtete KGB – das Komitee für Staatssicherheit, also der sowjetische Inlands- und Auslandsgeheimdienst.

Der gefürchtetste Ort in Moskau in diesem Zusammenhang war bis 1953 die sogenannte Lubjanka. Dort residierte der Geheimdienst, und auf den Hof dieses Komplexes fuhren die »Schwarzen Raben«. Das war der Spitzname für jene Autos, die die Verhafteten meist am frühen Morgen zum Verhör einlieferten. Wer dort ausstieg, konnte alle Hoffnung fahren lassen. Hunderttausende wurden seit 1920 in den Kellern des Gebäudes verhört und gefoltert. Manche politische Gefangene starben schon dort ohne Prozess, wurden erhängt oder erschossen.

Aber selbst bei diesen tragischen Verhältnissen resümierte der Volksmund in der Art des schwarzen Humors:

«Was ist das höchste Gebäude in Moskau?«

»Die Lubjanka. Man kann sogar schon vom Keller bis nach Sibirien sehen …«

Ein Musikstudent in Leningrad sitzt in einer verschwiegenen Ecke eines Parks und liest die Partitur eines Klavierkonzerts von Beethoven.

Ein KGB-Mitarbeiter hat hinter der Bank durch das Gebüsch den Mann beobachtet und verhaftet ihn als Spion, weil er die Noten für eine Geheimschrift hält. Der Student versucht ihm während des Verhörs immer wieder zu erklären, dass es sich lediglich um Noten von Beethoven handelt.

Ihm wird nicht geglaubt und der junge Mann über Nacht in eine Zelle gesperrt.

Am nächsten Morgen geht das Verhör durch den Geheimdienstoffizier in aller Härte weiter: »Also jetzt endlich heraus mit der Wahrheit! Beethoven hat schon gestanden.«

Nur im Witz konnte man mal den Geheimdienst auf die Schippe nehmen.

Ein Mitarbeiter des KGB wird beauftragt, in Tel Aviv Verbindung mit einem Agenten aufzunehmen, der für die UdSSR in Israel spioniert. Der Mann, den er treffen soll, heißt Kohn und wohnt in einem Neubauviertel. Zum gegenseitigen Erkennen gibt man ihm den folgenden Satz mit auf den Weg: »In Korea scheint die Sonne!«

Als er nach einigen Schwierigkeiten endlich das Haus in dem Stadtviertel gefunden hat, stellt er mit Entsetzen fest, dass im Haus nicht weniger als drei Familien Kohn heißen ... Was tun?

Er klingelt also im Erdgeschoss beim ersten Kohn.

Als sich die Tür öffnet und ihm ein alter Mann gegenübersteht, fixiert er ihn mit durchdringendem Blick und sagt: »In Korea scheint die Sonne!«

Daraufhin meint der Alte: »Ach, Sie wollen zum Spion – der wohnt im dritten Stock!«

Der Direktor des sowjetischen Staatszirkus ist verzweifelt. Weil das Programm schwach ist, bleibt das Publikum aus. Was tun? Der Parteisekretär meint, er habe eine zündende Idee, die garantiert Besucher anlocken würde.

Bald hängen in der ganzen Stadt Plakate, die außer dem normalen Programm eine Sondernummer ankündigen. Sollte die jemandem nicht gefallen, zahle die Zirkuskasse den zehnfachen Eintrittspreis aus.

Die Idee geht auf. In kurzer Zeit sind zwanzig Vorstellungen ausverkauft.

Während der ersten Vorstellung erscheint nach der Pause der Direktor in der Arena und kündigt die versprochene Sondernummer an: »Und nun spielt das Orchester des heldenhaften KGB die Internationale.«

Als eine Großmutter vom Dorf das erste Mal in ihrem Leben ein Kamel sieht, fängt sie an zu weinen.

»Warum weinst du, Großmutter?«

»Sieh doch nur, was die Sowjetmacht aus diesem Pferd gemacht hat!«

Die letzten Spuren des jüdischen Humors in Europa, dieses besonders intelligenten Witzes mit überraschenden Pointen, die finden wir im Ostblock-Witz. In Ungarn, in Polen, aber vor allem in der Sowjetunion, denn schließlich lebten dort in den sechziger Jahren noch über eine Million Juden. Der folgende kurze Dialog ist in diesem Zusammenhang für mich ein Paradebeispiel jüdischer Dialektik:

»Was ist Glück?«

»Glück ist, dass wir in der Sowjetunion leben.«

»Und was ist Pech?«

»Pech ist, dass wir so viel Glück haben.«

Wo Juden sind, ist der Antisemitismus nicht weit. Chaim Potok schreibt in seinem Buch »Novembernächte« über Erfahrungen der späteren Dissidentin Mascha Slepak: »Plötzlich, in den späten vierziger Jahren, brach eine Sturzflut von Schmähungen gegen die ›Imperialisten‹, ›bürgerlichen Nationalisten‹, ›Kosmopoliten‹, ›Zionisten‹, ›ausländischen Einflüsse‹ und ›Volksfeinde‹ los – schrill, bösartig und offensichtlich von oben organisiert – und unverhohlen gegen die Juden gerichtet.«

Mascha Slepak studierte in dieser Zeit Medizin und

erlebte, dass ausländische Namen aus Lehrbüchern gestrichen wurden. »In einer der Vorlesungen, die Mascha besuchte, erwähnte der Professor einmal das Blumberg-Symptom bei schmerzlosen Blinddarmentzündungen und erklärte, dass es in Wahrheit von einem Professor Schtschotkin entdeckt worden war und deshalb nun als Schtschotkin-Symptom bezeichnet werden sollte. Als zwei Jahre später irgend jemand zufällig entdeckte, dass Blumberg, ein Professor aus Odessa, tatsächlich Russe und nicht Jude war, begann man vom Blumberg-Schtschotkin-Symptom zu sprechen.«

Anfang der fünfziger Jahre wollte Stalin offensichtlich wieder eine »Säuberung« starten. In seinem Verfolgungswahn ließ er neun jüdische Kreml-Ärzte verhaften. Sie sollten angeblich im Auftrag westlicher Geheimdienste sowjetische Führer in Staat und Armee durch falsche Behandlung beseitigen.

Natürlich war alles erfunden und erlogen. Diese Kampagne kam aber durch den Tod Stalins nicht mehr zur Ausführung bzw. hatte zum Glück keine tödlichen Konsequenzen. In der Presse hetzte man trotzdem seinerzeit schon über die »Mörder im Arztkittel«.

Alle Ärzte wurden nach Stalins Tod rehabilitiert.

Den sowjetischen Schriftstellern, die in jiddischer Sprache schrieben, darunter solche prominente Autoren wie David Bergelson, Itzig Feffer und Peretz Markisch, nützte allerdings die Rehabilitation nichts mehr. Im August des Jahres 1952 ließ Stalin sie erschießen. Man geht von um die zwanzig Autoren aus, die diesen Morden zum Opfer fielen. Neben dem menschlichen ein großer kultureller Verlust. Die jüdischen Gemeinden sprachen von der »Nacht der ermordeten Poeten«.

In jener Zeit gastierte der Chef der Londoner Philharmonie in Moskau. Er fragte seinen sowjetischen Kollegen: »Stimmt es, dass es in der Sowjetunion Antisemitismus gibt?«

»Nie im Leben! Allein in der Moskauer Philharmonie haben wir 32,5 Prozent Juden!«

»Interessant ... auch in unserer Philharmonie spielen Juden, aber wie viel Prozent – das weiß bei uns niemand ...«

Was ist ein sowjetisches Streichquartett?

Ein sowjetisches Symphonieorchester nach der Rückkehr von einer Westtournee.

Chruschtschow hat die Absicht, den in den USA erhobenen Vorwurf des Antisemitismus in der Sowjetunion zu widerlegen und lässt die Ältesten der jüdischen Kultusgemeinde aus der sowjetischen Hauptstadt zu sich kommen.

»Genossen Juden, ich möchte, dass ihr eurer Gemeinde in New York schreibt, dass hier für euch alles zum Besten steht. Ihr könnt euren Gottesdienst ausüben, wann und wie ihr wollt. Ihr könnt eure Feiertage begehen. Ihr könnt sagen und schreiben, was ihr wollt. Haben wir uns verstanden?«

»Jawohl«, sagen die Ältesten.

Und sie schreiben einen Brief an die New Yorker Kultusgemeinde. Darin steht alles so, wie es Chruschtschow wünschte. Allerdings haben sie ein Postskriptum angefügt: «Wir haben zwar hier alles, was wir brauchen, aber wenn ihr uns ein paar Kerzen und ein bisschen Zucker schicken würdet, wären wir euch sehr dankbar.«

Der Brief wird dem Parteichef der KPdSU zur Absegnung vorgelegt, und Chruschtschow meint: »Was soll dieser Nachsatz bedeuten?«

Der Älteste des Moskauer Judenrates erklärt es: »Genosse Chruschtschow, wenn wir den amerikanischen Glaubensgenossen schreiben, es geht uns sehr gut und wir brauchen überhaupt nichts – dann werden sie uns das nicht glauben. Aber dieser kleine Nachsatz macht unseren Brief glaubwürdiger.«

Der Parteichef überlegt kurz und meint dann »Charascho. Dann macht es so.«

Der Brief kommt in New York an.

Der Ältestenrat tritt zusammen, um ihn zu studieren.

Rabbiner Leib Herschkowitz fasst zusammen: »In so einer wichtigen Botschaft wird man doch normalerweise nicht wegen ein paar Kerzen und ein bisschen Zucker ein Postskriptum anfügen. Der Satz muss eine tiefere Bedeutung haben. Was wollen uns die Moskauer Juden damit sagen?«

Die Sitzung des Ältestenrates dauert und dauert. Als der dritte Tag zu Ende geht und der Abend kommt, erhebt sich der greise Rabbiner Awrom Jakowlewitsch Rubinstein und sagt: »Was bedeuten Kerzen? Kerzen bedeuten Licht. Was bedeutet Zucker? Zucker bedeutet Süßes. Unsere Brüder brauchen keine Kerzen und keinen Zucker. Ihre Nachricht heißt: Wir leben in Finsternis und Bitterkeit.«

In einer sowjetischen Stadt steht schon früh morgens vor einer Bäckerei eine Schlange.

Um 9 Uhr kommt ein Funktionär der Partei und sagt: »Bürger, das Brot wird kommen, aber die amerikanischen Imperialisten haben nicht genug Weizen geliefert. Es reicht nur für einen Teil von euch. Wir bitten deshalb alle Juden, die Schlange zu verlassen.«

Ein paar Menschen gehen weg.

Um 11 Uhr kommt der Funktionär wieder: »Bürger, das Brot ist unterwegs, aber wir hatten Schwierigkeiten mit der Planerfüllung im Backwarenkombinat ... Wir bitten deshalb alle Parteilosen, nach Hause zu gehen.«

Nun verschwinden wieder eine Reihe Leute aus der Schlange.

Über Stunden tut sich nichts.

Dann erscheint der Funktionär wieder: »Genossen, die Sache mit dem Brot ... ist sehr schwierig. Wir müssen darum bitten, dass jene Genossen, die weniger als zwanzig Jahre Parteimitglied sind, nach Hause gehen.«

Nun bleibt nur noch eine Handvoll Leute vor dem Laden stehen.

Schließlich kommt um fünf Uhr der Funktionär wieder: »Genossen, ihr seid alte Bolschewiken. Wir wollen euch nichts vormachen. Wartet nicht länger! Es kommt heute kein Brot.«

Die alten Bolschewiken gehen bedrückt nach Hause. Einer murmelt vor sich hin: »Die Juden hatten wieder Glück!«

Im Sozialismus gingen Witze auf Wanderschaft. Als ich 1990 bei einer Veranstaltung der Israelitischen Religionsgemeinde in Leipzig Küf Kaufmann kennenlernte, kannten wir durch unsere gemeinsame Geschichte, unsere Erfahrungen im Ostblock natürlich auch eine ganze Reihe ähnlicher politischer Witze. Das war mir mit meinem Freund Friedel Haase aus Hannover nicht widerfahren, obwohl wir näher beieinander, aber eben durch die so unterschiedlichen Gesellschaftsordnungen viel weiter auseinander lebten.

Küf erzählte mir von dem bekannten sowjetischen Kabarettisten Arkadi Raikin, der mit seinem Humor ebenfalls aus der jüdischen Tradition kam. Einem seiner Bonmots konnte ich als ehemaliger DDR-Bürger sofort beipflichten: »Bei uns gibt es alles ... nur nicht für jeden.«

Mit Küf Kaufmann erfüllte ich mir einen besonderen Wunsch. Im Jahr 2001 hatte in der Leipziger Pfeffermühle unser Programm über jüdischen Humor »Fröhlich und meschugge« mit drei russischen Musikern Premiere. Die Besetzung: Geige, Akkordeon und Klavier. Sie boten entsprechende Klezmer-Musik. Und der Geiger Ilia Voigel sang jiddische Weisen.

Für den Osten Deutschlands war es das erste Mal, dass solch ein Programm auf eine Brettlbühne kam. Sieben Jahre lief »Fröhlich und meschugge« mit großem Erfolg in Leipzig und anderen Städten Deutschlands. Auf Einladung der EU-Abgeordneten Gisela Kallenbach gastierten wir damit erfolgreich in Brüssel.

Und in diesem Programm verwandelten wir auch erstmalig einige politische Witze aus der Sowjetzeit in kurze Spielszenen.

Die Repressalien gegen die jüdische russische Bevölkerung in der UdSSR begannen schon beim Ausweis. Hinter »Nation« stand »Jewrej«, das russische Wort für Jude.

Nach dem israelisch-arabischen Sechs-Tage-Krieg änderte sich die Situation der Juden. Sie kämpften nun verstärkt um ihre Rechte in politischer, kultureller und nationaler Hinsicht und vor allem – um das Recht der Auswanderung. Etwa ab dem Ende der sechziger Jahre war das, wenn auch unter großen Schwierigkeiten und vor allem nach langen Wartezeiten durchaus möglich.

Ein alter Jude sitzt auf einer Parkbank in Moskau und studiert eine hebräische Grammatik.

Ein Mann kommt vorbei, wirft einen Blick in das Buch und fragt: »Was ist das für eine merkwürdige Schrift?«

»Das ist Hebräisch, die Sprache Israels.«

»Und die fangen Sie jetzt noch an zu lernen?! In Ihrem

Alter werden Sie es doch kaum noch schaffen, nach Israel auszureisen!«

»Da haben Sie leider recht ... aber schließlich sprechen sie ja auch im Paradies Hebräisch.«

»Und wenn Sie nun in die Hölle kommen?«

»Kein Problem – Russisch kann ich ja!«

Ein russischer Jude, der die Ausreise bekommen hat, wird auf dem Flughafen in Tel Aviv kontrolliert. Im Koffer findet man eine Schachtel mit Tabletten.

»Was ist das?«

»Das ist gegen Kopfweh.«

Eine zweite Schachtel wird gefunden. »Und das?«

»Das ist gegen Zahnweh.«

Schließlich stoßen die Zöllner auf ein Bild von Stalin.

»Und das ist gegen Heimweh.«

Was ist Emigration?

Der friedliche Übergang vom Sozialismus zum Kapitalismus.

Es geht auch etwas polemischer zum Thema:

Wie unterhält sich ein schlauer russischer Jude mit einem dummen russischen Juden?

Telefonisch aus New York.

Rabinowitsch hat nach langem Warten endlich die Genehmigung für eine Europa-Rundreise von »Intourist« bekommen. Er schreibt aus allen Hauptstädten, die er besichtigt, seinen Freunden Ansichtskarten.

»Aus dem freien Warschau grüßt Euch Rabinowitsch:«

«Aus dem freien Budapest grüßt Euch Rabinowitsch.«

«Aus dem freien Prag grüßt Euch Rabinowitsch.«

»Aus Paris grüßt Euch der freie Rabinowitsch.«

Mit den Problemen der Wirtschaft plagte sich das System von Anfang an herum.

Ein russischer Rabbiner wird gefragt: »Sagen Sie, Rebbe, kann man, wie Stalin sagt, den Sozialismus in *einem* Land aufbauen?«

»Man kann ... man kann ... aber dann sollte man in einem *anderen* Land leben!«

Kohn wird gefragt, wo seine Brüder wohnen. »Mein Bruder Moische lebt in der ČSSR und hilft dort, den Sozialismus aufzubauen.«

»Und dein Bruder Leo?«

»Der lebt in Budapest und hilft dort, den Sozialismus aufzubauen.«

»Und dein Bruder Ilja?«

»Der lebt in Israel.«

»Und? Hilft er dort auch, den Sozialismus aufzubauen?«

»Bist du meschugge?! Doch nicht im eigenen Land!«

Ein heruntergekommenes Viertel in Moskau.

Ein Mann steht vor der Tür einer Wohnung und läutet.

Nach einer Weile geht die Tür auf, und ein armselig angezogener zerzauster Typ unbestimmten Alters steht in der Tür.

»Lebt hier der Schneider Rabinowitsch?«

»Nein.«

»Und wer sind Sie?«

»Der Schneider Rabinowitsch.«

»Was reden Sie dann?«

»Das nennen Sie *leben*?!«

Der jüdisch-sowjetische Witz lebte auch im Zusammenhang mit Ereignissen, die im ersten Moment eigentlich gar nicht zu antisemitischen Ausfällen Anlass gaben ...

Ein Beispiel aus der Zeit der Grenzzwischenfälle zwischen der Sowjetunion und China.

Als die Krise zwischen der Sowjetunion und der Volksrepublik auf dem Höhepunkt angekommen ist, findet in Moskau eine antichinesische Demonstration statt.

Die Masse ruft »Nieder mit dem chinesischen Nationalismus!, Nieder mit der antikommunistischen Propaganda der Mao-Clique!«

Plötzlich sehen die Demonstranten am Straßenrand einen alten Chinesen stehen. Sie umringen ihn, der Anführer packt ihn am Arm und schreit: »Saujud, chinesischer!«

Ein amerikanischer Jude besucht Moskau.

Nach dem Besuch der Synagoge kommt er mit einem Glaubensbruder ins Gespräch.

»Ist es wahr, dass man euch hier so kurz hält?«

»Dass man uns kurz hält, das ginge ja noch, aber so lang …«

Die Partei hat in Leningrad die sowjetische Jugend aufgerufen, als Pioniere in Sibirien Brachland zu kultivieren. Ein Parteisekretär will auf einer Komsomolzenversammlung Freiwillige für diese Aktion gewinnen.

»In Sibirien erwartet euch ein glückliches Leben. Was für ein herrlicher Flecken Erde ist das dort! Ihr erlebt die schöne unberührte Natur und werdet das neue kommunistische Leben kennenlernen. Ihr seid dann anerkannte Pioniere. Im Namen unserer ruhmreichen Partei rufe ich euch auf, euch freiwillig für diese schöne Arbeit zur Verfügung zu stellen!«

Aber niemand meldet sich. Keiner hat Lust, seine Heimat Leningrad zu verlassen, und jeder weiß, wie hart das Leben in diesem weiten Land ist.

Peinliche Stille.

Nun muss der Agitator seine Taktik verändern und spricht verschiedene Teilnehmer der Veranstaltung direkt an. Aber jeder der Angesprochenen hat eine andere Ausrede. Der eine steht kurz vor seinen Prüfungen an der Abendschule, der andere muss sich um seine kranken Eltern kümmern oder heiratet in Kürze.

Schließlich wendet sich der Genosse an Mojsche: »Hör mal, Mojsche, du hast keine Familie und keine Prüfungen, warum meldest du dich nicht?«

»Genosse Sekretär, Sie haben gerade berichtet, wie herrlich dort dieses Brachland in Sibirien ist. Und wenn ich mich nun melde, dann heißt es wieder, dass sich die Juden immer um die besten Plätze drängeln.«

Der Galgenhumor in der Sowjetunion trieb bisweilen besondere Blüten.

Zwei Juden treffen sich in Moskau: »Was glaubst du? Haben wir schon den hundertprozentigen Kommunismus erreicht – oder kommt es noch schlimmer?!«

Ich möchte noch etwas aus dem realen sowjetisch-sozialistischen Leben meines Freundes Küf Kaufmann erzählen. Er studierte an einer Theaterhochschule und wurde Regisseur an der Leningrader Music-Hall, ein weit über die Grenzen des Landes bekanntes Theater, dessen Ensemble in aller Welt gastierte.

1967 hatte Küf mit einer Parade zu tun, die zum 50. Jahrestag der Oktoberrevolution in der Stadt der Revolution stattfand. Das ganze Umfeld vom Winterpalais war entsprechend des Anlasses geschmückt. Überall Uniformierte. Plötzlich kommt über Lautsprecher die Durchsage »Alle stehen bleiben!«

Küf, geschädigt durch das Aufwachsen in diesem System, durch einen gewissen Drill in der Schule und vor allem in der Armee, nimmt sofort Haltung an.

Neben ihm steht ein KGB-Mann. Der Geheimdienstler sieht zu ihm herüber und sagt dann leicht verwundert: »Genosse, Sie können ruhig locker stehen.«

Es stellt sich heraus, dass das Kommando für die Fahrzeuge der Parade galt.

Küf Kaufmann ist seine automatisch abgerufene Disziplin noch heute peinlich.

Er erinnert sich auch an eine besondere Veranstaltung in der Music-Hall. In dem bunten Programm traten zwei Artisten mit einer Jonglage auf. Einer davon wirft in seiner Nummer einen Bumerang in den Saal.

Im Publikum befindet sich an diesem Abend ein Mitglied des Politbüros. Als der Bumerang losfliegt, werfen sich sofort die neben ihm sitzenden zivilen Personenschützer auf den hohen Würdenträger, um ihn vor dem »Angriff« zu schützen.

Angst vor Attentaten gab es also auch im Land des Kommunismus, wo doch offiziell die Menschen alle in diesen Verhältnissen so glücklich waren …

Ein anderer Abend in der Leningrader Music-Hall.

Die Pause ist vorbei, aber die Mitglieder der Bezirksleitung der Partei sind noch nicht auf ihren Plätzen. Die Veranstaltung kann nicht weitergehen. Das Publikum wird unruhig. Sie klatschen, um die Fortsetzung des Programms anzumahnen. Küf Kaufmann geht in einen Raum, in dem sich nur besondere Gäste aufhalten dürfen. Dort wurde inzwischen fleißig gebechert, und einer der angetrunkenen Funktionäre artikuliert schon etwas unverständlich »Die Künstler haben gefälligst auf uns zu warten!«

Küf protestiert, äußert ein gebräuchliches Schimpfwort und schmeißt die Tür zu. Er geht in den Saal zurück und gibt das Zeichen zum Weitermachen.

Am nächsten Tag wird er zur Bezirksleitung bestellt und für sein angeblich freches Handeln beschimpft. Der Funktionär erregt sich und sagt zu Küf Kaufmann: »Du legst jetzt hier sofort dein Parteibuch auf den Tisch!«

»Das mach ich nicht!«

»Sofort dein Parteibuch auf den Tisch!«

»Nein!«

Der Mann wird durch die strikte Weigerung etwas unsicher. »Kennst du etwa jemand ganz oben?«

»Ich leg kein Parteibuch auf den Tisch.«

«Warum?«

»Weil ich nicht in der Partei bin!«

Und das Ende vom Lied?

Der Funktionär hat gelacht, holte eine Flasche aus dem Schreibtisch, und sie haben einen Versöhnungstrunk genommen. So lief das Leben auch manchmal in der Sowjetunion.

Und was man angesichts mancher Repressionen im Land gegen Juden nicht gedacht hätte: In der Leningrader Music-Hall waren erstaunlicherweise der Intendant, der Musikdirektor, Küf Kaufmann und ein weiterer Regisseur alle Juden. Und keiner war Mitglied der Partei! Sie nannten deshalb im Scherz mitunter ihre Institution »Das jüdische Theater Leningrad«.

Nicht nur russische Juden verließen das Land, es gab auch eine Reihe von anderen Dissidenten, von weithin bekannten Wissenschaftlern oder Künstlern, die mitunter sogar in den Westen abgeschoben wurden. Man hoffte, dass man so das Land von unliebsamen kritischen Zeitgenossen säubern könnte.

Aber diese Menschen wuchsen bekanntlich immer wieder nach.

Ein Tourist wundert sich, dass es in der Millionen-Metropole Moskau am Abend so leer ist.

Kaum ein Mensch auf der Straße.

Er fragt einen Moskauer nach dem Grund. »Ach, wissen Sie, vor ein paar Monaten wurde der Schriftsteller Solschenizyn wegen eines Buches in den Westen abgeschoben. Seitdem sitzen die Leute zu Hause und schreiben und schreiben und schreiben ...«

Auch Maler hatten es unter den sowjetischen Verhältnissen, vor allem unter dem Personenkult schwer. Dazu gibt es eine Fabel, ein Gleichnis, das dies sehr gut beschreibt.

Es war einmal ein Herrscher, der hatte nur ein Bein, war bucklig und einäugig.

Er bestellte beim bekanntesten Maler des Landes ein Porträt. Der Maler hatte Angst, den Herrscher in seiner Hässlichkeit zu zeigen. Er malte auch das fehlende Bein, das zweite Auge und ließ den Buckel verschwinden.

Der Herrscher fühlte sich aber veralbert und ließ den Maler deshalb köpfen.

Ein zweiter Maler, der hierauf den Auftrag bekam, beeilte sich nach dieser Erfahrung, den Herrscher ganz lebensecht zu malen: also einbeinig, bucklig und mit einem Auge.

Der Herrscher fand das Porträt dermaßen scheußlich, dass er auch diesen Maler köpfen ließ.

Der dritte Maler überlegte intensiv und wollte sich natürlich dieses Schicksal ersparen.

Dann kam ihm eine blendende Idee ...

Er malte den Herrscher von der Seite auf einem Pferd und mit einer Flinte zielend.

Auf dem Bild sah man logischerweise nur ein Bein und ein Auge.

Den Buckel rechtfertigte die gebeugte Haltung des Jägers.

Dieses Bild ist der Ursprung des Sozialistischen Realismus.

Weil ich gerade bei der bildenden Kunst bin ...

Ein sowjetischer Maler soll eine Lücke in der Darstellung des Lebens von Lenin füllen und erhält den Auftrag, ein Bild unter dem Titel »Lenin in Polen« zu malen. Nach Monaten kommt eine Kommission in sein Atelier, um das Werk zu begutachten. Die Kommission ist von der malerischen Qualität und Komposition sehr angetan. Man kommt mit dem Maler ins Gespräch.

»Die Figur dort links, das ist doch seine Lebensgefährtin Nadeshda Krupskaja.«

»Ja, genau.«

»Und daneben – das ist wohl Anatolij Lunatscharski?«

»So ist es.«

Und dann folgt die erstaunte Frage: »Aber Lenin, wo ist er denn?«

»Lenin ist in Polen.«

Meiner Generation wurde in der Schule erzählt, dass wir noch Augenzeugen sein würden, wie die Menschen in der Sowjetunion im Kommunismus leben. Wir hörten uns das damals an, aber es gab in meiner Klasse niemanden, der das etwa begeistert geglaubt hätte.

Als ich 1964 bei meiner Reise in die UdSSR das Leben vor Ort sah, wirkten solche Sätze geradezu absurd. In meinem Tagebuch beschreibe ich, wie ich mit einem Bekannten aus der Gruppe in einem halbstündigen Kampf gegen die Bürokratie in dem Hotel versuche, drei Flaschen Limonade zu erstehen.

Am nächsten Tag beim Stadtrundgang wurden wir mehrmals von Jugendlichen angesprochen, ob wir ihnen etwas von unserer Kleidung verkaufen. Das war uns als DDR-Bewohnern noch nie passiert ... Andere boten Abzeichen gegen Kaugummi. Vielleicht hielten sie uns für Westdeutsche.

Im Tagebuch tauchen immer wieder Begegnungen mit den Menschen auf, egal, ob Reiseführerin oder Zufallsbekanntschaften im Zug, auf der Straße oder im Hotel – freundliche und liebenswürdige Leute.

Als ich die verhärmten Gesichter von Kopftuch tragenden Frauen sah, die mit Rutenbesen die Straße kehrten oder neben einer Straße einen Graben schaufelten, da war ich mir sehr sicher, dass sie nie eine Chance haben würden, den Kommunismus zu erleben.

Andererseits war unsere Gruppe natürlich von den blitzsauberen Metrostationen begeistert, die mitunter an prunkvolle Säle in Schlössern erinnerten. Mit Stuck und Deckengemälden. Mir imponierten allerdings noch mehr die vielen alten und jungen Lesenden auf den endlos langen Rolltreppen. Ich hatte noch nie in meinem Leben im Alltag so viele Menschen mit Büchern in der Hand gesehen. Das erfreute mein Buchhändlerherz.

Mit Erstaunen nahm ich wahr, welche Menschenansammlungen vor dem Leningrader Bahnhof zu sehen waren. Da saßen und lagerten Leute mit Sack und Pack. Das erinnerte mich an Fotos von Flüchtlingen in Deutschland nach dem Krieg.

Wir mussten natürlich als Mitglieder dieser Jugendtourist-Reise einige Polit-Sehenswürdigkeiten über uns ergehen lassen. So fuhren wir mit einem Bus nach Rasliw, um den Ort zu sehen, an dem Lenin eine Zeit in einer Laubhütte in der Illegalität gelebt hatte. »Und das

2 1964 war der Kommunismus noch nicht in Sicht ...

daneben«, sagte der Reiseführer und zeigte lächelnd auf eine Feuerstelle mit einem Kessel, »das war seine Küche.«

Auf der Wiese stand ein Flachbau, in dem sich eine Ausstellung über Lenins Wirken befand. Dort lagen unter Glas ebenfalls solche Metallstäbe und ein Kessel. Ich fragte den Reiseführer, welches Instrumentarium zum Kochen nun das Original sei, das auf der Wiese oder dieses hier unter Glas.

Darauf meinte er: »Das Original befindet sich im Lenin-Museum in Moskau.«

Kultische Verehrung.

Ich erinnere mich, dass in einem Raum ein großes Leninporträt hing, das aus verschiedenen Blumensamen gestaltet war. Dabei war Lenin, wie man liest und hört, gar nicht an solch einem Personenkult interessiert.

In Wolfgang Leonhards Buch »Anmerkungen zu Stalin« las ich, dass Stalin zum Beispiel gegen Lenins Willen nach dessen Tod einen pompösen Trauerakt inszenierte. Auch gegen den Willen seiner Frau Nadeshda Krupskaja und der potenziellen Nachfolge-Kandidaten Trotzki, Bucharin und Kamenew veranstaltete er das Begräbnis als eine große Show auf dem Roten Platz. 500 000 Menschen nahmen Abschied. Lenin wurde trotz des Protests der eben Genannten einbalsamiert.

Stalin machte aus ihm eine Reliquie der Revolution.

Chaim Potok schreibt in seinem Buch »Novembernächte« in dem Zusammenhang: »… ein Nachhall des russisch-orthodoxen Volksglaubens, dass der Körper eines Heiligen niemals verwest, und ein Zeichen der ordnungsgemäßen Kontinuität zwischen Lenin und denjenigen, die ihm in der Verwaltung des Sowjetstaates, den er gegründet hatte, nachfolgen würden.

Aus einigen wenigen Spezialisten der Kunst des Einbalsamierens wurde eine als ›Unsterblichmachungskommission‹ bezeichnete Gruppe gebildet, die die Aufgabe hatte, die mumifizierte Leiche zu konservieren.«

Das Mausoleum auf dem Roten Platz gehörte natürlich bei der Jugendtourist-Reise auch zum Besuchsprogramm, und wir kamen als ausländische Gruppe in den Genuss der Bevorzugung, wurden an der Riesenschlange vorbeigeschleust. Da murrte kein Mensch, das war man gewöhnt.

Drin im wahrsten Sinn des Wortes eine Totenstille.

Bis auf das Tappen und Schlurfen der Füße über die Treppen. Langsam schob sich der unentwegte Zug der Verehrer oder lediglich neugierigen Touristen über die Treppe nach unten. Wir wurden noch informiert, dass wir nicht reden und nicht stehen bleiben dürften.

3 *Anstehen für Lenin*

Ein unentwegtes Defilee.

Und da lag dann Lenin wie eine Wachsfigur in einer Art beleuchtetem Aquarium.

Ich erinnere mich, dass die Szenerie auf mich einen sehr befremdlichen Eindruck machte. Der bekannteste Vertreter einer angeblich wissenschaftlichen Weltanschauung wurde wie Schneewittchen im Glassarg zur Schau gestellt.

Auch darüber kursierte im Ostblock ein schwarzhumoriger Satz, bezogen auf die Massen, die dort auf dem Roten Platz harrten: »Ich habe der Wache Westgeld gegeben, da haben sie ihn mir rausgebracht.«

Wäre ich drei Jahre vorher gekommen, dann hätte ich noch Stalin neben ihm liegen sehen, aber 1961 wurde der einst als genialer Führer und als größte Hoffnung der Menschheit Betitelte aus dem Mausoleum abtransportiert und nahe der »Mauer der Revolutionäre« beigesetzt.

Passiert ist das alles am 31. Oktober jenes Jahres. Am gespenstischen Halloween-Tag also.

Kein Wunder, dass sich zu der ganzen Geschichte schwarzer Humor breitmacht:

Ein Kranz wird auf Stalins Grab gelegt. »Für den postum Entlarvten von den postum Rehabilitierten«.

Der Leninismus lehrte ja, wie der Kommunismus siegen würde: In der neuen Gesellschaft gäbe es keine Klassen mehr, die sich feindlich gegenüberstehen. So würde der Staat an sich absterben. Und wenn dann jeder entsprechend seinen Bedürfnissen bekommt, was er braucht, dann wäre auch kein Geld mehr nötig. Es wird also überflüssig, weil niemand mehr »flüssig« zu sein braucht.

Ich habe in der DDR einige intelligente Menschen gekannt, die das alles tatsächlich geglaubt haben ...

In der Realität war es allerdings so, dass es in den letzten Jahren des Sozialismus bei vielen Menschen mehr Geld als Waren gab, die man dafür erwerben konnte. Und so ging man wieder zu mittelalterlichem Tauschhandel über. Das hat sich Lenin nicht träumen lassen.

»Wird es im Kommunismus noch Geld geben?«

»Nur noch Geld.«

»Was ist Kommunismus?«

»Wenn jeder von allem genug hat.«

Kommunismus ist der Sieg der Idee über den gesunden Verstand.

»Was ist ein Kommunist?«

»Ein Kommunist ist ein Mensch, der die Hoffnung aufgegeben hat, jemals noch Kapitalist zu werden.«

»Mit welchem System ist der Sozialismus am wenigsten vereinbar?«

»Mit dem Nervensystem.«

Der Dozent behauptet in seinem Vortrag: »Der Kommunismus ist schon am Horizont zu sehen!«

Ein Zuhörer fragt: »Wie definiert man eigentlich den Horizont?«

»Der Horizont ist eine imaginäre Linie, wo der Himmel auf die Erde trifft. Wenn wir uns ihr nähern, bewegt sie sich von uns weg.«

Was ist der Unterschied zwischen einem Optimisten und einem Pessimisten?

Der Optimist sagt: »Wir werden alle in Güterzügen nach Sibirien deportiert.«

Der Pessimist sagt: »Nein ... wir gehen zu Fuß.«

Besonders berühmt waren in dieser kurzen satirischen Art die Anfragen an Radio (bzw. Sender) Jerewan. In der Bundesrepublik war die Serie unter »Eriwan« gebräuchlich. Jerewan bzw. Eriwan ist der Name für die Hauptstadt Armeniens.

Einen Rundfunksender gab es dort schon, aber *den* Sender, den ich hier zitiere, gab es natürlich nicht. Die Menschen des Riesenreiches Sowjetunion nutzten diese satirische Erfindung, um Dampf abzulassen, Psychohygiene zu betreiben, die Macht lächerlich zu machen. Im Russischen nannte man den erfundenen Sender »Armjanskoje radio«, also Armenischer Rundfunk.

Die Menschen in der UdSSR, die so viele Fragen hatten, die ihnen von den Mächtigen nicht beantwortet wurden, schufen sich damit eine Möglichkeit, die Widersprüche der Gesellschaft selbst witzig aufzulösen.

Der tägliche Wahnsinn mit allen Versorgungsschwierigkeiten, mit all der Bürokratie und all der Gängelung durch das System wurde einfach verlacht. Jede Antwort auf eine Anfrage wird mit »Im Prinzip ja« eingeleitet, um dann durch die Antwort das »ja« ad absurdum zu führen.

Die Anfragen an den Sender Jerewan sind eigentlich eine Parodie auf die Informationspolitik der herrschenden Partei. Die Fragen, die das Volk stellte, wurden ja von den Funktionären auch nie wirklich beantwortet. Dafür erfand man Agitation und Propaganda.

Die bekannteste Anfrage, die die Struktur dieser Witze auch am besten zeigt, ist wohl diese Anfrage an Radio Jerewan: »Stimmt es, dass Iwan Iwanowitsch in Moskau in der Lotterie einen roten Moskwitsch gewonnen hat?«

Antwort: »Im Prinzip ja. Nur war es nicht Iwan Iwanowitsch, sondern Pjotr Petrowitsch.

Und es war kein roter Moskwitsch, sondern ein grünes Fahrrad.

Und er hat es nicht gewonnen, sondern es ist ihm gestohlen worden.

Jeder hat verstanden.

Anfrage an Radio Jerewan: »Ich habe gehört, dass in der Sowjetunion nicht mehr so viele Betten wie früher produziert werden. Stimmt das?«

Antwort: »Im Prinzip ja. Es werden nicht mehr so viele benötigt. Die Intelligenz ist auf Rosen gebettet, die Aktivisten ruhen sich auf ihren Lorbeeren aus, die Arbeiter und Bauern halten Friedenswacht, der Klassenfeind schläft nicht, und der Rest sitzt.«

Anfrage an Radio Jerewan: »Was gab es früher – das Ei oder die Henne?«

Antwort: »Früher gab es beides.«

Anfrage an Radio Jerewan: »Stimmt es, dass in den Sowchosen die Ähren wie Telegrafenmasten wachsen?«

Antwort: »Natürlich, manchmal sogar noch seltener!«

Anfrage an Radio Jerewan: »Stimmt es, dass auch Flöhe und Wanzen eine Revolution machen können?«

Antwort: »Im Prinzip ja, denn auch in ihnen fließt das Blut der Arbeiterklasse.«

Anfrage an Radio Jerewan: »Stimmt es, dass Sowjetmenschen als Erste die Rückseite des Mondes fotografiert haben?«

Antwort: »Im Prinzip ja, denn das Zentralkomitee tagt ständig dort.«

Anfrage an Radio Jerewan: »Hat sich die Rechtsprechung nach Stalins Tod verändert?«

Antwort: »Im Prinzip ja; jetzt ist es verboten, die Angeklagten vor dem Urteil zu erschießen.«

Anfrage an Radio Jerewan: »Stimmt es, das Stalin tatsächlich im Himmel ist?«

Antwort: »Im Prinzip ja.«

Rückfrage: »Wie konnte man ihn einlassen?«

Antwort: »Man ließ ihn gar nicht ein, er benutzte den Lieferanteneingang.«

Anfrage an Radio Jerewan: »Stimmt es, dass man in der Sowjetunion keine Stereoanlage braucht?«

Antwort: »Im Prinzip ja, weil man von allen Seiten das Gleiche hört.«

Anfrage an Radio Jerewan: »Stimmt es, dass unsere sowjetischen Führer den tschechischen Genossen eigentlich nur mit dem Finger gedroht haben?«

Antwort: »Im Prinzip ja, allerdings lag er am Abzug.«

Anfrage an Radio Jerewan: »Kann ein sozialistischer Leiter tatsächlich sozialistisch leiten?«

Antwort: »Im Prinzip ja, aber haben Sie schon einmal einen Zitronenfalter Zitronen falten sehen?«

Anfrage an Radio Jerewan: »Kann man den Kommunismus auch in der Schweiz einführen?«

Antwort: »Nein. Zu klein für so viel Unglück.«

So viel zum unsterblichen, nie existierenden Sender Jerewan.

Das nächste Beispiel ist auch absurd, analysiert es doch, wie schwierig es war, Verhandlungen zwischen den beiden Blöcken zu führen und die Lage zu entschärfen.

Die Sowjetunion war schlecht zu fassen, verdrängte sie doch die Realität und nahm das Offensichtliche einfach nicht zur Kenntnis, wenn sie nicht wollte.

Die Außenminister der »Großen Vier« beschließen in einer Konferenzpause, zur Entspannung auf die Jagd zu gehen. Gesagt, getan. Sie liegen im Wald auf der Lauer und sehen gleichzeitig einen kapitalen Hirsch. Sie schießen auch gleichzeitig und treffen den Hirsch zufällig an derselben Stelle.

Die vier Außenminister beschließen deshalb, die Beute in vier gleiche Stücke zu teilen.

Die drei westlichen Vertreter wollen sich um den Abtransport kümmern und holen Hilfe. Gromyko bleibt bei der Beute, um sie zu bewachen.

Nach einer Stunde kommen die drei Außenminister zurück und sehen, dass der Hirsch nicht mehr da ist.

»Wo ist der Hirsch?«, fragen sie Gromyko.

»Was für ein Hirsch?«

»Aber Sie werden doch zugeben, dass wir gemeinsam zur Jagd waren?«

»Natürlich.«

»Und dann werden Sie sich doch daran erinnern, dass wir alle vier gleichzeitig geschossen und einen Hirsch erlegt haben!«

»Ja.«

»Anschließend legten wir fest, die Beute untereinander gerecht zu verteilen.«

»Ja.«

»Und Sie sind zurückgeblieben, um den Hirsch zu bewachen!«

»Ja.«

»Und wo ist denn nun der Hirsch?«

»Von welchem Hirsch sprechen Sie eigentlich?«

Bevor Gorbatschow an die Macht kam, wurden die Parteichefs immer älter, und das hatte Konsequenzen.

In einem Betrieb wird der Genosse Koslow aufgefordert, zur Maidemonstration ein Bild vom Parteiführer Tschernenko zu tragen.

Koslow will aber nicht.

»Ich kann das auch begründen. Auf der vorletzten Demonstration habe ich das Bild von Breschnew getragen. Und bald darauf ist er gestorben. Dann habe ich das Bild von Andropow getragen, und er ist auch bald darauf gestorben.«

»Genosse Koslow! Machen Sie es! Sie haben goldene Hände.«

Schließlich wählte man 1984 tatsächlich den greisen und kranken Tschernenko zum obersten Parteiführer. Und wie charakterisierte der Volksmund in jenen Tagen die sowjetische Demonstration der Stärke?

»Generalsekretär Tschernenko geht eine Treppe hinauf.«

Das Durchschnittsalter der sowjetischen Politiker stieg immer mehr. Und alle Treppen wurden allmählich zu unüberwindbaren Hindernissen ...

Unübersehbar war eine vergreiste Truppe an der Macht. Eine Todesnachricht kam nach der anderen. Die erste Hälfte der achtziger Jahre der UdSSR stand im Zeichen des Trauerflors. Den Reigen eröffnete 1980 Alexej Kossygin, es folgten Leonid Iljitsch Breschnew und Michail Suslow, Dmitrij Ustinow und Parteichef Jurij Wladimirowitsch Andropow, der übrigens vorher der KGB-Chef war.

Als das Politbüro als Nachfolger von Breschnew Andropow vorgeschlagen hat, steht dieser auf: »Hände hoch, ein Arm runter. Einstimmig angenommen!«

Andropow war aber wohl schon ein Mann, der die Probleme des Landes realer sah. Als KGB-Chef war er am besten über die Lage in der UdSSR informiert. Er hatte aber nicht mehr genug Zeit, entsprechende Reformen für das Land durchzusetzen, aber er förderte Gorbatschow, und damit kam ein geradezu »blutjunger« Mann mit 54 Jahren an die Macht, nachdem Tschernenko gestorben war. Der war lediglich ein Jahr Generalsekretär der KPdSU und Staatsoberhaupt der Sowjetunion. Es war bizarr, diesen traurigen Reigen einer Weltmacht zu erleben. Der Volkswitz reagierte erbarmungslos und legte dem Nachrichtensprecher im Fernsehen diesen Satz in den Mund:

»Verehrte Zuschauer, Sie werden lachen, aber ich habe Ihnen wieder eine traurige Nachricht mitzuteilen.«

Wir wollen noch ein wenig beleuchten, wie sich Vertreter der Sowjetunion beim Zusammentreffen mit Menschen aus westlichen Ländern verhalten.

Ein junger sowjetischer Soziologe wird zum Studium des Kapitalismus in die USA, nach Großbritannien, Frankreich und in die Bundesrepublik Deutschland geschickt.

Nach seinen Eindrücken befragt, sagt er: »Ich habe mich mit eigenen Augen vom Absterben des Kapitalismus überzeugt.«

«Und?«

»Genossen, ich kann euch nur sagen – es ist ein schöner Tod!«

Und wie ging man im eigenen Land als überzeugter Genosse mit Besuchern aus dem westlichen Ausland um? Mit welchen Argumenten versuchte man, die Überlegenheit des sowjetischen Systems zu untermauern?

Ein Amerikaner sagt auf dem Moskauer Bahnhof zu einem Russen: »Hören Sie, Sergej Kusnetzow, Sie haben mir vorhin erzählt, dass hier bei Ihnen alle fünf Minuten Personen- und Güterzüge vorbeifahren! Jetzt stehen wir hier schon eine Stunde, und es ist noch nicht ein einziger Zug durchgefahren!«

»Ja, ja«, meint Sergej Kusnetzow, »aber über die Unterdrückung der Schwarzen in den USA sagen Sie nichts!«

Ein Franzose spaziert am Abend mit seinem russischen Begleiter durch Moskau. Da er auf Amüsement eingestellt ist, fragt er ihn: »Wo wäre denn hier die nächste Nachtbar?«

Der Russe denkt eine Weile nach und sagt dann: »Die nächste ... ist wahrscheinlich in Helsinki.«

In Moskau lernt ein Sowjetbürger einen französischen Touristen kennen.

Er fragt ihn: »Wie ist eigentlich bei Ihnen der Kauf von Kleidung geregelt?«

»Was soll da sein? Wenn man etwas braucht, geht man in einen Laden und kauft sich das einfach.«

»Und wo bekommt man die Bezugsscheine?«

»Es gibt keine Bezugsscheine.«

»Und wie funktioniert das mit den Lebensmitteln?«

»Genauso.«

»Eine andere Frage ... angenommen, Sie wohnen in einer Provinzstadt und wollen nach Paris fahren ... wo bekommt man den Reisepassierschein für die Fahrkarte?«

»So etwas gibt es bei uns nicht. Man geht zum Bahnhof, kauft sich am Schalter eine Fahrkarte und fährt, wohin man will.«

»Und wie bekommt man eine Genehmigung, wenn man in eine andere Stadt ziehen will oder gar in die Hauptstadt Paris?«

»Man sucht sich eine Wohnung, unterschreibt einen Mietvertrag, und schon lebt man in Paris.«

»Unglaublich! Wie kann man in solch einem Chaos leben?!«

Ein Moskauer will seinen Gast aus dem Westen über die Möglichkeiten der friedlichen Koexistenz aufklären. Sie gehen zusammen in den Zoo, und voller Stolz zeigt er auf ein Gehege, in dem ein Wolf und ein Schaf friedlich miteinander leben.

»Ebenso wie diese beiden Tiere gut miteinander auskommen, so können auch die Völker mit verschiedenen politischen Systemen wie Kapitalismus und Kommunismus friedlich nebeneinander leben.«

Der Besucher ist von dieser Tatsache sehr beeindruckt und fragt: »Wie ist das bloß möglich? Wolf und Schaf in einem Gehege?«

»Ganz einfach ... wir stecken einfach jeden Tag ein neues Schaf in den Käfig!«

Eine Reisegruppe aus der Bundesrepublik besucht den Moskauer Zoo.

Ein Besucher fragt einen Zoomitarbeiter: »Warum wird denn der eine Seelöwe mit Bananen statt mit Fischen gefüttert?«

»Ach, der ist neu hier und sitzt auf einer Planstelle für Affen.«

Ein Amerikaner und ein Russe diskutieren vehement über die Freiheit der Meinungsäußerung. Der Amerikaner will dem Sowjetbürger an einem Beispiel verdeutlichen, was er unter Meinungsfreiheit versteht: »Sehen Sie, wenn ich einen Brief an das Weiße Haus schreibe, in dem steht: ›Ich halte den Präsidenten der USA für einen Trottel!‹ – dann passiert mir nicht das Geringste!«

»Na und?«, meint der Russe, »wenn ich einen Brief an den Kreml schreibe, in dem der Satz steht: ›Ich halte den Präsidenten der USA für einen Trottel!‹ – denken Sie, mir passiert da etwas?!«

Auf der Leipziger Messe kommen in einem Lokal ein Amerikaner, ein Westdeutscher und ein Sowjetbürger über die Bedingungen der Geheimhaltung ihrer Arbeit ins Gespräch.

Der Amerikaner meint: »Ich arbeite in einem Labor und weiß nicht, woran eigentlich mein Kollege am Ende des Raumes arbeitet.«

Der Westdeutsche erzählt: »Das ist bei mir noch schlimmer. Mein Kollege sitzt mir am Schreibtisch gegenüber, und ich habe nicht die geringste Ahnung, was er macht.«

Darüber kann der Sowjetbürger nur lachen: »Ich sitze an meinem Schreibtisch, und nicht einmal ich weiß, was ich mache!«

Apropos »geheim«. Ein Wahllokal.

Iwan Iwanowitsch betritt den Raum und gibt einem Mitarbeiter der Wahlkommission seine Benachrichtigung. Man vergleicht die Angaben mit seinem Personalausweis. Schließlich bekommt er seinen Umschlag in die Hand gedrückt. Er dreht ihn hin und her und bemerkt, dass er zugeklebt ist. Schließlich fasst Iwan Iwanowitsch all seinen Mut zusammen und sagt: »Genossen, was soll denn das? Der Umschlag mit dem Wahlzettel ist ja zugeklebt!«

»Na und? Weißt du denn nicht, dass es sich um eine geheime Wahl handelt?!«

Das Volkseigentum war immer in Gefahr – durch Diebstähle. Deshalb gab es am Werktor Kontrollen. Mitunter musste man die Tasche aufmachen, ob man sich etwas »geklemmt« hatte. Ein Wächter vermutet das bei einem Arbeiter, der mit einer Schubkarre zum Ausgang kommt, darauf liegt ein prall gefüllter Sack.

»Was hast du in dem Sack?«

»Sägespäne. Der Brigadier hat mir erlaubt, sie zu Hause zu verheizen.«

Der Mann an der Pforte glaubt dem Arbeiter nicht, dass sich im Sack nur Holzabfälle befinden.

»Ausleeren.«

Der Sack wird ausgeleert. Er enthält tatsächlich nur Sägespäne.

Am nächsten Tag wiederholt sich die Szene.

Der Wächter misstraut der Sache wieder.

»Ausleeren.«

Aber im Sack befinden sich abermals nur Sägespäne, und der Mann am Tor muss ihn passieren lassen. Das geht drei Tage so weiter, und schließlich meint der Wächter zu dem Arbeiter: »Hör zu, du machst mich ganz verrückt. Ich weiß, dass du etwas stiehlst. Wenn du es mir sagst, dann verspreche ich dir, dich nie wieder zu kontrollieren. Also: »Was klaust du?«

»Schubkarren.«

Die Transsibirische Eisenbahn stoppt plötzlich mitten in der Nacht. Ein Fahrgast ist davon aufgewacht. Als es ewig nicht weitergeht, fragt er den Schaffner: »Warum sind wir denn stehen geblieben?«

»Die Lokomotive wird gerade getauscht.«

»Getauscht? Gegen was?«

»Gegen Wodka.«

In Moskau wurde ein Wettbewerb für die beste Kuckucksuhr ausgeschrieben.

Den dritten Preis bekam eine Uhr, bei der jede Stunde ein Kuckuck herauskommt und »Lenin! Lenin!« ruft.

Den zweiten Preis erhielt die Uhr, bei der der Kuckuck stündlich »Lenin lebt! Lenin lebt!« ruft.

Den Sieg jedoch trug jene Uhr davon, bei der stündlich Lenin aus der Klappe ruft »Kuckuck! Kuckuck!«

Von einem Philosophen namens Nikolai Alexandrowitsch Berdjajew hatte ich noch nie gehört, und wenige Insider werden ihn heutzutage noch kennen. Er stammte aus dem Adel und wurde Marxist. Für solch eine Wandlung konnten wir in der DDR mit einem besonders schlechten Exemplar aufwarten: Karl-Eduard von Schnitzler. Im DDR-Kapitel kommt er vor.

Berdjajew ist da von ganz anderem Schrot und Korn. Er

wollte sogar den Marxismus mit dem russisch-orthodoxen Christentum verknüpfen. Es wurde aber nichts draus, und seine Haltung gegenüber der sowjetischen Ideologie führte letztlich 1922 zu seiner Ausweisung. Etwas Besseres konnte ihm aber gar nicht passieren. Unter Stalin wäre er garantiert im Gulag gelandet.

Berdjajew ging nach Berlin und später nach Paris. Warum ich ihn erwähne, ist einem Zitat aus seinem Buch »Selbsterkenntnis« geschuldet, auf das ich stieß: »Der totalitäre Kommunismus ist eine Pseudoreligion. Als eine solche verfolgt der Kommunismus alle Religionen, in denen er einen Rivalen sieht.«

Und er hat den Religionen auch fast alles nachgemacht: von Ketzern bis Reformern. Für die schuf man irdische Höllen. Bei marxistisch-leninistischen Wallfahrten wurden neue Heiligenbilder durch die Straßen getragen. Die reine Lehre lagerte im Moskauer Kreml. Das Beichten der Sünden hieß Selbstkritik.

Nach der Oktoberrevolution wurden viele Kirchen im Land zerstört und Tausende Gotteshäuser umgenutzt.

Aber die Religion war bei vielen Gläubigen nicht totzukriegen. Die neuen Heiligenbilder ersetzten oft nicht die alten. So gab es im Land solch entgegengesetzte Handlungsweisen:

Ein Vater beobachtet mit großer Skepsis, wie seine Tochter in der Wohnung vor einer Ikone kniet. Die Mutter beruhigt ihn: »Lass sie nur, sie betet, dass sie morgen die Prüfung im wissenschaftlichen Atheismus besteht.«

Breschnew kommt am ersten Ostertag im Kreml an. Der Wachdienst begrüßt ihn: »Christus ist auferstanden, Genosse Generalsekretär!«

Breschnew nickt und geht weiter in sein Arbeitszimmer, wo ihn ein Referent begrüßt: »Christus ist auferstanden, Leonid Iljitsch!«

»Danke, Genosse, ich wurde bereits von der Wache informiert!«

Weil wir gerade beim Christentum sind ...

Aus welcher Nation stammen Adam und Eva?

Sie sind eindeutig Russen! Nur Russen können barfuß und nackt herumlaufen, kein Dach über den Kopf haben, zu zweit einen Apfel essen und dabei rufen »Wir sind im Paradies!«

Mit unserem Kabarett »academixer« war ich zweimal in der Sowjetunion.

1976 hatte unser Kabarett die »Ehre«, mit einem Freundschaftszug in die Sowjetunion zu reisen. Aus dem gesamten Bezirk Leipzig fanden sich Delegierte ein.

In Kiew regnete es ständig. Dafür konnten die Freunde wirklich nichts. Nur endeten die Fallrohre generell über dem Fußweg, und wir hatten unentwegt nasse Füße. Die Heizung im Hotel war aber in der Wand. Nun konnten wir aber nicht die Schuhe zum Trocknen an die Wand nageln!

Es kam noch besser: Wir machten vor Ort bald ganz praktische Erfahrungen mit der Versorgungslage in der ruhmreichen Sowjetunion. An mehreren Tagen gab es von morgens bis abends – Klops!

Der mitreisende Bezirksarzt riet, unbedingt Milch zu trinken. Wahrscheinlich hatte er Angst, dass wir an Skorbut erkrankten.

Schließlich murrten wir über die Versorgungssituation. Es wurde eine Fahrt in ein ukrainisches Nationalitätenrestaurant organisiert.

Wir freuten uns: Endlich mal was anderes!

Es gab – Klops, und wir verweigerten die Annahme des Essens. Die netten ukrainischen Kellnerinnen konnten das nicht verstehen: »Patschemu?« – Warum?

Da äußerte jemand von uns Kabarettisten die Befürchtung, wir würden wohl alle noch in der Klopsmühle landen.

Am meisten deprimierte uns damals der Aufenthalt in Tscherkassy. Ein trister Ort. Abends sahen wir ein dunkelgrünes Auto herumfahren. Leute mit roten Armbinden sammelten die Betrunkenen ein. Eine bedrückende Atmosphäre herrschte in dieser Stadt, und ein Gefühl von Verlorenheit machte sich in uns breit. Einer aus unserer Gruppe war besonders niedergeschlagen. Die Situation hat ihn psychisch belastet. Der stellvertretende Bezirksarzt gab ihm Faustan und sagte, er solle an etwas Schönes denken.

Tags darauf wurde den Reiseteilnehmern der Höhepunkt des Besuches offeriert: Bäume pflanzen im Hain der Freundschaft.

Da kam nun der Sinn des Freundschaftszuges zum Zuge.

Auf einen Baum kamen etwa acht Leute. Sieben hielten den Baum, der achte schippte die Erde ins Loch.

Ein kleiner Tiergarten sollte in diesem Hain entstehen. Einen Löwen hatten die Freunde schon irgendwo in der großen Sowjetunion aufgetrieben, der zweite war aus dem Leipziger Zoo unterwegs. Die beiden sollten ein Paar werden, und stark wie diese Löwen sollte unsere Freundschaft sein.

Allerdings, wie so oft im Sozialismus, hatte der Informationsfluss nicht geklappt: Auch das zweite Tier war männlich. Diese Liebe würde keine Früchte tragen.

Zwei Käfige standen parat. Während die Gitterstäbe des einen grün gestrichen wurden, tummelte sich der russische Löwe im anderen. Dann steckte man ihn in den frisch renovierten. Aber die russische Farbe trocknete nicht so schnell.

Nun sah der Löwe getigert aus.

Zwei Tage dauerte die Rückfahrt. Der Bezirksarzt kümmerte sich intensiv um ein Mädchen, das bei einem Busunfall verletzt worden war.

Ich konnte es kaum erwarten, wieder nach Hause zu kommen.

Leipzig, DDR, das war gegen Tscherkassy schon fast wie Westen!

Als ich 1983 mit unserem Kabarett »academixer« wiederum zu einem Gastspiel in die Sowjetunion reiste, spielten wir für die Erbauer der Erdgasleitung »Druschba«, also vor Spezialisten, Ingenieuren und vorwiegend jungen Arbeitern aus der DDR.

Der DDR-Abschnitt von über 500 Kilometern (insgesamt waren es 2750) war ein Zentrales Jugendobjekt der FDJ. Die jungen Leute verdienten gut und hatten sogar Zugriff auf Waren des Genex-Kataloges, erhielten also dadurch bestimmte gefragte Konsumgüter. Sie hatten auch die Chance, einen Wartburg oder Trabant ein paar Jahre eher zu bekommen. Verschiedene Kulturensembles aus der DDR gastierten vor den Arbeitern und Ingenieuren immer mal vor Ort.

Wir waren in einem Abschnitt vom Oblast Iwano-Frankiwsk. Die Gegend gehört zur bekannten Landschaft Galizien. Hier hatten die Nazis im Zweiten Weltkrieg wegen des großen jüdischen Bevölkerungsanteils besonders schlimm gewütet.

Die DDR-Leute hatten an unserem Auftritt ihre Freude. Kultureller Besuch aus der Heimat. Einmal traten wir zu für uns völlig ungewohnter Zeit in einer Speise- und

Kulturbaracke auf: Um neun Uhr morgens! Die Arbeiter kamen aus der Nachtschicht. Sie nahmen Platz, und es klirrten die Bierflaschen in den Netzen, die sie neben ihren Stiefeln abstellten. Als unsere beiden Frauen Katrin »Kati« Hart und Gisela »Gigi« Oechelhaeuser den Raum betraten, erschallte aus dem Publikum aus durstigen Männerkehlen der unüberhörbare Ruf »Ausziehen!«

Uns schwante schon Schlimmes, aber sie folgten dann unserem Programm doch mit Freude und Aufmerksamkeit.

Kultur an der Trasse hatte einen Hauch von Fronttheater im Frieden.

Wir erfuhren, dass sich die Männer mit den einheimischen Frauen nur mit aller Vorsicht einlassen dürften, weil im Ernstfall eine hohe Prozentzahl des Einkommens an Alimenten fällig wäre und deshalb ein gewisses Interesse an einem »DDR-Kind« bestünde. Davon könnten Mutter und Kind gut leben.

Als wir im Bus über Land fuhren, sah ich in manchen Fenstern eine Puppe stehen und vermutete dort das Kinderzimmer. Mir wurde aber gesagt, dass dies ein Zeichen für eine heiratsfähige junge Frau im Haus wäre.

Wir besuchten auch die Arbeiter direkt vor Ort und sahen, wie die Rohre verschweißt wurden. Die lieferten zu unserer Überraschung die bekannte westdeutsche Firma Mannesmann, während eine Art Raupenschlepper mit Kran die Rohre zum Einsatzort transportierte, der stammte aus Japan.

Die Rohre wurden mit Raketentransportern, wie man sie auf dem Roten Platz bei einer Parade sieht, herangeschafft. Die Verantwortlichen wollten ihren Gästen etwas Besonderes bieten, und so organisierten sie für uns ein kleines Abenteuer. Es war tatsächlich das Verrückteste, was wir an der Trasse erlebten. Wir standen an der

Seite auf einer schmalen Trittstelle eines solchen Transporters, die nicht dafür gedacht war, klammerten uns mit all unseren Kräften an ein Gestänge und wurden mit diesem abenteuerlichen Gefährt durch einen Fluss kutschiert ... Das war schon ein besonderer Ritt im wilden Osten.

Sitze ich einmal zufällig bei Freunden oder Bekannten, und in den Nachrichten im Fernsehen sieht man gerade Bilder einer Truppenparade in Moskau, dann kann ich locker flockig einwerfen. »Mit so einem Raketentransporter bin ich mal in der Ukraine durch einen Fluss gefahren.«

Es wurden an diesem besonderen Bauprojekt natürlich auch Waldarbeiter gebraucht, die für die Trasse die Bäume schlugen. Problematisch war generell für einige Arbeiter der Genuss von sogenanntem Samogon. Das ist der russische Name für selbstgebrannten Schnaps. Da wurde alles Mögliche vergoren. Von Gerste, Kartoffeln, Hirse, Weizen, Obst bis Rote Beete. Ein Trassenmitarbeiter erzählte mir, man könne sogar Holz vergären. Das habe ich aber für eine Mär gehalten, da ich noch nie etwas von Holzschnaps gehört habe.

Und nun kommt eine besonders makabre Tatsache: Uns wurde erzählt, dass in der Vorrichtung für die Destillation oft noch die vor Jahrzehnten ausgebauten kupfernen Benzinleitungen deutscher Panzer genutzt würden ...

Wichtig sei vor allem, so hörten wir immer wieder, dass der potenzielle Käufer oder Mittrinker vorher unbedingt in einem Glas die Brandprobe machen müsste. Anhand der Flamme könne man sehen, ob der Samogon überhaupt genießbar sei. Nur wenn sich eine klare blaue Flamme zeige, sei der Genuss möglich. Bei grün droht Gefahr!

Wir hörten von zwei Forstarbeitern aus Rostock, die diese Probe nicht gemacht hatten und anschließend tatsächlich tragischerweise den Wald vor lauter Bäumen nicht mehr sehen konnten, weil sie erblindet waren.

Ich habe einen Arbeiter beobachtet, der aus einem Dorf gerade über das Stoppelfeld zum Stützpunkt zurückkam. Ein »normal« Betrunkener schwankt, ein Sami-Betrunkener, wie der Selbstgebrannte abgekürzt wurde, kommt nicht heiter schwankend daher, sondern läuft eher wie eine Marionette. Zuckungen durchlaufen den Körper. Ein gestörter Bewegungsablauf. Der Mann von der Trasse, mit dem ich am Feldrand stand, sagte mir, er werde morgen nichts mehr wissen. Nicht wo er war, nicht, mit wem er getrunken hatte. Alles sei ausgelöscht.

1985 hat Gorbatschow versucht, der maßlosen Trinkerei im Land einen Riegel vorzuschieben. Deshalb wurde er sofort vom Volk zum »Mineralsekretär« gekürt.

Mit dieser Entscheidung hat er aber leider die Schwarzbrennerei nur noch mehr angekurbelt.

In der Sowjetunion erzählte man sich diese, vermutlich oft stimmende Feststellung: »Wer bei einer Hochzeit nicht betrunken ist, der ist ein Spitzel.«

Die Menschen, die an der Trasse gearbeitet haben, treffen sich heute noch. Die gemeinsame Arbeit unter diesen besonderen Bedingungen, das Zusammenschweißen der Rohre hat auch die Menschen im wahrsten Sinn des Wortes zusammengeschweißt.

Einen Auftritt hatten wir in einem Kulturhaus vor einheimischem Publikum. Irgendwann sagte ich zu meinem Kollegen Gunter Böhnke: »Ich glaube, wie spielen in einer ehemaligen Kirche.«

Wir traten quasi von der Sakristei, in der noch ein alter Kachelofen stand, auf die Bühne. Nach dem Auftritt stöberte ich etwas in den angrenzenden Räumlichkeiten und entdeckte tatsächlich Reste der kirchlichen Ausstattung zwischen Eimern, Besen und einer Treppenleiter.

4 Mit meinem »academixer«-Kollegen Gunter Böhnke an der Trasse. Gunter macht auf »Russe«

Als wir dann das Gebäude von draußen aufmerksam betrachteten, war uns klar, dass lediglich der Kirchturm fehlte, den man einfach abgerissen hatte.

Dieser Auftritt war besonders kurios, denn das einheimische Publikum hatte keine Ahnung, was wir da trieben. Sie konnten sich höchstens mal an einem Lied mit Klavierbegleitung erfreuen. In der ehemaligen Kirche war es außerdem saukalt. Ich hätte am liebsten den alten Kachelofen angeheizt. Wir spielten im Mantel oder Anorak, und das Publikum saß im Mantel oder Anorak im Parkett. Ohne das Geringste zu verstehen. Total absurd. Meine Kollegin Katrin Hart erinnert sich noch, dass der gesamte Raum hellgrün gestrichen war.

An eine Farbe, einen Geruch erinnert man sich ja oft noch nach Jahren.

Unvergesslich ist mir in diesem Zusammenhang von unserem Gastspiel im April 1983 ein »Dorfkonsum« in der Ukraine geblieben.

Nur wenige Waren. Ein Regal voller Kernseife. Der Geruch füllt den Raum, schlägt mir wie eine Wolke entgegen, nimmt mir den Atem.

In einer Ecke des Raumes ein bescheidenes kosmetisches Angebot: Parfümdüfte, die man von den sowjetischen Frauen kennt, wenn sie sich fein gemacht haben und durch unsere Städte spazieren. Mit Namen wie »Tiefer Baikal« und so.

Schwer und süß.

Plötzlich protzt mir im Regal ein Rasierwasser in attraktiver Verpackung entgegen:

ONE MAN SHOW.

Das passt in den ukrainischen Dorfkonsum wie eine Perle an einen Trainingsanzug.

Wie kam das hierher?

Auf der Schachtel die Namen dreier Weltstädte – Mailand, Paris und London. Der Glanz der großen weiten Welt in diesem dürftigen kleinen Ort: ONE MAN SHOW.

Ich stellte mir einen Mitarbeiter des Außenhandels in einer Pariser Nachtbar vor. Zwischen leicht bekleideten Mädchen und mit Champagner wird der Vertrag gefeiert, der die Lieferung Tausender Flaschen dieses Rasierwassers für die Sowjetunion besiegelt. In Moskau wurden sie über das weite Land verteilt, und so landeten auch ein paar Flaschen des teuren After Shave in diesem Dorf.

Ein alter Mann schlurft durch den Raum und würdigt die glänzende Schachtel nicht eines Blickes.

Im Sommer desselben Jahres durfte ich dann zum ersten Mal nach »draußen«.

Und gleich in die Schweiz!

Hatte Mühe, die Fülle zu ordnen, von allem einfach zu viel.

In der Kosmetikabteilung eines großen Kaufhauses,

zwischen Duftwässern aus aller Welt, steht plötzlich der Star wieder an der Regalrampe, die ONE MAN SHOW!

Und gleich riecht es nach Kernseife!

Gegen Ende der Sowjetunion spitzen sich die finanziellen Probleme des Landes zu. Der Export von Waren ging immer mehr zurück. Was soll man noch verkaufen? Was bringt die dringend benötigten Devisen?

Das Politbüro beschließt schweren Herzens, das Mausoleum samt Lenin auf einer weltweiten Auktion anzubieten. Der Zuspruch ist riesig. Für eine sagenhafte Summe wird es von den Amerikanern ersteigert, abgebaut und in Manhattan wiedererrichtet.

In den ersten Jahren bilden sich genauso lange Schlangen wie seinerzeit auf dem Roten Platz in Moskau – es ist die größte Show in den USA. Doch mit den Jahren lässt das Interesse nach. Die Betreiber überlegen, wie sie mit einem besonderen Kick das Interesse wieder steigern können. Sie nehmen Kontakt mit den besten Wissenschaftlern des Landes auf und planen, Lenin wiederzubeleben!

Ein großes Team arbeitet intensiv an dieser Aufgabe und schafft es tatsächlich: Eine Wahnsinns-Sensation!

Lenin steht aus dem Sarg auf und verlässt das Mausoleum, um in Manhattan einen Spaziergang zu machen. Interessiert und erfreut sieht er sich um, nickt zustimmend und sagt schließlich lächelnd: »Genauso habe ich mir das vorgestellt, Genossen!«

Volksrepublik Polen

Polen traf der Zweite Weltkrieg besonders schlimm. Er brachte unermessliches Leid über die Bevölkerung. Laut Wikipedia war der Tod von 5 360 000 Menschen zu beklagen.

Von der nichtjüdischen Bevölkerung Polens brachten die Nazis etwa zehn Prozent um, also über zwei Millionen. Drei Millionen polnische Juden kamen in den von den Nazis errichteten Vernichtungslagern, Ghettos oder durch Massenerschießungen ums Leben. Dies waren neunzig Prozent der jüdischen Bevölkerung des Landes.

Das Ausmaß der Verbrechen ist unvorstellbar.

Fassungslos lief ich mit einem Freund 1967 durch das ehemalige Konzentrationslager Auschwitz. Sah die Haufen von Brillen, Koffern, Schuhen und Zahnbürsten. Zwei junge DDR-Bürger auf den Spuren schrecklichster deutscher Geschichte in unserem Nachbarland.

Wir besuchten quasi den größten Friedhof der Welt. Einen Friedhof ohne Gräber und Grabsteine. Die Augenzeugen sahen als Letztes nur den Rauch.

Und das war ja alles erst 22 Jahre her ...

In mein Tagebuch schrieb ich 22-Jähriger: »Auschwitz ist einfach unfassbar und unbeschreiblich.«

Einen Tag danach kamen wir in Krakau mit einem Polen ins Gespräch. Er war Partisan gewesen und von der Gestapo vier Jahre eingekerkert worden, ehe ihn die Rote Armee befreite. Plötzlich trafen wir auf einen Menschen, der in dieser Geschichte gelebt und gelitten hatte. Eine Figur aus einem Film oder einem Buch stand vor uns.

In einem Studentenclub lernte ich die temperamentvolle, hübsche, schwarzhaarige Alexandra kennen. Am nächsten Tag bummelten wir durch die Stadt und saßen in einem stimmungsvollen Lokal bei einem Glas Wein, redeten über Gott und die Welt. Und sie erzählte mir, dass ihr Vater auch in einem KZ war.

Ein Jahr vorher stieg ich mit Freunden beim Trampen auf einen LKW. Eine Truppe polnischer Jugendlicher half uns hinauf und bot uns als Zeichen der Gastfreundschaft sofort die etwas vom Wind geschützteren Plätze hinterm Fahrerhaus an.

»Autostop« war in Polen eine offizielle Bewegung, während bei uns zu Hause das Fahren »per Anhalter« mehr oder weniger geduldet wurde. Die Jugendlichen sollten ihr Land kennenlernen und gaben dem Fahrzeugführer nach der Mitnahme Bons. Damit war er am Jahresende an einer großen Lotterie beteiligt.

Ich unterhielt mich auf der Fahrt in Richtung polnischer Ostseeküste mit einem jungen Mann, der etwa

5 Trampen in Polen 1967. Mit Buntstiften habe ich die deutschen Farben auf eine Pappe gemalt. Auf das DDR-Emblem wurde verzichtet …

fünf Jahre älter war. Er erzählte mir, dass er von seinen Eltern nur noch ein verschwommenes Bild vor Augen habe. Sie standen am Gartentor und winkten ihm zu. Uniformierte nahmen sie mit. Er hat seine Eltern nie wieder gesehen.

Plötzlich rückten die Betroffenen dieser unseligen Geschichte in meine Nähe.

Als ich ihm eine Zigarette anbot, schützten wir gegenseitig mit unseren Händen die Flamme des Streichholzes beim Anzünden. Der Fahrtwind wirbelte den Rauch weg, und wir schwiegen für eine Weile.

Und dann muss man sich diesen geschichtlichen Fakt vor Augen halten: Hitler und Stalin ließen ihre Truppen 1939 in Polen einmarschieren und teilten sich das Land. Das ist in der DDR nie offen ausgesprochen worden!

Zweimal ging der Krieg durchs Land.

Was mich andererseits noch heute empört, ist die Tatsache, dass die westlichen Alliierten nach Kriegsende Stalin in Ostpolen einen größeren Landraub gestatteten. Der sowjetische Diktator wünschte eine Westverschiebung der Grenze. Einem Land wie Polen, dass in diesem Krieg so viele Opfer zu beklagen hatte, auch noch ein großes Stück Heimat wegzunehmen (mit den wichtigen Städten Wilna und Lemberg) und jene Vertriebenen nach 1945 in den ehemaligen ostdeutschen Provinzen (Ostpreußen, Pommern, Schlesien und der Freien Stadt Danzig) anzusiedeln, stieß bei den Alliierten auf keinen Widerspruch.

Ein absurder Witz in der Struktur der Anfragen an Radio Jerewan greift diese Problematik auf:

»Stimmt es, dass Kardinal Wyszynski den Deutschen die Westgebiete angeboten hat?!«

»Im Prinzip ja, aber es war nicht der Kardinal, sondern

Minister Molotow. Es ging nicht um die Westgebiete, sondern um die Ostgebiete. Und sie wurden nicht angeboten, sondern genommen. Und nicht den Deutschen, sondern den Polen.«

In jenen Tagen begradigt eine sowjetisch-polnische Kommission die Grenze zwischen beiden Staaten. Die Linie verläuft genau durch den Hof eines Bauern. Nun soll er sich entscheiden, ob er Pole oder Sowjetbürger werden will. Er berät sich mit seiner Frau.

Danach sagt er: »Ich möchte polnischer Staatsbürger werden.«

»Und warum?«

»Meine Frau sagte mir, in Russland sind die Winter so kalt.«

Die Polen sehen später die Befreiung von der Nazi-Herrschaft mit gemischten Gefühlen. Nicht lange nach dem Krieg erhöht sich von sowjetischer Seite der Druck auf das Land. Bald soll das Volk auch noch dem Oberräuber Stalin huldigen.

Eine alte und schlecht sehende polnische Bäuerin steht im Rathaus andächtig vor einem riesigen Stalinbild.

»Ein großer Mann war unser Marschall Pilsudski. Aber warum hat er auf diesem Bild einen so kleinen Schnurrbart? Der war viel buschiger!«

»Das ist doch nicht Pilsudski!«, wird sie von einem Ratsmitarbeiter aufgeklärt. »Das ist doch Marschall Stalin!«

»Was hat er gemacht, dass er hier im Rathaus aufgehängt wurde?«

»Große Taten hat er vollbracht! Er hat zum Beispiel die Deutschen aus Polen verjagt!«

»Ach was! Großartig! Er soll gesegnet sein samt seinem Schnurrbart. Vielleicht wird er ja mit Hilfe der Muttergottes auch die Russen aus Polen verjagen!«

1948 übernahmen die polnischen Kommunisten die Macht. Der wichtigste kommunistische Politiker in jener Zeit war Wladyslaw Gomulka. Er wurde aber bald entmachtet, da er gegen eine schnelle Kollektivierung der Landwirtschaft war und die nationale Souveränität Polens betonte. Kurzum: Er betrieb nicht die Politik, wie man sie sich in der Führung der Sowjetunion wünschte. Schließlich wurde er sogar verhaftet und kam ins Gefängnis. Den harten stalinistischen Kurs fuhr dann Boleslaw Bierut, der von 1948 bis 1956 Generalsekretär der Kommunisten war.

Warum stehen alle von ihren Plätzen auf, wenn laut »Bierut, Bierut!« skandiert wird?

Weil niemand sitzen will.

In dem Buch »Die Untermieterin« beschreibt Hanna Krall die Sitzung einer Kontrollkommission der Partei im Jahr 1949. Als Kommunist und Offizier ist der entsprechende Genosse, um den es geht, völlig gelassen. »Warum sollte er auch Angst haben, es ist doch alles seins – sein Gericht, sein Feind, und die Wahrheit ist auch auf seiner Seite. – Die objektive Wahrheit ... und man muss ihn daran erinnern, dass ein Kommunist keine objektive Wahrheit anerkennt. Für einen Kommunisten ist Wahrheit das, was der Revolution dient, die objektive Wahrheit ist Sache des Kleinbürgertums beziehungsweise der Bourgeoisie.«

Und so bekommt er letztlich auch eine Rüge »wegen bürgerlichem Objektivismus« und musste mit Erstaunen feststellen, dass man ihn zum Kleinbürger gemacht hatte.

Die Klasse der »Kleinbürger« wuchs durch die Verhältnisse schnell an ...

Das vom Krieg gebeutelte Land erlebte nun bald, wie es vom großen Bruder Sowjetunion ausgebeutet wurde. Die Handelsabkommen mit der UdSSR waren für alle sozialistischen Staaten schwer zu ertragen. So machte sich auch in Polen bald schwarzer Humor breit.

Ein Kenner der Situation wird von einem Bekannten gefragt: »Na, wie lief es denn mit dem letzten Handelsabkommen mit der Sowjetunion?«

»Hervorragend! Wir liefern den Russen Kohle, und sie nehmen dafür unser Fleisch.«

Paul Lendvai schreibt in seinem Buch »Antisemitismus ohne Juden«, das Entwicklungen und Tendenzen in Osteuropa untersucht, über das Problem »polnische Kohle« Folgendes: »Neben Rumänien war Polen Objekt der ärgsten Kolonialausbeutung durch Moskau. Allein die Verluste aus dem Kohlenexport in die Sowjetunion betrugen bis 1956 eine halbe Milliarde Dollar, der sowjetische Gesamtprofit aus der Ausbeutung Polens zwischen 1945 und 1956 wird auf zwei Milliarden Dollar geschätzt.«

In der Bevölkerung meint man deshalb verständlicherweise, dass es nunmehr ganz einfach wäre, die Himmelsrichtung zu bestimmen: »Dort, wo die vollen Güterzüge hinfahren, ist Osten, und wo die leeren zurückrollen – da ist Westen …«

Zwei Bekannte treffen sich.

»Wie geht es Ihnen?«

»Gut … und vor allem: besser als morgen.«

Bei einer Konferenz in London stellt ein polnischer Fachmann die großen Erfolge nach der Kollektivierung der Landwirtschaft vor.

»Zum Beispiel werden bei uns die Kartoffeln schon drei

Wochen, nachdem sie in die Erde gebracht wurden, von der Bevölkerung verzehrt.«

Die westlichen Fachkollegen protestieren: »Das ist ja unmöglich!«

»Aber doch! Sie haben nur keine Ahnung, was Hunger ist!«

Kontrolle in einer Landwirtschaftlichen Produktionsgenossenschaft.

»Was ist das für ein Dreck hier? Warum stehen die Kühe in der Gülle?«

»Weil wir kein Stroh haben.«

»Und warum sehen die Tiere so ausgehungert aus?«

»Weil wir kein Futter haben.«

»Und warum wurde mit den Verantwortlichen nicht abgerechnet?«

»Weil wir 1945 unsere Waffen abgeben mussten.«

Das Parteikomitee tagt.

Es geht um Personalfragen. Ein Genosse schlägt Jan Kowalski für einen neu zu besetzenden Posten vor. Darauf sagt der verantwortliche Parteisekretär: »Genossen, das ist unmöglich. Er hat eine Uhr gestohlen.«

Erregt entgegnet einer der Anwesenden: »Das stimmt nicht! Er hat keine Uhr gestohlen, sondern ihm wurde *seine* Uhr gestohlen!«

»Das spielt jetzt keine Rolle, jedenfalls ist er in den Diebstahl mit einer Uhr verwickelt!«

Das Radio lügt nicht immer.

Wenn sie die Zeit ansagen, ist es die Wahrheit.

Wenn sie das Wetter vorhersagen, ist es meistens die Wahrheit.

Nur der Rest der Nachrichten stimmt nicht.

Nach Gagarins erstem Weltraumflug kommt der Lehrling aufgeregt zum Meister.

»Meister, die Russen sind ins All geflogen!«

»Alle?«

»Nein, nur einer.«

»Dann lass mich in Ruhe und gib mir den Hammer!«

Die Kirche spielte in Polen immer eine besondere Rolle.

Das Land wurde in der Geschichte vom zaristischen Reich, von den Habsburgern, von Preußen, von den deutschen Nazis und schließlich von den Kommunisten nach sowjetischem Vorbild beherrscht. Die katholische Kirche war zu allen Zeiten mit dem Volk solidarisch und einte die Nation. Die Kirche hatte deshalb in den geschichtlichen Abschnitten des Landes großes Ansehen unter der Bevölkerung.

Polen war das katholischste Land im Ostblock und gehörte in Europa diesbezüglich mit Italien und Spanien in die Spitzengruppe.

Ich habe im Vorwort darauf hingewiesen, dass mich der Antisemitismus im Ostblock sehr beschäftigt hat. Und ich habe in vielen Gesprächen im Freundes- und Bekanntenkreis festgestellt, dass die Kenntnis darüber gegen Null tendiert. Zu sozialistischen Zeiten erfuhr man in der DDR dazu sowieso gar nichts. Ich hörte zum ersten Mal durch zwei polnische Juden davon, die Auschwitz überlebt hatten und deren neue Heimat zufälligerweise Leipzig geworden war: Eugen Gollomb und Aron Adlerstein.

Ich habe über die beiden in meinem Buch »Davidstern und Weihnachtsbaum« geschrieben, das sich mit dem Schicksal Leipziger Juden beschäftigt.

Gollomb und Adlerstein waren nacheinander die Vorsitzenden der Israelitischen Religionsgemeinde zu Leipzig gewesen. Gollomb sagte mir, dass er als Kind im Vorkriegspolen zur Osterzeit immer in seinem Dorf mit Steinen beworfen wurde, weil er ja ein Jude war, und die hatten doch »den Herrn Jesus gekreuzigt«.

Antisemitismus hat leider in Polen Tradition. Zum Teil ist es, wie eben erwähnt, ein klerikaler Antisemitismus. Aber zu meinem Erstaunen las ich, dass es schon vor dem Krieg Vertreter starker politischer Strömungen gab, die die polnischen Juden zur Ausreise bewegen wollten. 1938 fuhr eine Regierungsdelegation nach Madagaskar, um zu prüfen, ob sie dorthin ausgesiedelt werden könnten. Ein Herr Miedziński, Vizemarschall des Parlaments und Redakteur der Regierungszeitung meinte, dass in Polen nur Platz für 50 000 Juden wäre, die Übrigen sollten auswandern.

Da konnte noch kein Mensch ahnen, welch schreckliches Schicksal schon ein Jahr später den polnischen Juden nach dem Überfall der Nazis bevorstand.

Etwa 230 000 Juden konnten aus Polen in die Sowjetunion fliehen und überlebten dort die Gräuel des Zweiten Weltkriegs – zumeist in Zentralasien.

Genaue Zahlen über untergetauchte Juden gibt es nicht. Aber es wurden natürlich auch Tausende Juden von Polen vor den Nazis gerettet und versteckt. Einen dieser Geretteten haben wir in Deutschland jahrzehntelang mit seinen scharfsichtigen, originellen und mitunter umstrittenen Urteilen über Literatur im Fernsehen erleben können – Marcel Reich-Ranicki.

Ein Teil der illegal lebenden Juden kämpfte als Partisanen gegen die Deutsche Wehrmacht und zog sich in die Wälder zurück.

Leider gab es aber auch Kollaboration von Polen mit den Nazis. Zum Problem des Antisemitismus in jener Zeit sagte der polnische Historiker Marcin Zaremba im MDR: »... zwischen Oktober 1939 und Sommer 1944 wurden mehr als 10 000 Juden an die Deutschen ausgeliefert oder von Polen ermordet.«

In unserem Nachbarland wird bis heute über dieses Thema heftig gestritten.

Jedoch war der Antijudaismus nach dem Krieg leider nicht verschwunden. In der »Jüdischen Allgemeinen« las ich: »In Krakau, Rzeszow und Kielce kam es zu Pogromen an heimkehrenden Holocaust-Überlebenden.«

Das hörte ich mit Erschütterung zum ersten Mal von Eugen Gollomb. In Kielce hatte eine Menge im Jahr 1946 42 Juden ermordet. Ein Jahr nach Kriegsende! Unvorstellbar.

Ein Kind war verschwunden, und sofort kam ein Gerücht aus mittelalterlichen Zeiten wieder auf, die sogenannte Ritualmord-Legende. Die Juden hätten ein christliches Kind verschleppt und getötet. Das Kind tauchte später wieder auf, 42 Juden waren tot.

Unter diesen Verhältnissen kam es zur ersten großen Auswanderungswelle im Nachkriegspolen. Die Angaben für die Zahl der damals Geflüchteten schwanken zwischen mehreren 10 000 bis zu über 100 000. Es waren zumeist Rückkehrer aus der Sowjetunion, die das Land verließen.

Mit großem Interesse las ich den Band »Der Hüter. Marek Edelmann erzählt« von Rudi Assuntino und Wlodek Goldkorn. Edelmann war der letzte noch lebende Anführer des Aufstands im Warschauer Ghetto und blieb auch nach der Befreiung in Polen. Er starb im Jahr 2009.

Marek Edelmann wurde nach dem Krieg immer wieder agitiert, unbedingt in die Kommunistische Partei einzutreten. Der Chef einer Partei-Zeitung sagte zu ihm: »Marek, entweder wanderst du aus, oder du trittst der Partei bei.

Ich antwortete ihm: Ich werde nicht auswandern, und ich werde nicht beitreten.«

Edelmann war von Beruf Arzt und beschreibt eine Situation in seiner Arbeitsstelle: »1953, während der Kampagne gegen die jüdischen Ärzte, die angeblich Stalin vergiften wollten, schrie der Sekretär der Parteiorganisation meines Krankenhauses, eine Frau: ›Lasst ihn nicht in den Saal. Sonst bringt er noch unsere Kranken um!‹ Ich verpasste ihr eine Ohrfeige. Und damit endete diese Geschichte.«

Michael Moshe Checinski gehörte zu den Mitbegründern des jüdischen Widerstands im Lódźer Ghetto und war auch Häftling in Auschwitz. Nach dem Krieg trat er in die Kommunistische Partei ein und wurde später Dozent an der Militärakademie in Warschau.

In den fünfziger Jahren begannen durch die politische Entwicklung in Polen bei Michael Moshe Checinski die Zweifel an diesem sozialistischen System zu wachsen. »Der Gott, an den ich so leidenschaftlich glaubte, der Gott namens Kommunismus, begann zu sterben. In den Mauern meines Tempels zeigten sich die ersten Risse. Jeder Gläubige weiß, wie schmerzhaft Glaubensverlust ist.«

Auch daran habe ich als Kind noch Erinnerungen: Im Juni 1956 spitzte sich die Lage in Polen zu, und es kam drei Jahre nach dem Arbeiteraufstand in der DDR zu Streiks und Aufständen in Posen (Poznań). Ich hörte das bei Gesprächen von Erwachsenen mit.

Die polnische Armee schoss auf die demonstrierenden Arbeiter. Die Aufständischen erbeuteten Waffen und erwiderten das Feuer. Etwa 100 000 Demonstranten waren auf der Straße. Es gab 57 Tote, 600 Verletzte.

In jenem »Polnischen Oktober« war Leszek Kołakowski einer der Führer der studentischen Opposition. Der Mann,

6 *Massendemonstrationen gegen die kommunistische Führung im Jahr 1956 in Poznán (Posen)*

der heute als der prominenteste polnische Philosoph des 20. Jahrhunderts gilt, formulierte als Marxist beizeiten, dass es im Sozialismus »mehr Bürokraten als Arbeiter gibt und Feiglinge besser leben als die Mutigen«.

Die Journalistin Edda Werfel schrieb in jenem Jahr einen Text »An die Genossen aus den Bruderparteien«. Sie bezeichnete die Ereignisse als Revolution. Einer der Dogmatiker meldete sich postwendend aus der DDR – Hermann Axen. Er beschimpfte sie als antimarxistisch. Sie würde vom »Stalinismus schwatzen« und von einem »demokratischen Sozialismus«.

Man merke auf: 1956!

Für mich war das faszinierend, als ich 2020 las, dass die Publizistin Edda Werfel in jenem Jahr schrieb: »Zumindest in Osteuropa geht ein Gespenst um, das Gespenst des menschlichen Sozialismus.«

Zwölf Jahre vor Dubček und seinen Reformern hat sie also diesen Begriff schon gebraucht.

In den fünfziger Jahren war die Chance auf grundlegende Veränderungen im Ostblock sehr groß. Der Beginn der Entstalinisierung in der UdSSR, die Aufstände in der DDR, in Ungarn und Polen. Da hätte bei viel Glück und viel Reformen der politische Ostblock-Witz doch tatsächlich auf der Strecke bleiben können …

Aber die Maßnahmen wurden verschärft, und es ging im gleichen Jahr auch wieder gegen die Juden. Die Kommunistische Partei Polens inszenierte eine antisemitische Aktion: »Juden nach Palästina«. Eugen Gollomb erinnerte sich in einem Gespräch mit mir an diese Parole, die von Gomulka ausgegeben wurde. Da lebten noch 50 000 Juden in Polen. Bis 1958 verließ etwa die Hälfte von ihnen das Land.

Als es um die Nachfolge des Parteiführers Bolesław Bierut ging, flog Chruschtschow persönlich nach Warschau, um die Wahl von Roman Zambrowski zu verhindern, weil er Jude war. Und er begründete das in seiner saloppen Art mit: »Ihr habt schon zu viele Abramowitschs.«

1968 lebten dann etwa noch 25 000 Juden in Polen. Es waren jene, die 1956 nicht auswandern wollten. In diesem Jahr 1968 kam es nach Demonstrationen zu massiven antijüdischen Aktionen der kommunistischen Partei.

Was war passiert?

Im März 1968 wurde das Theaterstück »Die Totenfeier« von Adam Mickiewicz verboten. Er galt als der bedeutendste Schriftsteller des Landes, ist bis heute ein nationales Symbol. Nach der letzten Vorstellung kam es zu einer Demonstration. Etwa 300 Studenten gingen auf die Straße. Weil einige der Studenten jüdischer Herkunft waren, inszenierte die Partei eine Hetzkampagne und sprach von einer »zionistischen Verschwörung«.

Dabei spielte es für die Kommunisten keine Rolle, dass jene jungen Leute sich weder als Juden empfanden noch sich etwa von »zionistischen Agenten« für deren Zwecke hatten einspannen lassen. 1600 Studenten wurden anschließend von den Universitäten des Landes suspendiert.

Und was meinte der Volksmund?

Nach den Studentenunruhen im März 1968 hat sich das Niveau der polnischen Polizisten erhöht.

Warum?

Sie haben zwei Wochen in den Hochschulen verbracht.

Ein Milizionär hält einen Studenten auf der Straße an und prüft dessen Papiere.

»Aha, wie ich sehe, arbeiten wir nicht.«

»Nein, wir arbeiten nicht.«

»Wir lungern herum.«

»Wir lungern herum.«

»Wir studieren?«

»Nein, nur ich.«

Kein Witz, sondern verbürgt ist die folgende Anekdote: In jenen Tagen ruft Breschnew Czeslaw Moczar, den damaligen polnischen Minister für innere Angelegenheiten, an, und der Dialog läuft in etwa so ab:

»Was ist denn da bei euch eigentlich los?! Was sind das für Demonstrationen?«

»Nun, Genosse Breschnew ... das kommt davon, weil man bei uns ein Stück von Mickiewicz abgesetzt hat.«

»Könnt ihr diesen Mickiewicz nicht verhaften?«

»Nein.«

»Wieso nicht?«

»Mickiewicz lebt nicht mehr.«

Der Schriftsteller war da immerhin schon über hundert Jahre tot (1855). Er war ein Nationaldichter in einer Zeit, in der es keinen polnischen Nationalstaat gab und das Land zum Russischen Reich gehörte. Der Zar hatte das Sagen. Also es gehörte sozusagen damals den etwas anders gearteten Vorgängern von Leonid Breschnew …

Jan Kott war einer der Professoren, die 1968 von der Warschauer Universität ausgeschlossen wurden. Mit Hilfe von Freunden hatte er in der Zeit der Naziherrschaft das Warschauer Ghetto überlebt, war sogar im Widerstand aktiv.

Schon 1964 wandte er sich mit anderen Künstlern und Intellektuellen in einem Brief gegen die Zensur. Er lehrte Literaturwissenschaft und war einer der bedeutendsten europäischen Theatertheoretiker. Ein Shakespeare-Experte. Regisseure, die in den sechziger oder siebziger Jahren im deutschsprachigen Raum Shakespeare inszenierten, benutzten vor Beginn ihrer Arbeit oft die Redewendung »Kott mit uns«.

In Bezug auf seine Jahre in Volkspolen, wie sich das Land gern nannte, sagte er: »… Wir strebten nicht nach Wahrheit, sondern nach Erklärung und Rechtfertigung. Um jeden Preis. Selbst um den Preis der Wahrheit … Die uns eingeschärfte These, dass jede Etappe der Revolution und des Aufbaus eines sozialistischen Staates unweigerlich einen Schritt vorwärts bedeute, musste genauso unweigerlich dazu führen, dass der Führung oder auch ihren Vertretern Eigenschaften göttlicher Unfehlbarkeit zugeschrieben wurden …«

Und diese selbst verliehene »göttliche Unfehlbarkeit« der orthodoxen Funktionäre wurde vom Volkswitz immer gnadenlos seziert und lächerlich gemacht.

Die Partei nahm die Ereignisse im Jahr 1968 zum Vorwand, um 8 000 Mitglieder aus der Partei auszuschließen. Generell nutzte man die Chance, missliebige Intellektuelle ins Abseits zu stellen. Die Partei wurde »gesäubert«,

Menschen ihres Amtes enthoben. Man machte auch nicht vor hochrangigen Politikern und Funktionären halt. Und überall wurden Juden aus Institutionen entfernt. Etwa 15 000 Juden verließen daraufhin ihre Heimat und hatten kein Rückkehrrecht.

1969 verließ auch der weiter vorn erwähnte und zitierte Michael Moshe Checinski nach deprimierenden Erlebnissen als Jude sein Heimatland Polen und ging nach Israel.

Paul Lendvai schreibt in seinem Buch »Antisemitismus ohne Juden«: »... was nicht einmal den Nazis gelungen war, brachten die Kommunisten zustande: die unwiderrufliche Beendigung der tausendjährigen Geschichte des polnischen Judentums.«

Nicht nur in jüdischen Kreisen erzählte man sich in jenen Tagen den folgenden Witz:

Das Telefon klingelt.

Eine unüberhörbar ängstliche Stimme fragt: »Bist du es, Jaworski? Hier ist Kowalski.«

»Welcher Kowalski? Ich kenne eine Menge Leute mit diesem Namen!«

»Hier spricht Nathan Kowalski, der, den du während der Nazi-Okkupation im Wandschrank versteckt hast.«

»Ach, du bist es! Wir haben ja lange nichts voneinander gehört. Wie geht es dir?«

»Ich wollte dich nur fragen, ob du noch diesen Wandschrank hast ...?«

Und so mancher Jude musste die Erfahrung machen, dass alle Anstrengungen, die er unternahm, um sich der Lage im Land anzupassen, nicht von Erfolg gekrönt waren.

Der Direktor ruft Moische Rabinowitsch zu sich und sagt: »Es tut mir leid, aber du hast kein Abitur, und deshalb bist du für deinen Posten leider nicht tragbar.«

»Das habe ich schon geahnt und deshalb in der Abendschule das Abitur nachgemacht.«

»Das freut mich. Dann ist es ja gut.«

Nach einigen Monaten ruft er Rabinowitsch wieder zu sich: »Ich muss dir leider mitteilen, dass für deine Planstelle doch eine höhere Qualifikation nötig ist.«

»Das war mir klar, und deshalb habe ich im Fernstudium meinen Diplomökonom gemacht.«

»Sehr schön. Da ist das natürlich erledigt.«

Aber einige Zeit später muss er Rabinowitsch wieder zu sich rufen: »Es gibt da noch ein Problem, Rabinowitsch ... dein Name ... du weißt schon ... in dieser Zeit ...«

»Das habe ich kommen sehen und ihn deshalb geändert. Ich heiße jetzt Marian Rabanowski.«

»Hervorragend. Da hätten wir das auch geklärt.«

Aber schon wenige Wochen später wird er vom Direktor telefonisch informiert: »Rabanowski, es tut mir wirklich leid, aber ... ich muss dir kündigen. Du wirst verstehen, dass wir nicht nur Juden rauswerfen können.«

Als ich 2014 mit meiner Frau und Freunden in Breslau war, wollten wir den alten jüdischen Friedhof besuchen. Auf der Fahrt dorthin kam ich mit dem Taxifahrer auch über die Situation im Jahr 1968 ins Gespräch. Er reagierte sehr heftig, als ich von der Vertreibung der polnischen Juden sprach und wollte mir einreden, dass das alles nicht stimmen würde. Er wurde regelrecht fuchtig. Vielleicht hatte ich hier am Lenkrad einen ehemaligen überzeugten Kommunisten erwischt, der stur an seinem Weltbild festhielt, die Wahrheit ausklammerte und als ehemaliger Sieger der Geschichte nun zu den missmutigen Verlierern zählte ...

1989 gab es nur noch ein paar Tausend Juden in jenem Land.

Nun begann auch für Polen eine neue Zeitrechnung.

Führende Wissenschaftler, Künstler und Vertreter jüdischer Institutionen schrieben an die Behörden einen Brief. In dem auch von der Literaturnobelpreisträgerin Wisława Szymborska unterzeichneten Schreiben heißt es »Unter den historischen Verbrechen des Kommunismus ist die Schande des März 1968 ein Ereignis, das das polnische Bewusstsein besonders belastet.« Kritisiert wird die unglaubliche Tatsache, dass damals die Polen in »echte« und »nicht echte«, in »unsere« und »fremde« aufgeteilt wurden.

Nach Jahrzehnten sendete das neue Polen den seinerzeit Vertriebenen ein Zeichen der Versöhnung. Vierzig Jahre nach jenem verhängnisvollen Jahr 1968 beschloss die Regierung, dass alle jüdischen Emigranten ihre damals aberkannte Staatsbürgerschaft zurückerhalten.

Gabriel Laub, den ich schon im Vorwort erwähnte, bezeichnet sich als »Pole von Geburt« und »Tscheche aus Neigung«. Er hat nach dem Krieg auch so seine Erfahrungen gemacht und erlebt, dass er letztlich in seiner Heimat nicht willkommen war, in die er mit seinen Eltern aus dem sowjetischen Exil heimgekehrt war. So verließ er sein Geburtsland und studierte in Prag.

Bei unserer Hamburger Begegnung erzählte er mir auch von »Olek«, einem absoluten Kenner von jüdischen und politischen Witzen. Er heißt Alexander Drozdzynski. In seinem Buch »Der politische Witz im Ostblock« schreibt er: »Die Witze erweisen sich oft als einzig mögliche Opposition gegen das Regime.«

Was hat dieser »Olek« für ein Leben gehabt!

Er überlebte Auschwitz, Buchenwald und Bergen-Belsen und sagte, dass ihm die Witze geholfen haben, »die schwersten Jahre meines Lebens durchzuhalten«.

Drozdzynski gehört zu jenen polnischen Juden, die 1968 wegen des aufgekommenen verstärkten Antisemitismus aus ihrer Heimat Polen vertrieben wurden, weil man ihnen »konterrevolutionäre Ansichten« unterstellte.

Er fand eine neue Heimat – und das hat er sich in seinen KZ-Jahren bestimmt nicht vorstellen können – in Düsseldorf, Deutschland ...

Wobei man sowohl bei Laub als auch bei Drozdzynski bestimmt Zweifel anmelden muss, ob der jeweilige Wohnort in Deutschland, der ihnen ein Auskommen sicherte, im wahrsten Sinn des Wortes tatsächlich jemals wieder »Heimat« werden konnte ...

Die Familie von Gabriel Laub schrieb anlässlich seines Todes über ihn: »Er war immer irgendwo Gast – in Hamburg 30 Jahre.«

Laub besuchte nach vielen Jahren einmal seine Geburtsstadt Bochnia. In einem Geschäft kaufte er sich ein Hemd, und es stellte sich danach heraus, dass er dieses Hemd – ohne es zu wissen – im früheren Laden seines Großvaters erworben hatte ... So spielt das Leben.

Und noch etwas besonders Interessantes erfuhr ich an jenem Abend in Hamburg. Gabriel bekam eines Tages in Prag einen Anruf. In Polnisch sagte eine Stimme: »Mein Name ist Lec.«

Der erstaunte Gabriel zögerte kurz und fragte dann »Sind Sie *der* Lec?«

Für alle, die ihn nicht kennen, muss ich ihn kurz vorstellen. Laub schreibt in seinem Buch »Die Kunst des Lachens« über Stanisław Jerzy Lec: »Er war Bankierssohn und Linker. Er war auf seinen österreichischen Adelstitel stolz, den einer seiner Vorfahren bekommen hatte, und schloss sich kommunistischen Partisanen an, als er unmittelbar vor der Hinrichtung in der Uniform eines deutschen Soldaten aus einem nazistischen Konzentrationslager entkam.«

Was für ein Leben!

Und der große polnische Philosoph und Satiriker Leszek Kolakowski sagte über ihn: »Was Lec in sich verband, war der Mut eines königlichen Hofnarren mit der Melancholie eines Rabbis ...«

Stanisław Jerzy Lec – das ist die Meinung kompetenter Literaturkritiker – gilt als der bedeutendste Aphoristiker des 20. Jahrhunderts in Europa. Er nannte seine Geistesblitze »Unfrisierte Gedanken«, und sie sind letztlich auch literarische politische Witze auf höchstem Niveau. Oft in nur einem Satz.

Mitunter wurden sie im wahrsten Sinn des Wortes satirisches Volkseigentum und oft zitiert, ohne die Quelle zu kennen. In meiner Studentenzeit in den sechziger Jahren ging der Band aus dem Hanser Verlag von Hand zu Hand, und wir hatten manchen Spruch von Lec parat. Es dauerte seine Zeit, bis die frechen Gedanken das oft trübe Licht der DDR erblicken durften. Jutta Janke hat sich im Verlag Volk und Welt bemüht (dort gab sie auch den ersten Band jüdischer Witze »Von armen Schnorrern und weisen Rabbis« heraus).

Hier ein paar »Unfrisierte Gedanken« von Lec:

Aus einer Reihe von Nullen macht man leicht eine Kette.

Analphabeten müssen diktieren.

Vielleicht werden wir irgendwann unsere Seelen volkswirtschaftlich verwerten können?

Säge nicht am Ast, auf dem du sitzt, es sei denn, man wollte dich daran hängen.

Im Anfang war das Wort – am Ende die Phrase.

Sesam öffne dich – ich möchte hinaus!

Zurück zum Telefonat zwischen Laub und Lec. Warum rief er an? Laub hatte in Prag 1967 einen Band Aphorismen veröffentlicht. Den hatte Lec in die Hand bekomme, und nun wollte er, dass Gabriel Laub seine »Unfrisierten Gedanken« ins Tschechische übersetzt – was dieser als Riesen-Ehre ansah und natürlich gern machte.

Und auch das finde ich interessant: 1969 erschienen schließlich die Aphorismen von Gabriel Laub bei Hanser als »Verärgerte Logik«, ihr Übersetzer war wiederum ein bedeutender jüdischer Schriftsteller aus Österreich: Friedrich Torberg. Er ist allein mit seinem Band »Die Tante Jolesch oder Der Untergang des Abendlandes in Anekdoten« unsterblich geworden.

Lassen wir also Gabriel Laub, der ein Jahr vorher aus der besetzten ČSSR geflohen war, zu Wort kommen:

Alle Macht geht vom Volke aus und kommt nie wieder zurück.

Noch nie in der Geschichte wurde die Satire verfolgt. Verfolgt wurde immer nur die in ihr enthaltene Wahrheit.

Anfangs habe ich mich zu Idealen bekannt, später zu Gedanken, und jetzt bekenne ich mich zum Denken.

Setzt sie nur in die erste Reihe – sie werden jedem und allem applaudieren.

Die hartnäckigsten Anhänger der Sklaverei waren nicht die Sklavenhalter, sondern die privilegierten Sklaven.

Wer den Witz fürchtet, fürchtet die Wahrheit? Das ist nicht wahr. Wahr ist: Wer die Wahrheit fürchtet, fürchtet den Witz.

Den folgenden Aphorismus von »Olek« haben beide Schriftsteller auf ihrem Lebensweg bestätigt gefunden: »Die politischen Witze haben ihre guten und schlechten Zeiten, wobei die schlechten Zeiten gute Zeiten für politische Witze sind und umgekehrt.«

Im sozialistischen Polen war vieles anders – vor allem in Bezug auf die Kirche. Ich werde nicht vergessen, was ich 1967 im Zentrum von Krakau erlebte: Ein LKW mit Soldaten hielt neben der Marienkirche. Die Uniformierten sprangen auf den Platz und lehnten ihre Gewehre an die Wand des Gotteshauses. Während die Waffen von einem Soldaten bewacht wurden, gingen die anderen in die Kirche, um zu beten.

In keinem anderen Land des Warschauer Pakts wäre das wohl möglich gewesen.

Als ich mit Freunden ein Jahr vorher durch Polen getrampt bin, standen alle Kirchen im Zeichen der 1000-jährigen Christianisierung des Landes.

In Gdansk/Danzig entdeckte ich ein Stofftransparent, das über die Straße gespannt war. Mein Freund Siegfried Hillert, der als Slawist auch Polnisch sprach, übersetzte mir den Text: »Polen glaubt an Christus.«

So eine Aussage in einem sozialistischen Staat in aller Öffentlichkeit verblüffte mich sehr.

Hier tickten die weltanschaulichen Uhren offensichtlich anders.

Durch Vermittlung eines Bekannten konnte ich 1967 mit meinem Freund Crassus (er hieß eigentlich Norbert, hatte aber die Statur und das Profil eines römischen Legionärs und deshalb bekam er von mir diesen Spitznamen) ein paar Tage in Krakau kostenlos in einer katholischen Schule übernachten. Sie befand sich im Komplex eines Nonnenklosters. Mit Erstaunen sah ich in jenem Klassenzimmer, in dem wir schliefen, über der Wandtafel das polnische Staatswappen und darüber ein Kruzifix.

Über einem DDR-Wappen mit Hammer, Zirkel und Ährenkranz ein Kruzifix – das war unvorstellbar!

Lange bevor sich in den Kirchen der DDR Menschen versammelten, um Reformen einzufordern, war die Kirche in Polen einerseits Treffpunkt von Menschen tiefen Glaubens, aber gleichzeitig starker Beleg für Gegnerschaft zum herrschenden politischen System. Bleiben wir bei den nächsten Beispielen noch im christlichen Milieu unseres Nachbarlandes.

Ostermesse in der Marienkirche im sozialistischen Krakau.

Das Gotteshaus ist überfüllt. Der Bischof erteilt den Segen. Alles kniet. Nur ein Mann bleibt stehen.

Sein Nachbar stößt ihn an: »Warum kniest du nicht?«

»Ich bin Jude.«

»Und warum kommst du dann in die Kirche?«

»Ich bin *auch* dagegen.«

»Wie steht es denn bei euch mit den Beziehungen zur Kirche?«, fragt der Bezirksparteisekretär einen Genossen im Dorf.

»Es gab schon ein paar Probleme. Der Pfarrer wollte uns nicht mehr die Bänke der ersten Reihe reservieren. Dort sollten nur die alten Frauen sitzen. Da haben wir dem

Pfarrer gesagt, wenn er das macht, dann tragen wir zur nächsten Prozession auch nicht mehr die schweren Bilder und Fahnen. Aber der Pfarrer hat uns erpresst. Wenn wir das nicht mitmachen, sagte er, schreibt er uns nicht mehr die Berichte an die Kreisleitung. Da haben wir aufgegeben.«

Ein Parteisekretär sagt zu einem Bauern. »Hör mal, man hat mir erzählt, dass du jeden Tag in die Kirche gehst und betest.«

»Ja, das ist bei uns so Brauch.«

»Und du würdest auch jeden Tag niederknien und Jesus die Füße küssen ...«

»Das stimmt.«

Aber du bist doch Parteimitglied! Würdest du denn auch die Füße unseres Parteivorsitzenden küssen?«

»Wenn er am Kreuz hängt, warum nicht?«

Ein polnischer Diplomat wurde im Westen auf einem Empfang gefragt: »Sind Sie eigentlich katholisch?«

»Gläubig, aber nicht praktizierend.«

»Ach so, Sie sind ja Kommunist.«

»Praktizierend, aber nicht gläubig.«

In Polen war also durchaus eine sozialistische Variante von »Don Camillo und Peppone« möglich. Das Land zeigte sich insgesamt viel offener gegenüber den westlichen Ländern. Für uns junge Leute aus der DDR war Polen eine Art Frankreich-Ersatz. Wir bewunderten die schicken polnischen Mädchen, die sich mit ihren Möglichkeiten (oft mit selbst genähter Kleidung) mitunter einen Modewettbewerb mit den Französinnen lieferten. War in Paris Mini angesagt, dann sah man in ganz Warschau ebenfalls die jungen hauptstädtischen Frauen so über die Boulevards promenieren. Es gab Jazzkeller, modernes Theater, großartige Plakate, enorm viele Filme aus westlichen Ländern, vor allem aus den USA.

In einigen Städten saßen wir in Presseclubs und lasen westdeutsche Zeitungen. In Polen fühlten wir uns viel mehr als Teil der Welt als in unserem biederen Land.

Als ich 1966 mit meinen Mitreisenden von Danzig einen Abstecher nach Sopot machte, sahen wir am Strand eine Filmcrew mit entsprechenden Gerätschaften. Nicht allzu weit entfernt lag ein Schiff im Wasser, auf dem augenscheinlich Dreharbeiten stattfanden. Interessierte und neugierige junge Leute, die wir waren, pirschten wir uns an das Team heran und hörten, dass alle deutsch sprachen. Bald kamen wir mit den westdeutschen Leuten ins Gespräch. Als Literatur- und Filmfreunde freuten wir uns natürlich, als wir merkten, mit wem wir da unkompliziert in Kontakt gekommen waren: Vor uns standen der Aufnahmeleiter und zwei Assistenten, die an der Verfilmung der Novelle »Katz und Maus« von Günter Grass mitarbeiteten.

Die Hauptrollen waren mit den Brandt-Söhnen Peter und Lars besetzt. Mein Freund Siegfried Hillert hatte dann nachmittags am Strand die Gelegenheit, mit Peter Brandt ins Gespräch zu kommen. »Katz und Maus« spielt im Zweiten Weltkrieg in Danzig, dem Geburtsort von Grass. Es ist ein Buch gegen den Militarismus, aber der kritische Geist des Schriftstellers gegenüber der DDR ließ leider nicht zu, dass wir damals dieses Buch hätten lesen können. Nach meiner Erinnerung hat mir ein Gast aus dem legendären Leipziger Kaffeehaus Corso diesen Grass als Rowohlt-Taschenbuch geliehen. Dort ging so manches nicht erlaubte Buch von Hand zu Hand.

In der DDR erschien der Titel erst in der zweiten Hälfte der achtziger Jahre bei Volk und Welt. Damit wollte man Grass auch noch ärgern, denn das war der Verlag für internationale Literatur. »Katz und Maus« hätte eigentlich bei Aufbau erscheinen müssen. Grass hielt aber an der deutschen Kulturnation fest, und das passte den obersten Genossen überhaupt nicht.

Die Macher des Films haben sich übrigens nach der Premiere in konservativen und rechtsradikalen Kreisen der Bundesrepublik viel Protest eingehandelt, da beispielsweise Lars Brandt in einer Szene halbnackt mit einem gestohlenen Ritterkreuz um den Hals tanzt. Das sahen jene Leute tatsächlich als eine »Schändung« des Ordens.

Die Polen zeigten sich gegenüber Grass als früherem Danziger bei der Verfilmung des Stoffes offen und beteiligten sich sogar an der Produktion.

Bei meiner Reise im Jahr 1966 besuchte ich auch Warschau. Ein Bauwerk dominierte das Zentrum: der Kulturpalast. Das monströse Gebilde war ein »Geschenk« der UdSSR an das sozialistische Polen. Der Komplex im stalinistischen Zuckerbäckerstil ähnelt stark der Moskauer Lomonossow-Universität.

Als ich mich mit meinen Reisebegleitern am Abend in einem Jazzclub mit Warschauer Studenten unterhielt, sagten sie mir, dass der Bau bei der Bevölkerung verhasst ist.

Er sei kein Geschenk. Dafür hätten die Polen reichlich bezahlen müssen. Außerdem fanden sie den Komplex stilistisch furchtbar kitschig und erzählten mir diesen Witz:

Ein Tourist fragt einen Einheimischen: »Sagen Sie bitte, von wo aus hat man den schönsten Blick auf Warschau?«

»Den schönsten Blick hat man vom Dach des Kulturpalastes.«

»Und warum?«

»Weil es die einzige Stelle in Warschau ist, wo man ihn nicht sehen kann!«

Die Versorgung mit wichtigen Lebensmitteln war im gesamten Ostblock Dauerthema. Polen war ja eigentlich für die Produktion von Fleisch und Wurst bekannt, aber unter sozialistischen Bedingungen wurde beides zur Mangelware.

Vor dem Krieg stand an den Metzgereien »Fleischer«, und drinnen gab es Fleisch.

In der Volksrepublik Polen steht an den Metzgereien »Fleisch«, und drinnen gibt es nur Fleischer.

Ein Kunde betritt eine leere Fleischerei in Warschau. Er fragt die beiden Verkäuferinnen hinter der Ladentafel:

«Haben Sie Rindfleisch?«

»Nein.«

»Haben Sie Kalbfleisch?«

»Nein.«

»Haben Sie Schweinefleisch?«

»Nein.«

»Haben Sie Huhn?«

»Nein.«

»Haben Sie Bockwurst?«

»Nein.«

Als der Kunde enttäuscht den Laden verlassen hat, meint eine der Verkäuferinnen: »Was sagst du dazu – der hatte aber ein tolles Gedächtnis!«

Die Sekretärin des Betriebleiters erzählt: »Heute Nacht habe ich von einem großen Berg aus Schinken geträumt, und auf seinem Gipfel saß Gott.«

»Aber Genossin, Gott gibt es doch gar nicht!«

»Und? Gibt es etwa Schinken?«

Zu einem bekannten Arzt, dem man wahre Wunder in der Heilung von Krankheiten nachsagte, kommt eines Tages eine attraktive Frau mit einer Traumfigur. Kein Arzt konnte ihr bisher helfen. Nun muss ihr der Doktor aber leider sagen, dass seine Termine auf Monate hinaus besetzt sind und deshalb eine Behandlung derzeit nicht möglich ist.

Mit Tränen in den Augen kann sie ihn schließlich doch umstimmen. Er knüpft aber eine Bedingung daran – sie muss ihm eine Nacht schenken.

Die Patientin ist sofort einverstanden.

Das freut den Arzt, und er sagt ihr: »Sie werden sich heute Abend um sieben vor dem Fleischerladen gegenüber anstellen, und morgen früh wird meine Frau sie ablösen.«

So viel zu dem Problem der Versorgung, und nun ein Beispiel, das eine wichtige politische Dimension beleuchtet:

Ein polnischer Jurist erklärt auf einem Empfang einem französischen Diplomaten den gravierendsten Unterschied zwischen der polnischen und der französischen Verfassung.

»Die polnische Verfassung garantiert die Freiheit der Meinungsäußerung. Die französische Verfassung aber garantiert auch die Freiheit *nach* der Meinungsäußerung.«

Aber wir wollen noch einige Facetten des sozialistischen Polens beleuchten. Wie kamen die Menschen denn beispielsweise damals mit ihrer Währung zurecht?

»Rebbe, sagen Sie, ist der Dollar eine gute Währung?«

»Ja, nicht mehr ganz so wie früher, aber immer noch gut.«

»Und das englische Pfund?«

»Auch nicht schlecht.«

»Und Rebbe, was sagen Sie zur D-Mark.«

»Oh, ich wünsche sie allen jüdischen Menschen.«

»Und der Złoty?«

»Złoty? Den kannst du am Sabbat ruhig in der Hosentasche tragen.«

Er wurde also vom Rabbiner nicht als Geld angesehen, denn frommen Juden ist am Sabbat das Berühren von Geld nicht erlaubt.

Keine Illusionen über den Wert hat auch ein weltbekannter Wirtschaftswissenschaftler, denn als man ihn fragt, wie man den Wert des Złoty erhöhen könnte, empfiehlt er: »Vier Löcher in die Münze bohren und als Knopf für zwei Złoty verkaufen.«

An dieser Stelle möchte ich einmal einen jüdischen Witz erzählen, in dem ein Pole eine besondere Rolle spielt. Erzählt hat ihn mir der österreichische Kabarettist Gerhard Bronner, der weiter hinten im Text über Ungarn noch eine Rolle spielen wird.

Drei ältere Rabbiner, die nicht gerade an Bescheidenheit leiden, sind im Ruhestand und erzählen sich, wie wichtig sie in ihrem Leben waren.

Rabbi Jeiteles aus der Bronx beginnt: »Es war in den siebziger Jahren, da kommt eines Tages der Heini zu mir …«

«Welcher Heini?«

»Na, der Heini Kissinger. Ich habe ihn schon gekannt, als er noch nicht Henry hieß. Also, er kommt zu mir und fragt mich, wie er am besten aus diesem Vietnam-Schlamassel herauskommen könnte. Ich habe ihm geraten, nach China zu fahren und das mit dem Mao Tse Tung zu klären, und das hat dann tatsächlich geholfen.«

»Das erinnert mich daran«, sagte der Rabbi Popper aus Paris, »wie mich einmal der Scharl angerufen hat …«

»Welcher Scharl?«

»No der De Gaulle. Seine Freunde haben ihn nur Scharl genannt. Der hatte damals großen Zores mit den Algeriern. Ich hab ihm sofort empfohlen, das Land aufzugeben, weil das auf Dauer kein Geschäft ist.«

»Ich hab einmal«, sprach Rabbi Teitelbaum aus Rzeszow, »meinen Freund Karol besucht ...«

«Welcher Karol?«

»Woityła, jetzt nennt er sich Johannes Paul II. Also den hab ich in Rom besucht, wo er ein gut gehendes Geschäft hat. Wir sitzen in seinem Kontor und tratschen über alte Zeiten in Krakau. Da unterbricht er mich, weil er auf einen Sprung auf den Balkon muss. Unten warten auf dem Petersplatz ein paar Tausend Kunden. Das hat mich interessiert, und ich bin mit hinausgegangen. Da hör ich doch, wie unten einer fragt: »Wer ist der kleine Goj mit dem weißen Jarmikl, was da neben dem berühmten Rabbi Teitelbaum aus Rzeszow steht?«

Der polnische Volkswitz hat sich vorgestellt, wie Breschnew darauf reagiert hat, als er erfuhr, dass Karol Woityła zum Papst gewählt wurde: »Ein listiges Völkchen, diese Polen! Kaum darf mal einer ins Ausland reisen, findet er gleich eine gute Arbeitsstelle!«

Der polnische Papst muss in diesem Buch schon deshalb unbedingt erwähnt werden, weil er sich leidenschaftlich für das Ende des Ostblocks eingesetzt hat.

Karol Józef Wojtyła war in Polen immer ein standhafter Antikommunist, ein Symbol des Widerstands – und das auch in der Zeit der Nazi-Okkupation. Und als Johannes Paul II. hatte er natürlich großen Einfluss auf die Bürgerrechtsbewegung in Polen, unterstützte sie mit seinen Möglichkeiten und brachte so die Demokratisierung im Land voran.

Er half entscheidend mit, dass der Eiserne Vorhang hochging.

Michail Gorbatschow, der mit Glasnost und Perestroika die Sowjetunion, den Ostblock und das Verhältnis der beiden Supermächte völlig veränderte, formulierte seinen Respekt vor der Lebensleistung des Papstes so: «Dieser Papst war notwendig. Nicht nur für die Christen, sondern für die ganze Welt. Auch mich hat er tief geprägt. Er war ein Humanist, vielleicht der größte Humanist unserer Zeit. Denn er war ja nicht nur ein Gegner des Kommunismus, sehr vieles, was im Kapitalismus, im Westen geschah, gefiel ihm ebenso wenig.«

Eine Anekdote beschreibt, wie er schon in jungen Jahren auf besondere Weise Toleranz übte: Ehe er nach Krakau zog, lebte Karol Wojtyła in Wadowice, einer nahe gelegenen Kleinstadt. Dort pflegte er Kontakte zur jüdischen Gemeinde. Als Jugendlicher spielte er in einer katholischen gegen die jüdische Fußballmannschaft. Und es ist überliefert, dass, wenn bei denen der Tormann fehlte, er die »katholischen Bälle« hielt.

Einer der wichtigsten Akteure für ein anderes, ein reformiertes und freies Polen, war Adam Michnik. Immer wieder wurde er vom Staat hinter Gitter gesperrt und gab doch niemals auf. 1986 wurde er aus dem Gefängnis von Barczewo in die stark begrenzte Freiheit des sozialistischen Landes entlassen. Unvorstellbar ist für mich die Tatsache, dass Michnik im gleichen Gefängnis saß, in dem in der Nachbarzelle der Naziverbrecher Erich Koch, der frühere Gauleiter von Ostpreußen, eingesperrt war. Er war von den Alliierten an Polen ausgeliefert und zu lebenslänglich verurteilt worden.

Adam Michnik ist wie Jacek Kuroń ein Symbol für nicht nachlassendes Engagement für ein anderes Polen.

Michnik schreibt in seinem Buch »Der lange Abschied

vom Kommunismus«: »Jahrelang versuchte der sowjetische Imperialismus, Polen zu unterwerfen, und unterwarf es doch nie. Der Widerstand gegen ihn tat sich kund in der Verbundenheit der Bauern mit der Scholle, in den Lohnforderungen der Arbeiter, im ständigen Aufbegehren der Intellektuellen gegen die Zensur, in der faszinierten Hinwendung zur westlichen Zivilisation und in der Treue zur katholischen Kirche. Nie gelang es dem sowjetischen Imperialismus, diese geistigen Befestigungsanlagen zu durchbrechen.«

Diese »Befestigungsanlagen« spürten meine Freunde und ich bei unseren Reisen durch das Land. Und man muss auch mit bedenken, dass es nicht, wie sich die Situation für die DDR darstellte, noch ein anderes und größeres Land gleicher Nation gab. Der größte Teil der Opposition blieb in Polen.

Aus Ostdeutschland flohen über die Jahrzehnte Millionen in die Bundesrepublik. Darunter viele kluge Köpfe einer möglichen Gegenbewegung.

Und schließlich kulminierte in unserem Nachbarland der Protest: Aus der polnischen Streikbewegung war 1980 die erste freie Gewerkschaft Solidarność hervorgegangen. Die Lage spitzte sich zu. Honecker drängte in Moskau zu einer Entscheidung. Er wäre auch bereit gewesen, DDR-Truppen in Polen einmarschieren zu lassen. Das war, scheint es, wie schon 1968 bei der ČSSR, selbst den Sowjets zu viel.

Deutsche Truppen in Polen – bei *der* Geschichte!

Aber Honecker wusste andererseits, dass es ohne ein sozialistisches Polen auch nicht mehr lange eine sozialistische DDR geben würde ...

Jaruzelski verhängte am 13. Dezember 1981 das Kriegsrecht und kam damit vielleicht einem Einmarsch der Sowjets zuvor. Aber mit dem Kriegsrecht wurde die Arbeit dieser ersten freien Gewerkschaft verboten, und Tausende wurden interniert. Darunter natürlich die führenden Vertreter der demokratischen Opposition wie Lech Wałęsa, Adam Michnik und Jacek Kuroń. Besonders schändlich finde ich, dass auch Marek Edelmann, der letzte lebende Anführer des Warschauer Ghetto-Aufstandes, ins Gefängnis kam. Dort saß er in einer Zelle mit zwölf Gefangenen. Irgendjemand, so erzählte er es den beiden Autoren Assuntino und Goldkorn, soll dann endlich den Innenminister aufgeklärt haben, wer Edelmann ist und dass man ihn nicht einsperren kann. Und er selbst sagte in dem Gespräch, dass sich wohl auch Willy Brandt für ihn eingesetzt hat. So wurde er nach ein paar Tagen freigelassen.

In jenen Tagen waren nach Ansicht der Herrschenden zwei Polen schon eine nicht genehmigte Versammlung, fünf Polen eine unangemeldete Kundgebung und zehn Millionen Solidarność-Mitglieder ... eine Handvoll Extremisten.

Welche Rolle die beiden an die Sowjetunion verloren gegangenen Städte Lemberg und Wilna im Bewusstsein der Polen in den achtziger Jahren (und vielleicht auch heute noch) spielten, zeigt diese Äußerung des Volksmundes: »Ein Sprecher berichtet, dass in allen polnischen Städten Streiks und Demonstrationen der Solidarność stattfinden. Aber das ist falsch! Nicht in allen. In Lemberg und Wilna gab es noch keine.

Die Entwicklung ließ sich nicht mehr aufhalten: 1988 entschied sich die kommunistische Führung für Gespräche mit der verbotenen Untergrund-Solidarność, die dann schließlich ein Jahr später am Runden Tisch alle zusammenführte.

Ich habe nur eine einzige Äußerung eines hohen sozialistischen Politikers über politische Witze im eigenen Land gefunden und bin mir ziemlich sicher, dass dies einmalig ist.

Als die Zeit des Ostblocks zu Ende ging, konstatierte der frühere Regierungschef Jaruzelski: »Die Regierung wurde nicht gern mit der Wahrheit konfrontiert, aber der Witz verringerte die Spannungen zwischen der Regierung und den Bürgern.«

Das ist ja eine ganz besondere Erkenntnis: Der Witz als Träger innenpolitischer Entspannungspolitik.

Vielleicht kannte Jaruzelski ja auch den:

Was ist der Unterschied zwischen ihm und Mitterand?

Mitterand weiß *sicher*, dass er drei Kommunisten in der Regierung hat ...

Tschechoslowakische Sozialistische Republik

Vielleicht ist das absolut unglaubliche Münchner Abkommen schuld, dass in der Tschechoslowakei bei den ersten Parlamentswahlen nach dem Krieg im Jahr 1946 in Böhmen und Mähren die Kommunisten mit 40 Prozent siegten. Der Westen, speziell Frankreich und England, hatten das Land verraten und Hitler quasi einen Teil dieses souveränen Landes »geschenkt«.

Was einem nicht gehört, verschenkt sich ja besonders leicht.

Angeblich taten sie dies, um den Frieden zu bewahren. Wie kann man fremdes Territorium einfach einem Diktator übergeben?

Dies geschah im September 1938. Hitler, Mussolini, Daladier und Chamberlain unterzeichneten das Münchner Abkommen, nach dem die Tschechoslowakei die sudetendeutschen Gebiete an Deutschland abtreten musste.

Und die Krönung: Zu dem Treffen selbst war die Tschechoslowakei gar nicht eingeladen. Dabei ging es um ihr Land! Die Führung akzeptierte letztlich gezwungenermaßen.

Chamberlain dachte tatsächlich, dass er den Frieden gerettet hatte.

Wegen dieser schlimmen Erfahrungen wählten also vermutlich so viele Tschechen nach dem Krieg die Kommunisten. Vielleicht auch aus nachträglichem Trotz. Ihnen war aber nicht klar, dass sie damit eine fatale Wahl getroffen hatten, denn nach dem von der KP initiierten Februarumsturz im Jahr 1948 wurde das Land eine stalinistische Republik nach dem Vorbild der UdSSR.

Interessant ist, dass bei dieser Parlamentswahl in der Slowakei die Demokratische Partei mit 62 Prozent gewann, aber das kleine Land hatte keine Chance.

Im Februar 1948 hat vermutlich die kommunistische Geheimpolizei den amtierenden Außenminister Jan Masaryk, Sohn des vom Volk verehrten tschechoslowakischen Präsidenten Tomás Garrigue Masaryk, aus einem Fenster der Prager Burg gestürzt. Er wurde unterhalb des Badezimmerfensters aufgefunden, nur mit seinem Pyjama bekleidet. Die Parteiführung stellte seinen Tod allerdings als »Selbstmord« dar. Die Nachforschungen nach der Wende ergaben, dass Gewalt angewendet wurde und die Polizei nicht von einem Suizid ausging.

Dies glaubte die Mehrheit des Volkes schon damals nicht, und so kursierte im Land der schwarzhumorige Satz, »Masaryk habe beim Sturz in den Tod noch hinter sich das Fenster geschlossen«.

1948 proklamierte also der kommunistische Führer Klement Gottwald die sozialistische Republik. Er wurde Staatspräsident und Erster Sekretär der Kommunistischen Partei. Und mit der Verstaatlichung ging es auch gleich los.

Damit war die Tschechoslowakei auf Moskauer Kurs gebracht, und der Bevölkerung und selbst führenden Funktionären, die diesem Kurs nicht absolut huldigten, standen schlimmste Repressalien bevor.

Da ich in Gesprächen gemerkt habe, dass die folgenden tragischen Ereignisse heutzutage meist unbekannt sind, berichte ich von dieser Zeit in unserem Nachbarland etwas ausführlicher.

Im Juli 1951 erhielt Rudolf Slánský, Generalsekretär

7 Todesurteil für den tschechischen KP-Chef Rudolf Slánský

der Kommunistischen Partei, den wichtigsten Orden des Landes und wurde in höchsten Tönen gelobt. Vier Monate später war er schon verhaftet, und ein Jahr später stand er mit dreizehn Mitangeklagten vor Gericht. Die Inszenierung erfolgte absolut im Stil der Moskauer Schauprozesse in den dreißiger Jahren, und entsprechende »Fachleute« reisten aus der Sowjetunion nach Prag. Sie hatten einschlägige Erfahrungen im Verhörterror, wurden aber als Berater deklariert ...

Die unschuldigen Menschen, die dort vor Gericht standen, konnten alle Hoffnung fahren lassen, wurden sie doch als »trotzkistisch-titoistisch-zionistisch-bürgerlich-nationalistische Verräter und Feinde des tschechoslowakischen Volkes« bezeichnet.

Mehr Verbrechen gegenüber den wahren Kommunisten stalinistischer Prägung waren nicht drin!

Der Volksmund analysierte beizeiten: »Was ist der grundlegende Unterschied zwischen Christen und Kommunisten nach dem Tode?

Die Christen hoffen auf ein Leben nach dem Tod – die Kommunisten auf ihre Rehabilitierung.«

Die Rehabilitierung kam ... aber viele Jahre später. Von den vierzehn Angeklagten wurden elf zum Tode verurteilt, drei erhielten lebenslänglich. Elf der überzeugten Kommunisten, die dort vor Gericht standen, waren Juden. Und im Urteil wurde bei ihnen extra bei der Nennung des Namens im Gerichtssaal erwähnt: »jüdischer Abstammung«.

Offener Antisemitismus gegenüber Parteimitgliedern – sechs Jahre nach dem Ende von Auschwitz!

Die zum Tode Verurteilten wurden im Dezember 1952 gehängt. Der Tragik des unglaublichen Geschehens sei auch noch diese makabre Tatsache hinzugefügt: Die Opfer wurden im Krematorium verbrannt, die Asche in Säcke gefüllt. In einem Buch las ich die verbürgte, erschreckend geschmacklose Bemerkung des Fahrers, der meinte, dass er in seinem Auto noch nie elf Menschen transportiert habe ...

Als der Wagen über eine vereiste Straße fuhr, entschieden die Insassen, die Asche zum Streuen zu nutzen.

Da bleibt man einfach sprachlos zurück.

Der Terror gegen kommunistische Führer in Osteuropa wurde von Stalin deshalb so forciert, weil er riesige Angst hatte, dass der Titoismus (also ein eigener Weg zum Sozialismus) in diesen Staaten um sich greifen könnte.

Einen der drei Überlebenden des Slánský-Prozesses habe ich nach der Friedlichen Revolution in Leipzig nach einem Vortrag kennengelernt: den Literaturwissenschaftler Eduard Goldstücker. Er musste in der Haft Strafarbeit im Uranbergbau ableisten und hat sich in den sechziger Jahren wieder mutig für Reformen eingesetzt. Ihm konnte auch niemand etwas über die Rolle der Sowjetunion erzählen: »Dort aber, wo sich die Interessen nicht deckten, bestand der Kreml – und da verriet sich die imperiale Faust im Glacéhandschuh des brüderlich Verbündeten – auf der Priorität seiner Interessen vor allen anderen. Wenn er oder seine treuen Diener von ›proletarischem Internationalismus‹ sprachen, dann meinten sie die Anerkennung dieser Vorrangstellung.«

In dem Buch »Nachtfrost« von Zdenék Mlynář fand ich in dem Zusammenhang noch eine besondere Ungeheuerlichkeit, eine unglaublich bittere Anekdote: »Nach der Hinrichtung der gemeinsam mit Slánský zum Tode verurteilten Funktionäre wurde ihr persönliches Eigentum zu Schleuderpreisen an die oberen Chargen der Parteihierarchie verkauft. Bei dieser Gelegenheit kaufte die Familie Novotný (Frau Božena Novotná persönlich) die Bettwäsche und ein chinesisches Porzellanservice des ehemaligen Außenministers Vlado Clementis!

Daß der Erste Sekretär einer regierenden Partei, ein Staatsoberhaupt, auf dem Bettlaken eines Menschen schläft, den er zuvor selbst an den Galgen bringen half, ist für das Europa des zwanzigsten Jahrhunderts eine monströse Vorstellung ... Ich sprach über diese Sache 1956 mit Lída Clementisová, von der ich erfuhr, daß Frau Novotná jenes chinesische Service schon in früheren Tagen sehr bewundert hatte, als sie noch zusammen mit ihrem Mann im Haus des Ministers Clementis verkehrte. Und so kaufte sie es eben nach seiner Hinrichtung kurzerhand auf.«

Die Jahre nach der Gründung der ČSR (das zweite »S« kam später dazu und stand für »Sozialistische«) sind besonders geprägt vom Terror gegenüber Andersdenkenden und von einer radikalen Umwandlung des gesamten

Privatsektors in Volkseigentum. Nun kann der Mensch bekanntlich nicht permanent unter solch einem Druck leben und öffnet mit dem Humor ein Ventil, um Dampf abzulassen. Und hier haben wir es eben mit tschechischem Humor zu tun, den Rezensenten gern auf den Stil des braven Soldaten Schwejk zurückführen.

Antek trifft seinen Freund Frantek. Der schimpft über die Zustände in dieser neuen Volksdemokratie.

Antek versucht ihn zu trösten: »Du beklagst dich zu Unrecht, Frantek. Das Leben ist doch besser geworden. Überlege einmal: Früher hast du dir Möbel gekauft, und wer bekam das Geld? – Die Kapitalisten! Früher hast du dir Kleidung gekauft, und wer bekam das Geld? – Die Kapitalisten!

Und heute? Du verkaufst deine Möbel, verkaufst deine Kleidung – und wer bekommt das Geld? Du! Ganz allein du!«

Dass die sowjetischen Soldaten, die als Sieger nach Ostdeutschland kamen, sich einen Namen als Uhrensammler (»Uri, Uri!«) machten, ist meiner Generation aus den Erzählungen der Älteren bekannt. Was mir nicht klar war, dass einige auch in unserem Nachbarland als Befreier dieser Tätigkeit nachgingen ...

Vor einem Uhrengeschäft in Prag steht eine Schlange.

Fragt ein vorbeikommender Bürger den Letzten in der Reihe: »Was gibt es hier?«

»Aus der Sowjetunion sind Uhren gekommen.«

»Oh, da stell ich mich mit an, vielleicht ist ja meine dabei.«

Wie sehr die Führung der tschechoslowakischen Kommunisten dem großen Bruder in Moskau nacheiferte,

8 Sieben Jahre mussten die Prager das monströse Stalin-Denkmal ertragen

zeigt zum Beispiel auch die Tatsache, dass man Klement Gottwald, den 1953 verstorbenen Staatschef nach Art des Kremls einbalsamieren ließ. Im Nationaldenkmal am Veitsberg, einem patriotischen Monument, das zu Ehren des Hussitenführers Jan Žižka errichtet wurde, stellte man anfangs den toten Gottwald aus – wie Lenin und Stalin im Moskauer Mausoleum.

Es zeigte sich aber bald, dass der Einbalsamierer alles andere als ein Könner seines Faches war. Sein Werk ging daneben. Der Tote war nicht mehr zum Ansehen geeignet, und man ersetzte ihn angeblich sogar eine Zeit durch eine Puppe, bis man aus gutem Grund schließlich die Zurschaustellung beendete. Die sterblichen Überreste von Gottwald wurden 1962 kremiert. Mit zwanzig anderen Kommunisten blieb dann seine Urne bis 1990 in diesem Mausoleum, bis sie schließlich in einem Sammelgrab auf dem Olšany-Friedhof zur allerletzten Ruhe gebettet wurde.

Insofern teilte der Stalin-Verehrer Gottwald letztlich dessen Schicksal. Vom Schauraum ins Grab.

Die Führung der Kommunistischen Partei des Landes zeigte ihre überbordende Verehrung für den »Vater der Völker« unter anderem mit der Errichtung des größten Stalin-Denkmals der Welt. Der Begriff gigantisch ist nahezu untertrieben. Wer an der Moldau entlangspazierte, sah es auf dem Hügel vom Ortsteil Letná über Prag. In Granit gemeißelt.

Und natürlich für die Ewigkeit.

Ich versuche mir vorzustellen, welch riesiger Fremdkörper da meine Lieblingsstadt Prag verunstaltete. Das goldene Prag, die Stadt der Türme mit einem Symbol sowjetischer Herrschaft.

Für die Prager kam hinzu: Der Platz hat eine besondere Geschichte, denn Otakar Švec, der Schöpfer des Stalin-Denkmals, hatte an genau dieser Stelle noch vor der Besetzung durch die Nazi-Truppen ein Monument für den im Volk über alle Maßen geschätzten Tomás Garrigue Masaryk projektiert.

Und nun das!

Diese Tatsache nahmen die Menschen dem Künstler besonders übel. Sie waren empört. Švec erhielt Drohbriefe. Seine Freunde wandten sich von ihm ab.

Der Künstler geriet in ein unauflösbares Dilemma und nahm sich mit seiner Frau Vlasta, die an dem Projekt mitgearbeitet hatte, drei Monate vor der Einweihung das Leben.

Und so sind die beiden auf ganz besondere Weise Stalin zum Opfer gefallen.

Am 1. Mai 1955 wurde das zweiundzwanzig Meter lange und über fünfzehn Meter hohe Denkmal eingeweiht. Es stand auf einem mit Granit verblendeten Betonsockel. Wenn man den noch dazurechnet, kommt man auf insgesamt etwa dreißig Meter Höhe!

Es war die reine Gigantomanie.

Eine Manie ist laut Fremdwörterbuch eine »Besessenheit, leidenschaftliche Liebhaberei, Sucht«. Das traf genau zu. Man sagt, dass ein Knopf von Väterchen Stalins Mantel sechzig Zentimeter Durchmesser hatte! Den würde im realen Leben kaum ein Mensch ins Knopfloch kriegen ... Und seine Schuhe waren zwei Meter lang.

Hinter dem Generalissimus standen in zwei Viererreihen Menschen, die das Volk der Tschechoslowakei und der Sowjetunion symbolisierten. Normalerweise hätten die wohl zumeist Stalin mit seinen ein Meter fünfundsechzig überragt. Also musste auch da geschummelt werden ...

Und wie charakterisierte der Volksmund die Gruppe hinter dem roten Zaren?

Das war bei der schlechten Versorgungslage doch eindeutig: »Eine Warteschlange für Fleisch«.

Das für die Ewigkeit gedachte Monument stand gerade mal sieben Jahre. Der Befehl zum Abriss kam aus Moskau. Chruschtschow hatte auf der politischen Wetterkarte aus dem Osten Tauwetter angesagt. Das Stalin-Denkmal wurde 1962 mit viel Mühe Stück für Stück gesprengt. Der stalinistische Parteichef Novotný forderte einen »respektvollen« Abbau. Wie sprengt man respektvoll?

In den Kneipen der Altstadt und auf der Kleinseite werden wohl Anfang November die vollen Gläser mit Pivo besonders oft geklungen haben, und immer wieder schallte »Na zdraví« durch die Räume, wenn eine Detonation zu hören war.

Und deren gab es viele, denn für die siebzehn Millionen Kilogramm schwergewichtige agitatorische Kunst waren wiederum achthundert Kilogramm Sprengstoff vonnöten.

Manch Prager wird gesagt haben »Dass ich das noch erlebe!«

Auch wenn der Abriss 4,5 Millionen Kronen kostete, so war dies doch gut angelegtes Geld!

Schauen wir mal kurz nach vorn in die Zukunft des Areals. Bei Wikipedia las ich: »1990 sendete aus einem Bunker in der Nähe des Fundaments der Piratensender Radio Stalin. Später wurde dort der erste Rockclub Prags eingerichtet.«

Nichts ist phantastischer als die Wirklichkeit.

Irgendwann stieß ich in einem Roman darauf, dass die sozialistische Tschechoslowakei sogar einen proletarischen Gruß hatte, der augenscheinlich in besonderer Weise alles Tun für die gute Sache charakterisieren sollte. »Cest präci!«, begrüßten sich Arbeiter und Kommunisten in der ČSSR: »Ehre der Arbeit!«

Und auch hier sei ein Blick in die Zukunft gestattet: Am 15. Januar 1990 wird der Innenminister der ČSSR, Richard Sacher, verfügen: »Die Grußformel ›Ehre der Arbeit‹ wird durch die bürgerliche Grußformel ›Guten Tag‹ ersetzt.«

Aber bis dahin ist es noch ein langer Weg ...

Antonín Novotný war von 1953 bis 1968 Generalsekretär der Kommunistischen Partei der Tschechoslowakei und ab 1957 auch noch Staatspräsident. Er hielt mit harter Hand die stalinistische Linie bis in die 60er Jahre und war deshalb ein besonders ungeliebter Parteichef. Da er nicht gerade eine Geistesleuchte war, fragte sich das Volk: »Wieso kann ausgerechnet er Präsident werden? Wie war das möglich?« Und nach kurzem Nachdenken gab einer aus dem Volk die Antwort: »Wegen der Verfassung.«

»Wieso wegen der Verfassung?«

»Na, darin heißt es doch: Präsident der ČSSR kann *jeder* werden.«

In den fünfziger Jahren war die Versorgungslage im Land besonders deprimierend.

Novotný befragt seinen Wirtschaftsminister über die Lebensmittelvorräte des Landes. Der gibt genaue Auskunft: »Die Milch reicht noch für ein halbes Jahr, der Zucker für vier, das Mehl für drei und der Speck für zwei Monate.«

Novotný fragt nach: »Sagen Sie, Genosse Minister, soll das etwa auch für die Slowakei reichen?«

»Wo denken Sie hin – nur für Sie und mich!«

Auch im Jahr 1969 beschäftigte die Menschen eine eklatante Versorgungskrise. Die Partei informierte sogar in den Medien über den Mangel an Fleisch und Eiern. Es gab ein Defizit von 100 Millionen Eiern. Und Fleisch fehlte allerorten im Land des Prager Schinkens und der wohlschmeckenden Würstel. Und deshalb fragte der Volksmund: »Was ist 45 Meter lang und ernährt sich nur von Kartoffeln?«

»Die Schlange vor der Fleischerei.«

Die schwierige Lage im Land lässt Novotny zu außergewöhnlichen Maßnahmen greifen. Er beauftragt einen Mitarbeiter, einen früheren tschechischen Unternehmer zu finden, der Erfahrung mit dem kapitalistischen System hat und ihn beraten soll.

Der Mann wird gefunden und unter höchster Geheimhaltung informiert, dass er Novotny beraten soll, wie der seinen Staatshaushalt wieder in Ordnung bringt.

Nach drei Tagen ruft Novotny ihn an und fragt, wie weit seine Bemühungen gediehen seien.

»Herr Staatspräsident, nach dem Studium aller Unterlagen muss ich Ihnen sagen, dass die Lage außerordentlich prekär ist, noch viel schlimmer, als ich gedacht habe. Ich gebe Ihnen den dringenden Rat, sofort den Hradschin auf den Namen Ihrer Frau Gemahlin zu überschreiben.«

Ein junger Mann, der ein Bier zu viel getrunken hat, klettert in Bratislava auf die Stalinstatue.

In dem Moment kommt ein Polizist vorbei und ruft ihm zu: »Kommen Sie dort sofort herunter!«

»Nein! Ich bin ein freier Bürger eines freien Staates!«

»Entschuldigung, ich wusste nicht, dass Sie Ausländer sind!«

Ein Banker aus den USA ist zu Besuch in Prag.

Der Direktor der Nationalbank führt ihn stolz durch sein Institut. Zu seiner Verblüffung sieht der Amerikaner in einem Raum große Goldbarren frei herumliegen.

»Das wäre bei uns unmöglich! Bei uns sind die staatlichen Goldreserven unter Verschluss und werden strengstens bewacht!«

»Da sieht man, dass die USA ein kapitalistisches Land sind«, meint daraufhin der Direktor der tschechischen Nationalbank. »Unser Kapital ist der Mensch und seine Arbeitskraft. Deshalb halten wir den Menschen unter Verschluss und strengster Bewachung!«

In einem Varieté in Bratislava tritt ein Hypnotiseur auf. Er lässt einen Mann aus dem Publikum auf die Bühne kommen und versetzt ihn in Trance. Dann sagt er zu ihm: »Sie befinden sich in Afrika, mitten in der Wüste Sahara.

Die Sonne brennt erbarmungslos. Keine Oase in Sicht. Sie haben keinen Tropfen Wasser mehr und sind am Verdursten …«

Das Medium leidet sichtlich.

Dann schnippt der Hypnotiseur mit den Fingern und beendet die Qualen des Opfers.

Ein weiterer Mann wird auf die Bühne gebeten.

Der Magier versetzt auch ihn in Trance und sagt: »Sie sind am Nordpol. Ihr Proviant ist zu Ende gegangen. Vor lauter Hunger mussten sie sogar die Schlittenhunde essen. Ihre Füße sind bereits erfroren und Ihnen droht der Tod im Eis.«

Das Medium klappert vor »Kälte« mit den Zähnen.

Wiederum schnippt der Hypnotiseur mit den Fingern und beendet die Leiden des Mannes auf der Bühne.

Schließlich bittet er einen dritten Besucher aufs Podium, versetzt ihn in Trance und sagt: »Sie sind in Amerika. Ihre Fabrik hat sie entlassen. Sie liegen auf der Straße und sind zum Betteln gezwungen.«

Das Medium flüstert zum Hypnotiseur: »Wenn du jetzt mit den Fingern schnippst, dann brech ich dir alle Knochen!«

Tschechen und Slowaken waren sich bekanntlich nicht immer in allen Ansichten grün. Das spiegelte sich auch im Witz zwischen den beiden Völkern wider:

«Was lieben die Slowaken am Kommunismus am meisten?«

»Dass ihn die Tschechen auch haben.«

Ein alter Slowake, etwas schlicht von Gemüt, schreibt einen Brief nach ganz oben:

»Lieber Gott!

Ich bin in großer finanzieller Not und habe eine Bitte. Da Du allmächtig bist, wird es Dir nicht schwerfallen, mir tausend Kronen zu schicken. Mir wäre damit sehr geholfen.

Mit vorzüglicher Hochachtung

Karel Wratislav«

Der Brief, der an den lieben Gott gerichtet ist, wird von der Staatssicherheit abgefangen und an das örtliche Parteikomitee gegeben. Dort kennt man den alten Sonderling und will die Gelegenheit nutzen, um dem Alten zu zeigen, dass es keinen Gott gibt und die Partei bereit ist, Menschen in Not zu helfen. Sie schicken ihm fünfhundert Kronen. Danach setzt sich der alte Bauer wieder an den Tisch und schreibt einen zweiten Brief:

»Lieber Gott!

Herzlichen Dank für die Geldsendung. Ich habe mich sehr gefreut! Wenn Du mir aber wieder einmal Geld zukommen lässt, dann schick es bitte nicht über das Parteikomitee. Die Gauner haben mir die Hälfte gestohlen.«

Ein anderes Dauerthema im Ostblock waren die beschränkten Reisemöglichkeiten.

Ein sowjetischer Funktionär hält in Prag einen Vortrag. Es geht um die bahnbrechenden Fortschritte in der Sowjetunion.

»Sputnik und Lunik waren ja nur Vorboten der Eroberung des Weltalls, die unsere ruhmreiche Wissenschaft in Angriff genommen hat. Bald wird es für jeden von uns möglich sein, mit einer Reiserakete den Mond, die Venus oder den Mars zu besuchen.«

Bei der anschließenden Diskussion meldet sich ein Zuhörer und zeigt sich durchaus beeindruckt, dass es bald Reisen zum Mond, der Venus und dem Mars geben wird. »Allerdings möchte ich gar nicht so weit fliegen.

Mich interessiert, wann ich einmal nach Wien fahren kann?«

»Eins nach dem andern, Genosse!«

In der Schule.

»Ihr Sohn ist leider in Geografie besonders schwach.«

»Das macht nichts. Wir dürfen sowieso nicht reisen.«

Ab und an gelingt es jemandem, das Land verlassen zu dürfen.

Aus welchem Grund wanderte Chaim Rubinstein aus Prag nach Israel aus?

Ganz einfach: Die israelisch-arabische Feindschaft fand er doch sicherer als die tschechoslowakisch-sowjetische Freundschaft.

Ausgerechnet Jiří Mandel, ein langjähriges Mitglied der Kommunistischen Partei, beantragt in Prag seine Auswanderung. Der Beamte ist sehr verwundert: »Ausgerechnet du, Jiří, ein treuer Genosse, du willst auswandern?! Was hast du für einen Grund, unsere sozialistische Heimat zu verlassen?«

»Ich hab zwei Gründe. Gestern Abend kam mein Nachbar zu mir und sagte, wenn diese Regierung gestürzt wird, dann kommen wir Kommunisten alle an den Galgen! Darauf will ich nicht warten.«

»Wenn es nur das ist«, meint der Beamte, »da kann ich dir mit Sicherheit sagen: Diese Regierung wird nie gestürzt werden!«

»Das ist mein zweiter Grund.«

Nach vielen Jahren Wartezeit kann ein älterer Tscheche endlich seine Tochter besuchen, die seinerzeit in die USA emigriert ist. Als er wieder zurück nach Prag kommt, fragen ihn seine Freunde aufgeregt, wie sich denn nun das Leben in Amerika von dem in der Tschechoslowakei unterscheidet.

»Eigentlich gibt es keinen großen Unterschied.«

Die erstaunten Freunde fragen, wie er denn das meine.

»Na ja, in Amerika ist es eigentlich genauso wie hier in Prag. Für die tschechoslowakische Krone bekommst du nichts und für Dollars alles!«

Pavel Suchy wurde in die Passabteilung der Bratislaver Polizei geladen.

»Sie haben den Antrag gestellt, in die USA überzusiedeln, weil dort Ihr Bruder lebt, der taub geworden ist. Sie möchten ihm bei seiner Geschäftsleitung helfen.«

»Jawohl.«

»Ein Vorschlag: Ihr Bruder soll doch sein Geschäft verkaufen und in die Tschechoslowakei übersiedeln.«

»Entschuldigung, mein Herr, da haben Sie etwas falsch verstanden – mein Bruder hat sein Gehör verloren, nicht seinen Verstand!«

Und nach Jahren des Stillstands und der Repression kam das Jahr 1968, und plötzlich wuchs quasi über Nacht große Hoffnung im ganzen Land.

Am 5. Januar war Alexander Dubček zum Parteichef gewählt worden. Er hatte wahrgenommen, welche Kluft zwischen dem Volk und Partei existierte, daraus seine Konsequenz gezogen und einen Kerngedanken so formuliert: »... daß man – wenn es an Übereinstimmung zwischen Partei und Volk fehlt – eben die Partei sich ändern muß, da sich das Volk nicht auswechseln läßt.«

Die Zustimmung des tschechoslowakischen Volkes zur neuen Politik war überwältigend. Es kristallisierte sich immer mehr heraus, dass es Dubček im Verbund mit den anderen Reformkräften der Partei darum ging, eine völ-

9 *Im August 1968 saß ich mit einem Freund in einem Prager Kino. Als Dubček in der Wochenschau zu sehen war, standen die Besucher auf, applaudierten und riefen »Viva Dubček!«*

lig neue Gesellschaft aufzubauen. Eine Gesellschaft mit einem Sozialismus, in dem sich Freiheit und Demokratie nicht mehr wie bisher im Ostblock ausschließen, sondern ganz selbstverständlich dazugehören.

Das bedeutete den Abschied von der totalitären Diktatur hin zu einer offenen Gesellschaft.

Dazu gehörte wiederum, dass die Machtausübenden durch freie Rede in der Öffentlichkeit und durch eine freie Presse kontrolliert würden.

Kurzum: Es handelte sich schlicht um die Horrorvorstellung für jene Art von Parteichefs und Funktionären, wie sie zwischen Moskau und Ostberlin das Sagen hatten.

Alan Levy schreibt in seinem Buch »Verlorener Frühling«, dass während des Aufenthaltes von Tito in Prag bekannt wurde, dass er im April bei einem Besuch Moskaus auch im Büro von Breschnew gesessen hatte und »sich eine

Schimpfkanonade über die neuen tschechoslowakischen Führer angehört hatte«.

Tito hatte vor dem Ersten Weltkrieg eine Zeit in einer tschechischen Fabrik gearbeitet, und deshalb sagte er zu Breschnew: »›Sie kennen die tschechoslowakische Arbeiterklasse nicht. Aber ich schon.‹

Breschnew ermahnte ihn: ›Aber es ist nicht mehr dieselbe tschechoslowakische Arbeiterklasse.‹

Und Tito antwortete ihm voller Sarkasmus: ›Wie können Sie erwarten, dass sie nach zwanzig Jahren unter Ihrem System noch dieselbe geblieben ist?‹«

Da soll er wohl ziemlich sprachlos gewesen sein, der Herrscher im Kreml.

Tito verkörperte all das, was sich das Volk in der Tschechoslowakei erhoffte: Ein Mann, »der sich dem Kreml widersetzte und dessen Nation nicht nur überlebt hatte, sondern gedieh. Titos Jugoslawien unterstützte Dubčeks Tschechoslowakei voll und ganz.«

Eduard Goldstücker, der Mann, der unschuldig unter dem kommunistischen Regime eingekerkert war, spielte auch bei der Umsetzung des Prager Frühlings eine große Rolle.

In seinen Memoiren »Prozesse – Erfahrungen eines Mitteleuropäers« schreibt er: »Vieles schien darauf hinzuweisen, dass es vielleicht doch möglich sein würde, den humanen Gehalt der Ideen des Sozialismus zu retten, ihn von den Deformationen, die er in Russland erfahren hatte, zu befreien.«

Einer der wichtigen Reformer auf dem Gebiet der Wirtschaft war Ota Šik. Er wurde vom orthodoxen KP-Chef Novotny besonders attackiert und angegriffen. Dabei hätte er genügend Grund gehabt, mit Šik freundlicher umzugehen. Sie kannten sich aus dem KZ Mauthausen.

Durch einen Freund aus der Jugendbewegung bekam Šik einen Posten im Baubüro.

»Sie suchten einen Korrespondenten für den SS-Bauführer, der perfekt Deutsch auf der Schreibmaschine tippen und stenografieren konnte.« Dadurch wurde er auf den Prominentenblock verlegt und konnte »hie und da eine Protektion für einzelne Häftlinge erreichen«.

Durch diese Funktion wurde Ota Šik Mitglied der im Lager existierenden illegalen internationalen kommunistischen Bewegung. Und er bekam von dort »... Anweisung für die Unterbringung einzelner Genossen. So wurde ich auch im Jahre 1942 angewiesen, den Genossen Anton Novotný, den späteren 1. Sekretär und Präsidenten der ČSSR, in einer Werkstatt unterzubringen. Er war vor dem Krieg Bezirkssekretär der Partei und gehörte daher zu den Funktionären, welche die illegale Organisation im Lager zu retten hatte. Nach seiner Verhaftung und Verfrachtung nach Mauthausen kam er zuerst in den Steinbruch, wo er bereits dem Tode nahe war. Mir gelang es, ihn in das Kommando der Installateure zu schleusen, in eine warme Werkstatt mit ein wenig mehr Essen. So war er gerettet. Wie gerade er sich später in der Tschechoslowakei postieren und verhalten würde, konnte ich damals nicht ahnen.«

So verrückt kann das Leben spielen.

Im Frühjahr 1968 verfügte die Kommunistische Partei die Aufhebung der Zensur.

Für uns DDR-Bürger unvorstellbar!

Der Prager Frühling weckte so viele Hoffnungen im Ostblock.

Ich werde mich deshalb immer als Ost-68er bezeichnen.

Am 9. August 1968 war ich mit meinem Freund Lutz-Peter Glaser in Prag. Wir erlebten eine Stadt im Aufbruch, eine unglaubliche Stimmung, die Begeisterung für den demokratischen Sozialismus war bei den Menschen in der Stadt überall spürbar.

Die Dogmatiker in Moskau und Ostberlin sahen das natürlich ganz anders.

An jenem 9. August war Tito zu einem Staatsbesuch in die tschechische Hauptstadt gekommen. Es war ein Akt der Solidarität. Er wollte damit zeigen: Wir stehen zu euch. Schließlich wusste er aus eigener Erfahrung, was es bedeutete, sich von der von Moskau vorgegebenen Linie zu verabschieden.

Mit meinem Freund zog ich mit Tausenden zur Prager Burg. Auf dem Weg schon erschallten die Sprechchöre: »Tito ano, Ulbricht ne!« Lutz-Peter und ich strahlten uns an und riefen mit.

In Prag also erlebte ich zum ersten Mal in meinem Leben etwas Sensationelles: Ich konnte in aller Öffentlichkeit gegen den obersten Staatsmann der DDR protestieren, ohne verhaftet zu werden. In den Jahren des Ostblocks, in denen überall Repression herrschte, genossen wir in jenen Tagen den Geschmack der Freiheit.

Das werde ich bis ans Ende meiner Tage nie vergessen.

Als wir oben auf der Burg angekommen waren, kletterten wir auf eine Laterne, um überhaupt zwischen den Menschenmassen etwas sehen zu können. Die Wagen mit den beiden Staatsmännern fuhren vor uns vorbei in die Burg. Sie winkten den Menschen aus dem Auto. Der Jubel nahm kein Ende. Und immer wieder riefen die begeisterten Massen: »Dubček, Dubček!«

Schließlich öffnete sich nach einer Weile in der Burg ein Fenster, und der Mann, der so viel Hoffnung im Osten verbreitete, winkte den Massen zu. Fast verlegen über diese große Begeisterung schaute er auf die Menschenmenge.

Ein unvergessliches Bild. Und im Hinterkopf hatte ich immer den Gedanken – jetzt wird alles anders ...

10 *Als Zeichen der Solidarität besuchte Tito auf der Prager Burg Dubček. Die Massen riefen »Tito ano, Ulbricht ne!«*

Als Ulbricht zu einem Gipfeltreffen mit anderen kommunistischen Führern des Ostblocks 1968 in der ČSSR weilte, um den Prager Reformkommunisten die Leviten zu lesen, wurde Zdeněk Mlynář Zeuge eines Gesprächs, das Ulbricht mit Dubček führte. Darin sagt der erste Mann der DDR: »Ich dachte, dass ich auf Besuch zu euch gekommen bin – aber am Flugplatz hörte ich immer nur ›Dubček, Dubček‹. Liegt das vielleicht daran, dass ich kein Tschechisch verstehe?«

Nein, Genosse Ulbricht, hätte man sagen müssen, es liegt daran, dass Sie ein vergnatzter, selbstgefälliger alter Mann sind, der nichts begriffen hat.

Und Mlynář kommentiert das Verhalten Ulbrichts: »Aus seiner Sicht bedeutete dies wohl bereits den defini-

11 Die eingerüstete Karlsbrücke steht in jenen Tagen symbolisch für die Okkupation durch die Länder des Warschauer Paktes. Die Tschechoslowakei ist im eisernen Griff der »Bruderstaaten«.

tiven Bruch der Tschechoslowakei mit dem Internationalismus. Er empfand nicht die geringste Peinlichkeit bei dem Verlangen nach Ovationen für seine Person, sondern hätte es vielmehr als Beweis der Freundschaft ›zum Volk der DDR‹ betrachtet, wenn Dubček den Schulkindern den Ruf ›Ulbricht, Ulbricht‹ hätte einbläuen lassen.«

Ich hatte von Anfang an die positiven Veränderungen in der ČSSR verfolgt, da ich die deutschsprachige Zeitschrift »Im Herzen Europas« las. Sie gab es nicht am Kiosk, man konnte sie aber, wenn man von ihrer Existenz wusste, über die Postzeitungsliste bestellen. Ich hatte ein Gedicht über den Wenzelsplatz an die Redaktion geschickt. Die stellvertretende Chefredakteurin Lenka Reinerová schrieb mir, dass dort nur Autoren aus der CSSR veröffentlich werden. Sie war für die deutsche Ausgabe verantwortlich. Die Redakteurin reichte es aber weiter an die »Prager Volkszeitung«. Dort ist es dann erschienen und später noch zwei weitere.

Die Zeitung erschien für die deutsche Minderheit, die es ja immerhin noch im Land gab. Das Blatt setzte sich vehement für die Reformer ein. Ich besuchte die Redaktion, und man vereinbarte mit mir, dass ich ab und an einen Kulturbrief über bestimmte Ereignisse in der DDR schreiben sollte. Dazu kam es aus Gründen der weiteren Entwicklung nicht mehr …

Die engagierten Presseleute hatten dunkle Ahnungen, denn in ihrem Blatt konnte man schon vor dem Einmarsch lesen: »Und der Irrtum, dass Sozialismus und Panzer besser zusammenpassen als Sozialismus und Freiheit, könnte sich für die Zukunft des Sozialismus – nicht nur in unserem Land – als katastrophal erweisen.«

Doch alle Sympathien aus der ganzen Welt für ihr sozialistisches Experiment halfen dem tschechoslowakischen Volk nicht. Am späten Abend des 20. August bebte an vielen Stellen die tschechische Erde. Im Dunkel der Nacht überquerten etwa 500 000 Soldaten des Warschauer Paktes die Grenze, rollten 4 600 Panzer ins Land. Den Mammutanteil stellten natürlich sowjetische Truppen, aber auch aus Polen, Ungarn und Bulgarien kamen Soldaten. Rumänien beteiligte sich nicht.

250 sowjetische Flugzeuge beförderten eine Fallschirmjägerdivision einschließlich gepanzerter Fahrzeuge.

Es war die größte Militäraktion seit dem Ende des Zweiten Weltkrieges in Europa.

Und es ist die größte Schuld und Schande, die jene Parteirepräsentanten, die Befehlsgeber jener »sozialistischen« Staaten auf sich geladen haben.

Die DDR wird zwar immer wieder in Büchern als Invasor erwähnt, aber die Truppen überschritten keine Grenze. Die DDR leistete logistische Hilfe. 30 Jahre nach dem Einmarsch der Nazi-Truppen in der Tschechoslowakei wieder den Stiefeltritt deutscher Soldaten zu hören – das ging wohl selbst Breschnew zu weit.

Aber etwas besonders Absurdes leisteten sich die verantwortlichen Genossen: Seit Bestehen der DDR gab es ja immer Störsender, die durch nervende Töne verhindern sollten, dass »feindliches Gedankengut« die Ohren der DDR-Bürger erreichte. Aber seitdem sich im Nachbarland ein demokratischer Sozialismus etablierte, nutzte man diese Erfahrungen zum ersten Mal nicht gegen den Feind im Westen, sondern gegen den (angeblichen) Freund. Die DDR störte die Sendungen des Prager Rundfunks.

Zdenék Mlynář erlebte die ganze Dramatik der Ereignisse vor Ort in der Parteizentrale: »Plötzlich flog die Tür zu Dubčeks Arbeitszimmer auf und etwa acht Soldaten und niedere Offiziere mit Maschinenpistolen stürmten herein, nahmen Aufstellung hinter dem großen Tisch und zielten auf unsere Nacken. Hinter ihnen traten zwei höhere Offiziere ein; der ranghöhere, ein Oberst, war kleingewachsen, beinahe ein Zwerg. Dafür trug er eine Menge Orden an der Brust ...«

Er bediente also das absolute Klischee des Klimperladens sowjetischer Militärs selbst in dieser weltbewegten Situation »... und begann Befehle zu erteilen. Jemand – ich glaube Dubček – wollte etwas sagen, aber der zwergenhafte Oberst fing an zu schreien: ›Nicht sprechen, ruhig sitzen! Nicht tschechisch sprechen!‹«

Das »Nicht tschechisch sprechen!« regte Mlynář schrecklich auf, und aus dem Gefühl »der Erniedrigung, der Angst« sagte er mit »erhobener Kommandostimme auf Russisch: ›Benehmen Sie sich gefälligst so, wie man Sie geheißen hat! Wo glauben Sie, dass Sie sich befinden?

Sie sind im Büro des Ersten Sekretärs der Kommunistischen Partei. Haben Sie den Befehl, uns zum Schweigen zu bringen? Den haben Sie nicht. Also halten Sie sich an ihre Befehle.‹

Dem Oberst verschlug es den Atem, er wollte erst etwas entgegnen, ließ es aber schließlich bleiben. Er blickte stumm in die Runde und verließ den Raum.«

Kommandostimme in Russisch – das machte augenfällig Eindruck. Als er in den Raum zurückkam, fiel kein Wort mehr zu dem ausgesprochenen Sprechverbot.

Die Atmosphäre im Raum war natürlich bedrückend.

»Die Soldaten rissen die Telefondrähte aus den Wänden, schlossen die Fenster, um zu verhindern, dass wir die Rufe der Menschen hörten, die sich hinter dem Militärkordon versammelt hatten, die Nationalhymne und wechselnde Sprechgesänge anstimmten und dazwischen immer wieder Dubčeks Namen riefen.«

Man muss sich das vorstellen, da sitzen Menschen schweigend am Tisch und auf ihre Nacken sind Maschinenpistolen gerichtet. Einer versuchte, die Atmosphäre zu lockern:

«Bohumil Šimon griff hinter sich in ein Bücherregal und zog wahllos ein Buch heraus; es war eine Geschichte des antiken Griechenland.

›Sehen wir mal nach, was wir zu erwarten haben‹, sagte er wie in dem berühmten Gesellschaftsspiel und öffnete das Buch, tippte mit dem Finger auf den erstbesten Satz und las laut vor. Der Satz gab eine Überlegung – ich glaube von Plato – wieder, in der es hieß, daß die Demokratie nicht die beste Gesellschaftsordnung sei, daß es zu einem allgemeinen Rückgang der Disziplin käme …›So, Genossen, jetzt wissen wir, warum sie gekommen sind.‹«

Der Reformer Frantisek Kriegel hatte die stärksten Nerven. Von Beruf war er Arzt. Mlynář schreibt: »Ich habe selten jemanden kennengelernt, der es verstand, seinen

Mitmenschen in Situationen äußerster Bedrückung, Gefahr und Spannung mit solch einer Selbstverständlichkeit und Unmittelbarkeit Mut, Hoffnung und Selbstvertrauen zuzusprechen wie er.«

Kriegel meinte, in nächster Zeit würde sich sowieso nichts tun, und so legte er sich gegen Morgen in Dubčeks Arbeitszimmer und schlief tatsächlich ein.

»Etwa zehn Minuten, nachdem er sich hingelegt hatte, ertönte aus seiner Ecke so lautes Schnarchen, dass die acht Fallschirmjäger im ersten Moment erstarrten und instinktiv ihre Maschinenpistolen auf den Schlafenden richteten.«

Später werden Dubček, Smrkovský, Špaček und Kriegel von einem sowjetischen Sicherheitsbeamten aufgefordert, ihm ihre Waffen auszuhändigen.

»Smrkovský lachte, begann sich demonstrativ selbst zu durchsuchen, die Taschen nach außen zu kehren, und legte schließlich ein kleines Taschenmesser auf den Tisch mit den Worten: ›Wir haben beim Umgang mit dem eigenen Volk keine Waffen benötigt.‹«

Junge Menschen leisteten Widerstand, errichteten Barrikaden, diskutierten mit den verunsicherten Soldaten, die keine Ahnung hatten. Es wurde geschossen, es gab Tote und Verwundete. Einige Demonstranten bastelten Molotow-Cocktails. Die Ingredienzien dieses Gemischs kriegt man in keiner Bar.

Mit Molotow also gegen Breschnew.

Überall in der Tschechoslowakei drehte man die Straßenschilder in Richtung Sowjetunion und schrieb darauf: Moskau – 2 000 km.

Eine polnische Einheit war schon in die Tschechoslowakei einmarschiert. Findige Leute hatten aber vorher die Wegweiser so geschickt verändert, dass sie nach einer Weile wieder in Polen waren.

Als die Russen nach dem Zweiten Weltkrieg in die Städte kamen, durchsuchten ihre Pioniereinheiten das jeweilige Gebiet nach Minen. An Gebäuden oder Brücken stand dann in weißer Schrift »Dom prevjeren, min njet« (Das Haus ist durchsucht, keine Minen.).

Nun schrieben widerständige Tschechen oder Slowaken an Hauswände »Cechoslovakia prevjerena, konterrevoljucii njet!«

Also: »Die Tschechoslowakei ist durchsucht, keine Konterrevolution!«

Ladislav Mňačko schreibt darüber in seinem Buch »Die siebente Nacht« und berichtet, dass diese Losung in einer Stadt sogar als Lichtreklame leuchtete und von sowjetischen Panzerkanonen zerschossen wurde.

An den Hauswänden standen Losungen gegen den Einmarsch: »Der sowjetische Staatszirkus gastiert in Prag. Bitte nicht reizen und nicht füttern!«, »Lenin wach auf! Breschnew ist wahnsinnig geworden!«

In der 5. Sonderausgabe vom 24. August 1968 der Zeitung »Lidová demokracie« steht ein Beitrag, der mit »Eine anonyme Stadt« überschrieben ist. Er berichtet vom kreativen gewaltlosen Widerstand der Prager: »Auf die Aufforderung des freien Senders von Radio Prag vernichteten Hunderttausende namenloser und unbekannter Menschen am Freitagabend Straßenschilder und Platzbezeichnungen in der okkupierten Stadt … Prag hat keine Wassergasse, keinen Karlsplatz mehr, in Prag sind Namen und Nummern ausgestorben. Prag ist für ungeladene Gäste eine tote Stadt.«

Eine makabre Situation. Kafka hätte seine Freude daran gehabt.

Auch vor seinem Geburtshaus in Prag standen Panzer. Kafka und Panzer, das ist besonders absurd. Und es findet sich auch in Kafkas Werk eine Zeile, die annähernd auf die Situation der Einwohner dieses Landes passte.

Im »Prozess« schrieb er: »Jemand musste Josef K. verleumdet haben, denn ohne dass er etwas Böses getan hatte, wurde er eines Morgens verhaftet.«

Lenka Reinerová, die durch ihre Vermittlung dafür gesorgt hatte, dass ich in der »Prager Volkszeitung« Gedichte veröffentlichen konnte, lernte ich nach vielen Jahren in Leipzig persönlich kennen. Sie hatte im Haus des Buches eine erfolgreiche Lesung gehabt.

In den sechziger Jahren war es für mich unvorstellbar, dass wir beide einst Bücher im gleichen Verlag herausbringen würden. Sie zählte längst zu den renommierten Autoren des Aufbau Verlages und beschrieb ihr »Närrisches Prag« oder »Alle Farben der Sonne und der Nacht«.

Lenka Reinerová musste als Jüdin vor den Nazis aus dem besetzten Prag fliehen. Sie verlor in der Shoah ihre gesamte Familie. Im mexikanischen Exil war sie mit Anna Seghers befreundet. Auch der weltbekannte Egon Erwin Kisch zählte zu ihren Freunden.

Lenka Reinerová saß schon in den stalinistischen fünfziger Jahren im Gefängnis und wurde nach dem Einmarsch der Sowjets im Jahr 1968 aus der Redaktion der Zeitschrift »Im Herzen Europas« entlassen.

Sie war die letzte deutsch schreibende Schriftstellerin in Prag.

Wir sprachen natürlich über das hoffnungsvolle und tragisch endende Jahr 1968. Sie erzählte mir, welches Bild sich nach der Okkupation bei einem Blick aus dem Fenster ihres Redaktionszimmers zeigte. Da stand ein russischer Panzer, und auf dem Kanonenrohr trocknete die Unterwäsche der Roten Armee.

Wo die Soldaten wohl gewaschen hatten? In der Moldau?

Das stählerne Ungetüm wirkte durch die dort ausgebreiteten Unterhosen und Unterhemden gleich bana-

12 *Die Leipziger Fotografin Sylvia-Marita Plath hat alles vor Ort erlebt ...*

ler, harmloser. Das war aber lediglich eine optische Täuschung.

Die Panzer in Prag hat auch der Nobelpreisträger Heinrich Böll gesehen. Er kam am 20. August mit seiner Frau Annemarie und seinem Sohn René auf Einladung des tschechoslowakischen Schriftstellerverbandes in die Hauptstadt der ČSSR. Sie wollten sich ein Bild vom »Sozialismus mit menschlichem Antlitz« machen und mit Schriftstellern sprechen. »... schon in der ersten Nacht weckte uns das Dröhnen schwerer Flugzeuge, die sehr niedrig flogen. Um sieben Uhr früh kam ein Freund ins Hotel, klopfte an unsere Tür und rief von draußen: Wir sind besetzt. Kurz darauf hörten wir die ersten Schüsse auf dem Wenzelsplatz, wir gingen sofort hin, sahen die sowjetischen Panzer – eine Demonstration absurder Dummheit und unzählige Menschen, Jugendliche und Erwachsene.« Und der große deutsche Schriftsteller resümiert: »... dass hier der von Moskau zentral gelenkte

Sozialismus seinen moralischen Bankrott erklärte und dass es sich um eine unverhohlene Unterdrückung einer ganzen Nation handelte.«

Vier Tage erlebte die Familie Böll vor Ort tragische Situationen im Zentrum Prags und den Widerstand der Bevölkerung. Die Panzer schüchterten die mutigen Menschen nicht ein. In der Altstadt erlebte der Schriftsteller eine besonders absurde Situation: »Vor Kafkas Geburtshaus stand ein Panzer, das Rohr auf die Kafka-Büste gerichtet. Hier wurden Symbol und Wirklichkeit kongruent.«

Es ist vielfach Galgenhumor, der sich nach der Besetzung durch die Truppen des Warschauer Paktes in der Tschechoslowakei breitmachte.

Wer hat die langsamste Bürokratie der Welt?

Die Sowjetunion.

Als die Nazis begannen, sich 1938 das Land einzuverleiben, hat die Tschechoslowakei um Hilfe gebeten.

Aber erst 30 Jahre später sind die Russen gekommen.

Warum sind Hunderttausende Sowjetsoldaten in die Tschechoslowakei eingerückt?

Um den einen Mann zu finden, der sie gerufen hat.

Wie besuchen die Russen ihre Freunde?

Im Panzer.

Die Tschechoslowakei ist das neutralste Land der Welt?

Sie darf sich nicht einmal in ihre eigenen Angelegenheiten einmischen.

Nach dem Einmarsch der sowjetischen Truppen kam es in Prag zu vielen hitzigen Diskussionen zwischen den Okkupanten und der Prager Bevölkerung. Ein sowjetischer Offizier versucht die aufgebrachten Bürger zu beruhigen: »Genossen, wir sind doch nur hierher gekommen, weil wir euer Bestes wollen!«

»Das ist uns schon klar«, sagt daraufhin ein Tscheche zu ihm, »aber gerade das wollen wir eben behalten!«

Nach dem Einmarsch läuft ein verwirrter Tourist in einem etwas außerhalb liegenden Stadtteil durch Prag und sieht in einer Nebenstraße ein Taxi stehen. Der Fahrer lehnt am Auto.

»Sind Sie frei?«

»Nein, ich bin Tscheche.«

In Prag läuft ein russischer Soldat durch die Straßen und schießt mit seiner Maschinenpistole in jeden achten Gully.

Warum?

Er hatte gehört, dass die Gegner des Einmarsches illegal auf Kanal acht senden.

Ein sowjetischer Soldat kommt in eine Prager Kneipe und bestellt ein Bier.

Der Kellner bringt es mit einem Bierdeckel. Der Russe nimmt den Deckel und isst ihn auf.

Dann trinkt er das Bier und bestellt sich noch eins. Der Kellner bringt wieder ein Glas, aber dieses Mal ohne den Bierdeckel.

Der Russe guckt überrascht: »Und kein Keks?«

Das Parteiorgan »Rudé Právo« war seit dem Prager Frühling eine viel gelesene und äußerst geschätzte Tageszeitung geworden. Am 27. August 1968 findet sich in einem Beitrag der Satz »Mit Panzerarmeen kann man die Sehnsucht der Völker nach Freiheit nicht unterdrücken, Gedanken kann man nicht erschießen.«

Am gleichen Tag steht in dem Blatt der Augenzeugenbericht von einer Alena aus dem Zentrum von Prag. Es ist eine bittere Anekdote aus diesen dramatischen Zeiten, die ich hier gekürzt und bearbeitet wiedergebe:

»Kolja, was machst du hier?«

Eine junge Pragerin hat zu ihrer Überraschung auf einem Panzer einen neunzehnjährigen Soldaten erkannt, den sie von einer Reise in die Sowjetunion kennt. Es dauert eine Zeit, bis auch er weiß, mit wem er es zu tun hat. Kolja antwortet ihr: »Wir bekamen Befehl ... wir sind als Freunde gekommen ...« Die junge Frau sagt ihm daraufhin, dass Freunde doch aber keine Schüsse abfeuern. »Ich habe nicht geschossen.«

»Aber andere haben vorhin geschossen und einen zwanzigjährigen Jungen getötet ...«

Kolja ist völlig verunsichert und rettet sich in den Satz: »Wir haben den Befehl bekommen, hier ist Konterrevolution und Chaos ...« Die junge Frau klärt den sowjetischen Soldaten nun auf, dass im Land völlige Ruhe herrschte, bis die Rote Armee kam. Sie fragt ihn, was er denn unter Konterrevolution verstünde. «Das ist, wenn man mit Lenin nicht übereinstimmt.«

Nun versucht Alena auf andere Art, ihm die Situation im Land zu erklären: »Kolja, hast du Stalin gern?«

»Nein, er war böse.«

»Siehst du, und Novotný war genauso schlimm. Wir mochten ihn nicht. Wir wollten alles auf unsere eigene Weise machen ...«

Der junge Mann wird immer hilfloser, und die junge Pragerin sagt ihm: »Man hat euch nicht die Wahrheit gesagt ...«

»Weshalb sollte man uns Lügen erzählen?«

Kolja begriff nichts mehr. Unentwegt bekam er von Dutzenden Pragern die Frage gestellt »Warum seid ihr gekommen? Warum?!«

Alena blieb noch eine halbe Stunde im Hintergrund, beobachtete Kolja in seiner Hilflosigkeit und Überforderung. Schließlich wurde sie Zeugin eines erschütternden Ereignisses.

Kolja hob die Waffe gegen sich und drückte ab …

12.40 Uhr, eine Meldung des tschechoslowakischen Rundfunks: Ein Soldat der sowjetischen Einheiten verübte unweit des ZK-Gebäudes der KPČ Selbstmord.

Nach dem Einmarsch der Truppen des Warschauer Paktes kam es in den Jahren danach zu Überprüfungen der politischen Einstellungen der Parteimitglieder.

Ein Genosse sitzt vor einem entsprechendem Gremium und wird gefragt: »Was denkst du über den Einmarsch der Warschauer Truppen im Jahr 1968?«

»Dasselbe, was unsere Parteizeitung darüber schreibt.«

»Und wie denkst du über Dubček?«

»Da bin ich der gleichen Ansicht wie unsere Parteizeitung.«

Nach einer kurzen Beratung wird er vom Vorsitzenden des Gremiums gefragt: »Sag mal, Genosse, hast du denn überhaupt eigene Ansichten?«

»Ja, aber mit denen stimme ich nicht überein.«

Die Hälfte der etwa eine Million Parteimitglieder wurde in der Zeit nach der Niederschlagung des Prager Frühlings aus der Partei entlassen. Man kann sich vorstellen, wie viel Intelligenzpotenzial, wie viele vernünftige und der neuen Zukunft zugewandte Menschen der Partei verlorengingen. Und dann der Aderlass durch jene, die das Land über die offene Grenze noch rechtzeitig verließen oder von Reisen nicht zurückkehrten. Die Zahl wird mit etwa 50 000 angegeben.

An die »Prager Abendzeitung« erinnere ich mich, weil

13 *Heiliger Wenzel hilf uns!*

ich den Ruf des Verkäufers noch im Ohr habe: »Večerni Praha, Večerni Praha!« Das Ausrufen einer Zeitung erinnerte mich an Filme aus der Vorkriegszeit oder eben an Weltstädte der Gegenwart.

Am 26. August 1968, unter den schrecklichen Bedingungen der Besatzung, fanden die Leser im Blatt die folgenden neuen »Zehn Gebote«, die sich an der dramatischen Situation orientierten und die totale Verweigerung des Volkes zum Ausdruck brachten:

1. Weiß ich nicht.
2. Kenn ich nicht.
3. Sag ich nicht.
4. Hab ich nicht.
5. Kann ich nicht.
6. Geb ich nicht.
7. Vermag ich nicht.

8. Verkauf ich nicht.
9. Zeig ich nicht.
10. Mach ich nicht.

Meine persönliche Überzeugung ist, dass 1968 in der Tschechoslowakei die letzte Chance für einen reformierten Sozialismus zerstört wurde – unter den Ketten der Sowjetpanzer. Nie gab es im Ostblock in einem Land einen vergleichbaren Aufbruch, eine vergleichbare Begeisterung, so viele phantasievolle Ideen und reale positive Ergebnisse.

Neuer Chef der Kommunistischen Partei unter den sowjetischen Besatzern wurde nun Gustav Husák. Er war logischerweise beim tschechoslowakischen Volk nach der Okkupation besonders unbeliebt, weil er sich den Sowjets angedient hatte.

Der neue Parteichef geht also in jenen Tagen mit einem großen Bernhardiner im Prager Burggarten spazieren. Plötzlich ertönt aus den Wolken die Stimme Gottes: »Weshalb gehst du mit diesem Ochsen spazieren?«

Husák erschrickt, blickt zum Himmel und sagt:

»Entschuldigung, aber das ist kein Ochse, das ist ein Hund.«

»Wer redet denn mit dir?!«

Kohn steht mit einer amerikanischen Fahne an der tschechisch-österreichischen Grenze und schwenkt sie hin und her.

Ein Grenzer fragt ihn: »Kohn, was machst du denn hier mit der amerikanischen Fahne?«

»Ich warte auf die Amerikaner.«

»Aber Kohn ... jetzt im Jahre 1975? Du spinnst! Im Übrigen scheinst du ja dein Fähnchen gern zu wechseln! Ich erinnere mich noch, dass du 1945, vor dreißig Jahren also, mit einer roten Fahne auf dem Wenzelplatz standest und auf die Russen gewartet hast!«

»Na und?«, sagt Kohn, »sind sie denn nicht gekommen?«

Delegierte aus Großbritannien, Frankreich, der Tschechoslowakischen Sozialistischen Republik und aus der Sowjetunion fliegen gemeinsam nach einem UN-Treffen in New York im Flugzeug zurück. Über dem Ozean informiert der Pilot: »Wir haben ein Problem. Wir verlieren an Höhe und müssen das Gewicht verringern. Ein Passagier muss leider das Flugzeug verlassen.«

Der Franzose öffnet die Tür und ruft: »Es lebe Frankreich!« und stürzt sich in die Tiefe.

Alle anderen sind von diesem Heldenmut sehr beeindruckt.

Nach einer Weile wiederholt sich allerdings die Situation. Nun erklärt sich der Engländer bereit und springt mit dem Ruf »Es lebe die Queen!«

Eine Stunde später spitzt sich die Lage für das Flugzeug erneut zu. Nur noch der Russe und der Tscheche sind an Bord. Der Russe öffnet die Bordtür und ruft »Es lebe die tschechoslowakisch-sowjetische Freundschaft!« und wirft den Tschechen aus dem Flugzeug.

Eine Regierungsdelegation besucht einen Betrieb, um sich von der sozialistischen Arbeitsproduktivität vor Ort zu überzeugen. Ein jovialer Funktionär fragt einen Arbeiter beim Betreten der Werkhalle: »Was stellen Sie denn hier her?«

»Wir stellen Teile von Fahrstühlen her.«

»Sehr schön, die werden für unser Wohnungsbauprogramm gebraucht. Hervorragend. Und welche Teile sind das?«

»Es sind Schilder mit der Aufschrift ›Außer Betrieb‹.«

Präsident Svoboda beschwerte sich in seiner Neujahrsrede im Fernsehen: »Mir ist zu Ohren gekommen, dass man sagt, ich sei senil und könnte nicht mehr länger Präsident sein. Es geht mir aber sehr gut ...« – dabei klopft er nach altem Aberglauben dreimal auf Holz und ruft gleich danach: ›Herein!‹«

Welcher Unterschied besteht zwischen dem Präsidenten Svoboda und dem Präsidenten Husák?

Bei Svoboda konnte man sehen, wie Politik den Charakter verdirbt, und bei Husák, wie der Charakter die Politik verdirbt.

Der Journalist und Schriftsteller Jürgen Serke, über den ich schon im Kapitel »Sowjetunion« geschrieben habe, widmete sich in seinem Buch »Die verbannten Dichter« Autoren aus den kommunistischen Ländern, die ins Exil gehen mussten (und schon »dankbar« sein konnten, wenn sie das Land verlassen durften ...). 1967/68 war er als Korrespondent der Nachrichtenagentur »United Press International« in Prag und hat damit die spannendste Zeit der Tschechoslowakei nach dem Krieg hautnah miterlebt. Er kannte viele tschechische Künstler und war auch mit Václav Havel eng verbunden.

In einem Interview in der Zeitschrift »Stern« vom April 2008 erzählt Serke eine besondere Anekdote, die eben nur das Leben schreiben kann: »Durch eine Mischung aus Zufall und Dreistigkeit landete ich gar auf dem offiziellen Präsidentenfoto seitlich hinter Dubček und Svoboda. Nach dem Einmarsch der Russen wurde Dubček herausretuschiert – mich ließen sie als Bindemittel drauf. Dabei übersahen sie jedoch, dass ich drei Beine hatte. So stehe ich also auf zwei Beinen in der authentischen tschechischen Geschichte und dreien in der gefälschten. Als ich Dubček 1989 während der Revolution wieder traf und ihm die Geschichte erzählte, sagte er: ›Jetzt sind wir beide wieder im Bilde.‹«

Die Geschichte läuft ja gegenüber dem Einzelnen mitunter sehr ungerecht.

Aber es geht auch anders: Václav Havel durfte in den fünfziger Jahren nicht studieren. In der Tschechoslowakei begründete man das ihm gegenüber »wegen schlechter Klassenherkunft«. Er arbeitete unter anderem als Bühnentechniker. Die teils völlig absurden Verhältnisse in seiner Heimat regten ihn an, selbst Stücke zu schreiben. Seine Arbeiten kamen nach der Okkupation 1968 alle auf den Index.

Havel war Sprecher der legendären »Charta 77«. Er wurde dreimal verhaftet und saß insgesamt fünf Jahre im Gefängnis.

1989 zog er als gewählter parteiloser Präsident in die Prager Burg.

Václav Havel sagte einmal: »Hoffnung ist nicht die Überzeugung, dass etwas gut ausgeht, sondern die Gewissheit, dass etwas Sinn hat – egal, wie es ausgeht.«

Volksrepublik Albanien und Volksrepublik Bulgarien

Die beiden Länder Albanien und Bulgarien habe ich in einem Kapitel zusammengefasst. In Sachen Humor und Satire habe ich nicht allzu viel Stoff gefunden und dorthin hat mich auch keine Reise geführt.

Auch in diesen zwei volksdemokratischen Ländern gab es schon wenige Jahre nach der Gründung Prozesse gegen aufrechte Kommunisten. Und wieder ging es gegen »Kosmopolitismus« und »Zionismus«, also gegen Juden, und vor allem gegen Titoismus.

Mit Terror sollte jegliche eigenständige Entwicklung unterbunden werden. Und Terror bedeutete immer auch Todesurteile zur Abschreckung.

Enver Hoxha (Hodscha gesprochen) war der Führer der albanischen Kommunisten und ein unerbittlicher Diktator. Er bewegte sich zwar nach der Befreiung zunächst in Richtung Jugoslawien, schwenkte aber bald auf das stalinistische Modell um. Kurioserweise war ihm die Sowjetunion irgendwann nicht mehr diktatorisch genug, und so kam es ab 1961 zur Anlehnung an China.

Einen besonderen Weltrekord wollte Enver Hoxha auch aufstellen: Er ließ jegliche Religionen im Land (ob muslimisch oder christlich) verbieten und rief den »ersten atheistischen Staat der Welt« aus.

Nach Albanien kam man normalerweise kaum aus der DDR. Es gab in den fünfziger Jahren lediglich etwas Tourismus, aber schon 1961 war es damit vorbei. Erst ab 1986 hatte die DDR wieder Beziehungen zu Albanien.

Dabei wäre das *die* Chance für uns gewesen – wir hätten Urlaub an der Adria machen können …

Das kleinste Land im Ostblock war sozusagen das sozialistische Armenhaus.

Mir erzählte mal ein Bekannter, der aus beruflichen Gründen in Tirana gewesen war, dass der Verkehr in der Hauptstadt sehr übersichtlich war. Er illustrierte das mit dem Beispiel, dass ein Verkehrspolizist schon wild mit den Armen ruderte, wenn sich der Kreuzung ein Auto und ein Eselsgespann näherten …

Witze erreichten uns auch nur selten. Aber den folgenden habe ich in den sechziger Jahren in der Stammkneipe unseres Kabaretts »academixer«, im legendären Leipziger »Schwalbennest«, gehört.

Das Politbüro der Kommunistischen Partei Albaniens berät, wie man das gegen den amerikanischen Aggressor tapfer kämpfende Volk Vietnams unterstützen kann.

»Genossen«, meldet sich ein Mitglied, »ich bin dafür, dass wir den heldenhaft kämpfenden vietnamesischen Genossen einen Panzer schicken.«

Darauf meint ein anderer, wie sähe denn das aus, wenn die Spende der Kommunisten Albaniens verkündet würde und man von *einem* Panzer sprechen würde.

Das sieht der Genosse ein und schlägt deshalb vor: »Dann schicken wir eben zwei!«

Aber, meint jenes Mitglied, ob nun einen oder zwei, das mache doch kaum einen Unterschied.

Darauf entscheidet der Vorsitzende nach kurzem Nachdenken: »Also gut, Genossen … dann schicken wir eben alle drei!«

Und so feierte der Volksmund in einem erdachten Telegramm der albanischen Regierung den Start des ersten Sputniks in der UdSSR: »Herzlichen Glückwunsch zum großen Erfolg! In unserem Land herrscht große Freude! Albanien ist nicht mehr der kleinste Satellit!«

Bulgarien

Im Zweiten Weltkrieg wurde Bulgarien 1944 von der Roten Armee besetzt. Der König musste das Land verlassen. Da hatte er noch Glück, dass er es konnte, denn die frühere Elite Bulgariens wurde nicht nur verjagt, sondern ab Februar 1945 wurden 2700 Menschen zum Tode verurteilt. Wie viele Bulgaren in Lager verschleppt oder umgesiedelt wurden, weiß niemand.

Mit der Übernahme des Landes durch die Sowjetmacht nahm auch die Zahl der bulgarischen Kommunisten zu. Logisch – denen konnte es ja unter diesen Bedingungen nur besser gehen ... Der erste Staatschef war Georgi Dimitroff. Er hatte längst vorher internationale Bedeutung erlangt. Das hing sogar mit meiner Heimatstadt Leipzig zusammen. Im seinerzeit hier ansässigen Reichsgericht lieferte er sich im Reichstagsbrandprozess ein legendäres Wortgefecht mit Hermann Göring. Außerdem war er jahrelang Chef der Komintern gewesen.

Dimitroff soll sich auch in der Nachkriegszeit zeitweise Tito angenähert haben. Das passte natürlich Stalin gar nicht.

Der bulgarische Kommunist starb 1949 in einem sowjetischen Sanatorium. Seine Genossen bauten ihm zu Ehren ein Mausoleum. Und er wurde auch einbalsamiert.

Dann wurde die Kommunistische Partei jahrzehntelang von Todor Schiwkow angeführt.

Bulgarien war für viele DDR-Bürger wegen der Lage am Schwarzen Meer ein beliebtes Reiseziel – sozusagen die Riviera für die DDR.

Meine erste Erinnerung an Bulgarien ist mit meiner Heimatstadt Zwickau verknüpft. Unweit von unserer Wohnung gab es einen großen Platz, der in den fünfziger Jahren noch Stalinplatz hieß. Dort hatte der bulgarische Staatszirkus sein Zelt aufgeschlagen. Mit Freunden strolchte ich an der Absperrung herum, und eines Tages lernten wir einen Mitarbeiter in seiner Zirkusuniform kennen, der deutsch sprach und sich mit uns jungen Burschen unterhielt. Sehr erstaunt nahmen wir zur Kenntnis, dass er Jura studiert hatte, aber hier in diesem Zirkus mehr verdienen würde. Das fand ich doch reichlich merkwürdig, dass es in einem sozialistischen Bruderstaat solche Zustände gab.

In meinem schon erwähnten Kaffeehaus Corso hörte ich dann ein paar Jahre später von einem bulgarischen Studenten den folgenden politischen Witz:

Was ist ein Kater in Sofia?

Ein Kater ist ein kritisierter Tiger.

Und was ist ein Tiger in Sofia?

Ein Tiger in Sofia ist ein in Moskau geschulter Kater.

Ein sowjetischer Gast fragt einen bulgarischen Werkdirektor bei einem Freundschaftsbesuch: »Genosse Direktor, wie viele überzeugte Kommunisten habt ihr in eurem Großbetrieb?«

»Im Vertrauen … einen einzigen, aber …«

»Aber …?«

»Aber keiner weiß, wer von den 2 000 Arbeitern es ist!«

Bulgarien möchte auch einen Sputnik ins All schicken.

Das Land ist in großer Vorfreude. Die zentrale Parteizeitung berichtet seit Tagen über das bedeutende Ereignis. Transparente würdigen das historische Ereignis. Die Hauptstadt Sofia ist festlich beflaggt.

Kurz vor dem Start zeigt sich aber doch noch ein gravierendes Problem, und der Parteichef Schiwkow schickt ein Telegramm mit folgendem Inhalt nach Moskau: »Hund vorhanden. Benötigen nur noch Sputnik.«

Der alte Genosse Popow erhält einen Orden, der ihm vom bulgarischen Partei- und Regierungschef Todor Schiwkow persönlich in der Nationalversammlung überreicht wird.

Nach dem üblichen Händedruck steht der alte Popow unbeweglich und erwartet sichtlich, dass er noch ein Kuvert mit einer Prämie bekommt.

Schiwkow bemerkt die Erwartung des Ausgezeichneten und flüstert ihm zu: »Zu diesem Orden gehört kein Geld, Genosse!«

»Nein? ... kein Geld? ... Nur die Schande?«

In den USA wird ein bulgarischer Spion gefasst.

Sofort muss er sich einem harten Verhör unterziehen. Der CIA will von ihm unbedingt die Parole erfahren. Der Agent sagt keinen Ton. Der amerikanische Geheimdienst zieht alle Register: Schlafentzug, Beschallen der Zelle mit lauter Musik, Lügendetektor, Waterboarding, also das simulierte Ertränken. Sie fragen immer wieder nach der Parole.

Der Spion hält stand und sagt nichts!

Nach Wochen gibt der CIA auf, und der bulgarische Geheimdienst-Mitarbeiter wird zum Austausch freigegeben.

In seiner Heimat wird er festlich empfangen und erhält eine hohe Auszeichnung für seine Tapferkeit.

Als er wieder im Büro ist, wollen seine Kollegen genau wissen, was er alles erdulden musste.

Er beschreibt die Qualen, die ihm das Verhör bereitet hat, und resümiert: »Also ich kann euch nur eins raten, Leute! Merkt euch die Parole!«

Ein junger Mann kommt in ein Hotel in Sofia und verlangt ein Zimmer.

»Es tut uns leid«, sagt der Empfangschef, aber wir sind völlig ausgebucht.«

»Und was ist«, fragt der junge Mann, »wenn plötzlich überraschend für Chruschtschow ein Zimmer gebraucht würde?«

»Für solche Fälle hätten wir noch eins in Reserve.«

»Geben Sie mir das! Er kommt heute nicht.«

Was ist ein Telegrafenmast?

Ein Telegrafenmast ist ein zensierter Weihnachtsbaum.

So war das im Sozialismus. Nach der Zensur blieb mitunter von der eigentlichen Sache nicht viel übrig ...

Volksrepublik Rumänien

Rumänien ist ein Fall für sich. Das Land war ein Verbündeter Nazi-Deutschlands. Antonescu errichtete ab Januar 1941 im Land eine faschistische Militärdiktatur und schloss sich den Achsenmächten Berlin-Rom-Tokio an. Rumänische Soldaten kämpften an der Seite der Nazi-Wehrmacht gegen die Sowjetunion. Der Diktator Ion Antonescu beteiligte sich mit dem NS-Regime an der Ermordung von Juden und Roma. Man schätzt, dass etwa 350 000 rumänische Juden ermordet und 25 000 Roma deportiert wurden.

Als die Rote Armee im Sommer 1944 in Richtung Rumänien vorstieß, stürzte König Mihai I. die faschistische Regierung unter Ion Antonescu und erklärte Deutschland den Krieg. Antonescu wurde hingerichtet. Rumänien schloss sich den alliierten Mächten an.

Nach dem Zweiten Weltkrieg sorgte die Sowjetunion dafür, dass das Land schnell und sicher unter ihren Einflussbereich kam. Sie schickten den Chefankläger der berüchtigten stalinistischen Schauprozesse, Andrej Wyschinskij, nach Bukarest. Es gab Kriegsverbrecher-Prozesse, und König Mihai I. musste ins Exil gehen. Politische Gegner wurden nach altem Muster enteignet, verschleppt oder ermordet.

1947 verboten die neuen Machthaber alle bürgerlichen Parteien.

Die Sowjets fanden willfährige Kommunisten im Land, die dafür sorgten, dass im Sinne Moskaus gehandelt wurde. Allerdings war schon etwas Mühe vonnöten, die richtigen Kader zu finden, denn die Kommunistische Partei Rumäniens hatte nur 2 000 Mitglieder …

Es kam zur Zwangsvereinigung von Sozialdemokraten mit den Kommunisten. Man peppte das Ganze zur Rumänischen Arbeiterpartei auf.

Gegen die Juden ging es auch gleich wieder. Sie wurden zumeist wegen »Kosmopolitismus« oder »Zionismus« belangt und verurteilt. In dieser Phase zwischen 1948 und Ende 1951 flohen 118 000 Juden aus dem Land nach Israel.

In diesen besonders schwierigen Jahren im Ostblock gelang einer Jüdin trotzdem etwas Unglaubliches: Ana Pauker war die erste Frau der Welt, die Außenministerin eines Landes wurde.

Die erste Frau in Westeuropa in diesem Amt war die Französin Michéle Alliot-Marie. Sie hatte es nur kurz, von November 2010 bis Februar 2011, inne und trat nach massiver Kritik aus der Opposition zurück.

Ana Pauker wurde 1947 Außenministerin, also schon 63 Jahre eher. Ihr ebenfalls jüdischer Mann Marcel Pauker stammte aus Frankreich. Er fiel 1938 in der Sowjetunion dem stalinistischen Terror zum Opfer.

Da sie heute nahezu völlig unbekannt ist, hier ein paar Fakten aus ihrem bewegten Leben: Ana Pauker war eine überzeugte und diktatorisch agierende Kommunistin, die auf der einen Seite alle Kraft einsetzte, um aus Rumänien einen ergebenen Vasallenstaat im Sinne der Sowjetunion zu machen (was man nach dem Schicksal ihres Mannes schwer nachvollziehen kann …), andererseits widersetzte sie sich der Kollektivierung der Landwirtschaft. Sie wollte keine rumänischen Kolchosen.

Das konnte nicht gut gehen.

Ihr Amt als Außenministerin übte sie bis 1952 aus. Dann geriet Ana Pauker in den Strudel der Anfeindungen jüdischer Politiker im Ostblock. 1953 wurde sie verhaftet und kam ins Gefängnis. Das konnte sie zwar nach Stalins Tod wieder verlassen, jedoch schloss man Ana Pauker 1954 aus der Partei aus. Sie starb im Jahr 1960.

Damit ist aber ihre filmreife Geschichte noch nicht zu Ende. Unter Ceauçescu wurde sie rehabilitiert, und so kam 1968 ihre Asche in das Bukarester Mausoleum, das den Spitzenfunktionären der Kommunistischen Partei vorbehalten war, den »Helden des Sozialismus«. Nach dem Abbruch des Mausoleums im Jahr 1991 brachte ihre Familie die Asche nach Israel ...

Unter dem Kommunismus in Rumänien verließen insgesamt zwischen 300 bis 350 000 Juden das Land. Ana Pauker nun noch Jahre nach ihrem Tod in einer Urne ... Was für eine Biografie über das Leben hinaus!

Ceauşescu führte bekanntlich das Land mit aller Härte und litt nicht an Bescheidenheit, was seine Person anging. Waren es nun eigene Ideen oder haben sich besonders unterwürfige Vasallen die Formulierungen für ihn ausgedacht? Er fand jedenfalls die gebräuchlichen Begriffe in den Medien offenbar sehr angemessen. So waren Formulierungen wie »Genius des Balkan«, »Sonne der Karpaten« oder »Sonne des Vaterlands« durchaus üblich ...

Ceauşescu ließ sich außerdem wie Hitler mit »Führer« anreden – »Conducator«.

Wie Hitler, der ja ein Riesengebäude für 100 000 Menschen namens »Germania« geplant hatte, ließ der rumänische Conducator einen Parlamentspalast erbauen: 3 000 Räume, 350 000 Quadratmeter. Dafür wurden große Teile der historischen Altstadt von Bukarest abgerissen.

Ein kulturgeschichtlich unglaublicher Verlust!

Die Stadt verlor dabei zwölf Kirchen, drei Synagogen

und ein Stadion im Art-déco-Stil. Dazu fällt mir nur das Wort Kultur-Barbaren ein!

Diese Aktion brachte für 40 000 Menschen den Verlust der vertrauten Umgebung, weil sie umgesiedelt werden mussten.

Und das alles passierte, während im Land Lebensmittel und Strom knapp waren.

Hinzu kommt: Gegen die Villa von Ceauşescu wirken die Häuser der obersten DDR-Funktionäre in Wandlitz wie bescheidene Datschen. Er nannte einen Prunkbau mit achtzig Zimmern, Kino, Schwimmbad und Bunker sein eigen.

Der große Conducator war gelernter Schuhmacher.

Nirgends trifft das deutsche Sprichwort besser zu: Schuster bleib bei deinen Leisten!

Das hätte dem Land viel Leid und Elend erspart.

Vor allem im Zusammenhang mit der Bespitzelung durch den Geheimdienst. Die »Sonne des Vaterlands« achtete akribisch auf eine lückenlose Überwachung der Bevölkerung.

Aus gutem Grund waren alle Menschen deshalb sehr vorsichtig.

In der Straßenbahn stehen sich zwei Männer gegenüber. Mit ihren Händen machen sie unter ihren Wintermänteln seltsame Bewegungen.

Einem Fahrgast ist das aufgefallen, und er meint zu seinem Freund: »Guck mal dort die beiden ... was machen die denn da?«

»Ach, die kenne ich. Das sind zwei Taubstumme, die erzählen sich politische Witze!«

Die Arbeit der entsprechenden Organe in der Volksrepublik war absolut perfekt. In einem Filmbericht erzählt der Leipziger Reinhard Bohse, er habe während einer Reise erfahren, dass jede Schreibmaschine mit einer Schriftprobe bei der Polizei gemeldet werden musste.

Die Securitate, die Geheimpolizei im Ostblock-Staat Rumänien, galt als besonders scharf und verbreitete Angst und Schrecken im Land.

Eines Nachts klopft es bei einer alten Frau vehement an der Tür.

Sie fragt mit zitternder Stimme: »Wer ist da?«

»Der Tod.«

»Gott sei Dank, ich dachte schon, es wäre die Geheimpolizei.«

Eine überfüllte Straßenbahn in Bukarest. Plötzlich fängt ein Mann im Gedränge an zu schreien und schwenkt seine leere Einkaufstasche:

«Wegen dieser Schweine müssen wir hungern! Wegen dieser Schweine haben wir nichts anzuziehen! Wegen dieser Schweine frieren wir in unseren Wohnungen! Wegen dieser Schweine gehen wir noch alle zugrunde!«

Zwei Geheimpolizisten drängeln sich durch die Menschenmassen, packen ihn am Arm und steigen mit ihm an der nächsten Haltestelle aus.

Im Quartier der Securitate wird er verhört: »Wen haben Sie mit ›diesen Schweinen‹ gemeint?!«

»Wen? Die verdammten Amerikaner natürlich!«

Die Staatssicherheitsleute sehen einander verdattert an. Sie beraten sich kurz im Nachbarzimmer und lassen ihn schließlich laufen.

An der Tür dreht er sich noch einmal um und fragt: »An wen habt denn eigentlich ihr gedacht?«

Wegen all jener Verhältnisse macht sich in Rumänien immer mehr Bitterkeit breit:

Was ist schlimmer – die Neutronenbombe oder Ceauşescu?«

»Ceauşescu. Die Neutronenbombe tötet den Menschen, aber Ceauşescu lässt ihn nicht leben!«

»Wo liegen die Wurzeln der Genialität unseres großen Führers Nikolai Ceauşescu?«

»Er besaß schon als Kind das Wissen und den Verstand von heute.«

Vor dem genialen Führer hieß der rumänische Parteichef Gheorghiu-Dej. Im Radio hielt er wieder einmal eine Rede über die großen Errungenschaften. Am nächsten Tag besucht er einen Parteifunktionär, dessen Sohn ihm die Tür öffnet.

»Wer bist du denn?«, fragt der kleine Junge.

»Ich bin der Onkel, der gestern Abend im Rundfunk gesprochen hat.«

Da ruft der Junge in die Wohnung: »Vater! Präsident Eisenhower ist da!«

In der rumänischen Armee.

Ein Oberst trifft einen Kameraden.

»Stell dir vor, was mir gestern passiert ist! Ich komme nach Hause und treffe in meinem Wohnzimmer den sowjetischen Hauptmann Kusnetzow in einer eindeutig verfänglichen Situation mit meiner Frau an!«

»Und? Was hast du gemacht?«

»Nichts. Er hat mich zum Glück nicht gesehen.«

Es war bekannt, dass die Frau von Ceauşescu eine sehr resolute Person war. Das hat ihr Mann auch da und dort zu spüren bekommen. Es hat sich niemand gewundert, als man sich im Volk erzählte, dass sie zum Admiral ernannt wurde.

Und warum wurde sie das?

Weil sie den größten Zerstörer Rumäniens kommandierte.

Der ungarische Schriftsteller György Dalos hörte im rumänischen Cluj im Sommer 1980 den folgenden Witz: Eine zerstreute rumänische Hausfrau steht mit ihrer leeren Einkaufstasche vor der Tür ihrer Wohnung und fragt sich: »Wollte ich gerade einkaufen gehen, oder war ich schon?«

Denselben Witz erzählte mir jemand Mitte der achtziger Jahre in Leipzig. Da kann man sehen, wie die Witze im Ostblock auf Wanderschaft gingen und wie sich die Bilder glichen!

Die Versorgungslage in Rumänien war aber viel katastrophaler als in der DDR. Als ich 1989 mit der rumänischen Fluggesellschaft TAROM von Berlin nach Bukarest flog, servierte mir die nette Stewardess ein sehr merkwürdig aussehendes Hühnerbein, das ich vorsichtshalber lieber verschmähte. Auch deshalb, weil die daneben liegende Butter schon durchs Papier ranzig roch, und deshalb begnügte ich mich mit einem Stück Käse. Da ich um die Not im Land wusste, kam ich mir trotzdem etwas arrogant vor.

Die Versorgung mit Elektroenergie brach im Land immer mal wieder zusammen, und es kam zu Stromabschaltungen. Ich hatte auch gehört, dass die Winter in Rumänien für die Bevölkerung verheerend gewesen sein mussten, weil die Fernheizung viel zu schwach war. Schwärzer kann man sich, auf diese Situation bezogen, nicht wehren:

Ein Mann geht an einem bitterkalten Wintertag durch Bukarest.

Er ruft in die Wohnung im Erdgeschoss: »Würden Sie bitte das Fenster schließen? Hier draußen wird es eiskalt!«

Auch dieses Beispiel von schwarzem Humor lässt sich kaum noch steigern:

»Was ist kälter als kaltes Wasser?«

»Das warme Wasser.«

Zurück zu meiner Reise: Als wir abends Bukarest anflogen, breitete sich unter mir nur Dunkelheit aus. Ich dachte, wir landen auf einem Rübenacker. Vermutlich herrschte gerade solch eine Stromsperre.

Ich war Transitreisender. Nach einem Aufenthalt wollte ich, ebenfalls mit TAROM, nach Tel Aviv weiterfliegen. Die Volksrepublik Rumänien war das einzige Land in Osteuropa, das diplomatische Beziehungen zu Israel hatte.

Wie kam ich in den Genuss dieser Reise?

Wegen meiner Beschäftigung mit der Geschichte und dem Schicksal der Leipziger Juden hatte ich eine Einladung des »Verbandes ehemaliger Leipziger in Israel« erhalten. Ich sollte Vorträge in Tel Aviv, Haifa und Jerusalem halten. Sensationellerweise wurde die Reise genehmigt. Ich profitierte, ohne eine Ahnung davon zu haben, von dem sehnlichen Wunsch Honeckers, als DDR-Staatschef im Weißen Haus empfangen zu werden. Irgendjemand hatte ihm wohl eingeredet, die »jüdische Lobby« könnte dabei helfen. Deshalb gab es seit 1988 grünes Licht für alle Projekte, die sich mit der jüdischen Geschichte Ostdeutschlands beschäftigten.

TAROM war die einzige Fluggesellschaft, die für mich in Frage kam, weil ich das Ticket in DDR-Mark bezahlen konnte. Für Unterkunft und Verköstigung sorgten der Verband und einzelne ehemalige Leipziger in Israel, denn ich hatte natürlich keine Chance, für diese Reise Devisen zu bekommen.

Als ich in Berlin auf das Flugzeug zuging, sagte neben mir ein Mann mit Blick auf die Propellermaschine: »Ah, Museum!« Er verstärkte damit meine Bedenken, weil ich mich fragte, warum ausgerechnet rumänische Flugzeuge besser fliegen sollten, als dort die Wirtschaft funktioniert ... Der Geräuschpegel entsprach etwa einem Sitz im Triebwerk.

Neben mir saß ein nettes Westberliner Pärchen, das mit einem Billigflug über die rumänische Hauptstadt nach Griechenland reiste.

Meine Angst war vor allem, dass sich der Aufenthalt auf dem Bukarester Flughafen ungeplant verlängern könnte. Ich hatte in Leipzig von einem Reisenden gehört, der dort 24 Stunden auf dem Gelände warten musste, weil es an Flugbenzin mangelte ...

Obwohl ich von Rumänien nur die Zustände auf dem Bukarester Flughafen erlebt habe, reichte doch meine Phantasie, um mir den Zustand des Landes vorzustellen.

Der Airport einer Hauptstadt ist doch in gewisser Weise die Visitenkarte eines Landes, und dieser Eindruck fiel so aus, dass keine Lust nach einer Visite im Land aufkam.

Es gab ein Riesengedränge im zu kleinen Ankunftsraum, eine beklemmende Atmosphäre.

Die Beleuchtung war unzureichend. Überall fehlten Neonröhren, oder sie waren defekt,

Ich wollte mich über den Abflug informieren. Nirgends eine Tafel. Schließlich fand ich im ersten Stockwerk einen Fernsehapparat, der auf einem Tisch stand. Auf dem zitternden Standbild konnte ich schließlich mühsam die Angaben lesen.

Vergebens suchte ich eine Uhr, da mir nicht klar war, ob sich für uns in Bukarest die Zeit schon verschoben hatte.

In Leipzig hatte ich mir in der Staatsbank der DDR unter großen Mühen für den Aufenthalt auf dem Flughafen ein paar Lei ergattert. Aus meinem Visum ging der Transit nicht hervor, und so musste ich mit drei Angestellten das Problem erörtern und schließlich die Abteilungsleiterin verlangen und mit der Frage schachmatt setzen: »Sagen Sie mir doch einen vernünftigen Grund, warum ich ausgerechnet auf Lei scharf sein sollte, wenn ich nicht tatsächlich in Bukarest Transitreisender wäre?«

Das überzeugte sie. Sie musste lachen. Ich brauchte das rumänische Geld unbedingt, denn ich hatte mir für die Zeit auf dem Flughafen geschworen: Diesem System keinen Westgroschen!

Nun war mir zur Aufhellung meiner Stimmung in der tristen Atmosphäre nach einem Bier, und ich zückte meine in Leipzig erkämpften Lei.

Leider musste ich zur Kenntnis nehmen, dass es Bier nur gegen frei konvertierbare Währung gab, für Lei bekam man lediglich Kaffee und süßen Wein. Es stellte sich also jene Frage, die seinerzeit schon Lenin beschäftigt hatte: »Was tun?«

Einerseits hatte ich mir ja geschworen, Herrn Ceaușescu keinen Westgroschen in den Rachen zu werfen, andererseits quälte mich aber auch ein stattlicher Bierdurst.

Ich spielte mit den geschmuggelten Markstücken in meiner linken Hosentasche und wurde von Minute zu Minute wankelmütiger.

Da half mir der junge Mann aus dem Flugzeug aus der Patsche. »Stell dir vor, ich bekomme an diesem Stand für meine Freundin keinen Kaffee für D-Mark – da kann man nur in Lei bezahlen. Wir haben aber keine!«

Das war mein großer Auftritt.

Mit gönnerhafter Geste holte der chronisch devisenschwache Ost-Mensch aus Leipzig ein paar Lei aus der Hemdentasche und drückte sie dem Westbruder in die

Hand: »Da, mein Freund, hol dir den Kaffee, ich krieg dafür kurioserweise an dem anderen Stand für Lei kein Bier.«

Nun war es wiederum ihm eine Freude, mir ein paar D-Mark zu geben, damit wir auf unsere deutsch-deutsche Flugbekanntschaft anstoßen konnten.

Und auf diese Weise tauschte ich auf dem Bukarester Flughafen die ansonsten wertlose rumänische Landeswährung zu einem schwindelerregenden Kurs in harte Devisen!

Meine Westberliner Reisebekanntschaft sagte mir dann beim Bier, dass er erfahren habe, dass wir unsere Uhren eine Stunde vorstellen müssten. Mit einem Blick auf meine Armbanduhr sah ich, dass ich nur noch wenige Minuten bis zum Abflug hatte. Ich stürzte sofort los, im Erdgeschoss liefen gerade die letzten Fluggäste zu dem Bus, der uns an die entsprechende Stelle brachte. Beinahe hätte ich es selbst geschafft, mir eine 24-stündige Wartezeit zu organisieren …

Aus gutem Grund muss ich hier nun eine Episode vom Aufenthalt im Bukarester Flughafen beim Rückflug erzählen. Ich hatte mir an der Theke ein Schinkenbaguette gekauft und setzte mich in den Gastraum. Beim ersten Bissen stellte ich fest, dass der Schinken total versalzen war, für mich ungenießbar. Ich legte ihn also auf den Teller. Plötzlich, ob Sie es mir nun glauben oder nicht, flatterten zwei, drei Spatzen um mich herum und pickten die Baguettekrümel vom Boden. Nun verfütterte ich also den Schinken an die hungrigen rumänischen Spatzen, die irgendwo eine Lücke zum Anflug in die Restauration gefunden hatten.

Auf den runden Tischen waren dunkelrote, nach meiner Erinnerung samtähnliche Decken ausgebreitet. Und darauf lagen zum Schutz Glasscheiben in der entsprechenden Größe. Die Scheibe von meinem Tisch war irgendwann durch ein Malheur kaputtgegangen, und die großen spitzen Scherben lehnten nicht weit entfernt hinter meinem Stuhl an der Wand.

Und nun kommt die Pointe: Genau ein Jahr später, im März 1990 – das hätte ich im Jahr zuvor nie im Leben für möglich gehalten –, konnte ich dank der gefallenen Grenzen die gleiche Strecke mit meiner Frau fliegen, um neu gewonnene Freunde aus Leipzig in Israel zu besuchen.

Als ich mit Stefanie in jenen Gastraum kam, da standen die Reste der kaputten Glasplatte immer noch an jener Wand!

Aber das hat sich garantiert bald geändert, denn nun begann auch in diesem Land das große Aufräumen.

Volksrepublik Ungarn

Mátyás Rákosi wurde 1945 Generalsekretär der Kommunistischen Partei. Er hatte die Jahre davor im Exil in der UdSSR verbracht und bezeichnete sich tatsächlich als »Stalins besten Schüler«. Rákosi machte diesem Selbstlob auch alle »Ehre«. Tausende wurden in der jungen Volksdemokratie Ungarn verhaftet und umgebracht. Er führte das Land von 1949 bis 1956 mit stalinistischer Härte. Deshalb sah der Machthaber im Kreml augenscheinlich über seine Herkunft hinweg. Rákosi hieß eigentlich Rosenfeld und hatte jüdische Eltern. Während in jenen Jahren in den anderen Ostblockstaaten vielfach Juden in den Kommunistischen Parteien diffamiert und eingesperrt wurden, hielt sich der führende Funktionär der Komintern, der mit der Roten Armee am Ende des Zweiten Weltkriegs nach Ungarn gekommen war.

In Zusammenarbeit mit Berija inszenierte er einen stalinistischen Schauprozess gegen den beliebten kommunistischen Politiker und Außenminister László Rajk, der 1949 als »imperialistischer Agent« und angeblicher »Knecht Titos« hingerichtet wurde.

Unter der Führung von Rákosi wurde auch beschlossen, dass alle Budapester, die keiner lebenswichtigen Arbeit nachgehen, aus der Hauptstadt ausgewiesen werden. Diese Maßnahme betraf logischerweise vor allem die alten Einwohner.

Eines Tages meldet sich bei ihm sein greiser ehemaliger Lehrer.

»Wenn Sie wegen der Ausweisung kommen – da lässt sich in Ihrem Fall schon etwas machen.«

»Nein, darum geht es nicht. Ich bin schon alt und habe nicht mehr lange zu leben. Ich habe ein anderes Anliegen ...«

»Was wünschen Sie?«

»Sagen Sie bitte niemandem, dass ich Ihr Lehrer war!«

Rákosi möchte sich davon überzeugen, wie sehr ihn das Volk liebt. Er geht deshalb inkognito in ein Kino. Als er in der Wochenschau zu sehen ist, erhebt sich sofort das gesamte Publikum und applaudiert stürmisch.

Rákosi bleibt natürlich sitzen und ist sehr beeindruckt von der Begeisterung des Volkes für seine Person. Da beugt sich der neben ihm stehende Zuschauer plötzlich zu ihm herunter und sagt: »Stehen Sie lieber schnell auf, mein Herr, oder wollen Sie wegen dieses Schurken noch in den Knast kommen?«

Die Kritiker von Rákosi sprachen von seiner legendären »Salamitaktik« – er schnitt von der Opposition in Ungarn permanent Stück für Stück ab. Als er im Jahr 1956 spürte, dass es für ihn gefährlich werden könnte, floh er vor dem Volksaufstand im Herbst in die Sowjetunion.

Erich Loest und Erwin Strittmatter fuhren 1953 als Delegierte des DDR-Schriftstellerverbandes nach Budapest. Bei einem Empfang mit ungarischen Schriftstellern fasste der ins politische Kreuzfeuer geratene Tibor Dery die Situation der Autoren im Land so zusammen: »Wer seit 1945 bei uns geschrieben hat, hat gelogen, und wer nicht gelogen hat, hat nicht geschrieben.«

So erinnert sich Loest in seiner Biografie »Durch die Erde ein Riss«:

Ungarn in den fünfziger Jahren. Eine Parteiversammlung.

Kohn meldet sich zu Wort: »Genossen! Ich frage nicht, wo ist die Gänseleber oder die Salami geblieben, nein, ich frage nur: Wo ist das Brot, wo ist die Milch?«

Ein paar Wochen später wieder eine Parteiversammlung.

Grün meldet sich zu Wort: »Genossen! Ich frage nicht, wo ist das Brot, wo ist die Milch? Ich frage nur: Wo ist der Genosse Kohn?«

In der Volksrepublik Ungarn lebten, neben der Sowjetunion, im Ostblock noch die meisten Juden, obwohl 565 000 Opfer durch die Shoah zu beklagen sind.

260 000 überlebten vor allem auch dank engagierter ausländischer Institutionen und einzelner Persönlichkeiten (wie zum Beispiel den schwedischen Konsul Raoul Wallenberg, der Juden sogenannte Schutzpässe ausstellte), nachdem 1944 Ungarn von den Deutschen besetzt wurde. Im März kam auch sofort der »Buchhalter des Todes«, Adolf Eichmann, nach Ungarn, um die Deportationen zu organisieren.

Im Jahr 1944 rollten unentwegt die Züge mit ungarischen Juden nach Auschwitz. Später wurde immer wieder darauf hingewiesen, dass schon durch ein Bombardement dieser Strecke die Vernichtung hätte aufgehalten werden können. Leider haben sich die Alliierten nicht dazu entschlossen.

Kurze Zeit nach dem Kriegsende trifft der zerlumpte, abgemagerte Kohn, der das Nazi-KZ überlebt hat, den wohlgenährten, gut gekleideten Kovács, der ihn verlegen begrüßt: «Ah, du bist zurückgekommen?!«

»Ja.«

»Und wie geht es dir?«

14 Aufständische mit einem Panzer im Oktober 1956 im Zentrum von Budapest

»Frag nicht. Außer dem, was du anhast, ist mir nichts geblieben.«

Eine besonders bittere Pointe. Leider zählte es zu den traurigen Selbstverständlichkeiten, dass in den osteuropäischen Ländern nach dem Abtransport oft die Wohnungen der Deportierten geplündert wurden.

Hinzu kommt: Wer glaubte, dass nach den schrecklichen Verbrechen der Nazis der Antisemitismus der Vergangenheit angehört, sah sich schon bald getäuscht. Er hielt sich leider auch unter den sogenannten sozialistischen Bedingungen. Aber zum Glück hielt sich auch, wie Sie in diesem Kapitel noch sehen werden, der jüdische Witz.

Aber zunächst wollen wir einen Blick in das Jahr 1956 werfen.

Alle Menschen im Ostblock beschäftigte der ungarische Volksaufstand.

Mit meinem Vater und meinem Cousin Siegfried hörten wir im Radio die Berichte von den Erfolgen und dann den Niederlagen der Aufständischen. War ich in den ersten Schuljahren noch von den Jungen Pionieren, von den Fahnen und Liedern bei Umzügen angetan, hatte ich nun längst die Seiten gewechselt. Das lag auch an der Kirchenfeindlichkeit des Systems. Unweit unserer Wohnung hatte ich in der Zwickauer Friedenskirche nur schöne Erfahrungen gemacht. Die Gemeinschaft, die Geschichten, Lieder und Spiele begeisterten mich.

Als 11-jähriger Bub lagen meine Sympathien nun schon eindeutig bei den mutigen Frauen und Männern in Budapest. Mir war aber klar, dass ich im Schulunterricht darüber kein Wort verlieren durfte.

Nach der brutalen Niederschlagung des Aufstands durch die sowjetischen Truppen flohen etwa 200 000 Menschen aus Ungarn in den Westen, davon 150 000 ins benachbarte Österreich. Das war sozusagen auch aus der geschichtlichen Verbundenheit heraus eine österreichisch-ungarische Solidarität der besonderen Art.

Für ein kleines Land wie Ungarn waren die 200 000 Menschen schon ein spürbarer Verlust.

Und dann vor allem die Opfer: Etwa 2 500 Menschen büßten in jenen revolutionären Tagen ihr Leben ein. Die Sowjetunion bezifferte ihre Verluste auf 720.

Nach dem ungarischen Volksaufstand wurde der Philosoph und Literaturwissenschaftler Georg Lukács in der DDR verfemt. Er war der intellektuelle Kopf im Budapester Petöfi-Klub und galt als einer der wichtigsten geistigen Vorbereiter des Aufstandes. Seine Bücher wurden aus den Buchhandlungen abgeholt und auf Weisung des Kulturministeriums eingestampft.

Ich habe in der zweiten Hälfte der sechziger Jahre in der Fachschule für Buchhändler als Student an einer Aktion in der Bibliothek teilnehmen müssen, bei der aussortierte Literatur im Container landete. Dort hatten sich bis dahin zwei Lukács-Bände erhalten, die nun auch ins Altpapier entsorgt werden sollten. Ich habe die beiden Bücher schnell in einem Gebüsch zwischengelagert, um sie dann mit nach Hause zu nehmen.

Die folgende Sentenz fand ich in den Erinnerungen (»Der Affe auf dem Fahrrad«) der marxistischen Philosophin Agnes Heller. Georg Lukács sagte einmal zu ihr: »Wissen Sie, der einzige Klassenkampf, der sich in der Welt abspielt, ist der zwischen den Dummen und den Gescheiten.«

Der hört nimmermehr auf. Ab und an gewinnen sogar mal die Gescheiten.

Vor der Volkserhebung stand in Budapest auf einem über neun Meter hohen Sockel im Zentrum der Stadt eine acht Meter hohe Bronzestatue von Stalin.

Während des Aufstandes wurde sie von den Demonstranten gestürzt. Nach meiner Kenntnis ist das der erste Fall eines Stalin-Denkmals im Ostblock. Von dem Titan des Kommunismus blieben auf dem Sockel nur seine Stiefel übrig. Er wirkte damit zwar entthront, aber es blieb ein Symbol, denn die sowjetischen Soldatenstiefel beherrschten noch ein paar Jahrzehnte den Ostblock.

Ehe ich an jene Tage von 1956 in Ungarn mit einer kleinen Geschichte anknüpfe, muss ich etwas ausholen …

Der jüdisch-österreichische Kabarettist und Autor Gerhard Bronner war einer der letzten Großen seiner Zunft. Er wusste, was Flucht bedeutet, denn schließlich musste er vor den Nazis aus Wien fliehen. Dorthin war er nach dem Krieg wieder zurückgekehrt, eher hängen geblieben, denn er wollte eigentlich gar nicht in Österreich bleiben, sondern nach England gehen.

Das alles erzählte er mir und meiner Frau Stefanie im Jahr 2004 vor der American-Bar in Wien, als ich ihn für ein Gastspiel im Leipziger academixer-Keller gewinnen wollte (was mir auch gelang). Die Innenarchitektur der American-Bar stammt von Adolf Loos und wird dem Art déco-Stil zugerechnet, obwohl es 1908 diesen Stil noch gar nicht gab. Aber der Architekt Loos war immer schon seiner Zeit voraus. Die Bar befindet sich in einer Seitengasse der Kärntner Straße.

Ich hatte dann die Freude und Ehre, Gerhard Bronner den Leipzigern vorzustellen. Am 16. Oktober 2005 trat der 83-jährige, aber jünger wirkende Wiener bei uns mit seinem Programm »Spiegel vorm Gesicht« auf. Das Publikum feierte ihn. Sie merkten, dass eine Legende im – übrigens ebenfalls – Art déco-Saal der academixer auf der Brettlbühne stand.

Aber zurück zu unserem Treffen in Wien.

Wir unterhielten uns an diesem lauen Sommerabend auch über seine legendäre Marietta-Bar, über seine Freunde und Kollegen wie Helmut Qualtinger, Georg Kreisler (der allerdings lediglich Kollege und kein Freund war ...), Conrad Merz, Hans Weigel und den großen Schriftsteller und Anekdotensammler Friedrich Torberg. Alles Legenden, deren Namen jungen Menschen heute kaum noch etwas sagen ...

Wir sprachen natürlich auch über die großen Veränderungen in Deutschland und im Ostblock nach 1989/90, an der Leipzig eine besonders große Aktie hat.

Gerhard Bronner erzählte mir in diesem Zusammenhang von einer Begegnung, die mit Ungarn im Jahre 1956 zusammenhängt. Es ist eine Geschichte, die, wie er mir sagte, eine »traurige Pointe« hat. Auch das gibt es.

Solche Geschichten, meinte er, kann man kaum erfinden. »Die muß man erleben, und – als solche erkennen.«

In seinem Buch »Tränen gelacht« habe ich sie noch einmal nachgelesen.

Bronner hat sie im Oktober 1956 erlebt, als der ungarische Aufstand gerade von den sowjetischen Truppen mit Panzern niedergeschlagen worden war.

In seine Marietta-Bar kommt eines Abends »ein kleiner, unscheinbarer Mann«. Es stellt sich heraus, dass er Geiger in der Budapester Philharmonie war und nach Wien geflohen ist. Ein Herr Rakos. Er überbringt ihm Grüße von seiner Cousine Marta Fenyves. Sie hatte dem ungarischen Musiker geraten, sich an ihren Cousin Gerhard zu wenden. Herr Rakos erzählt nun Bronner von seinen Erlebnissen und dem tragischen Ausgang des ungarischen Aufstands.

Bronner ist erschüttert und vergaß dabei, dem Mann etwas zu essen oder trinken anzubieten. Auf sein verspätetes Angebot hin bittet Herr Rakos nach einigem Zögern um eine Coca Cola.

»Wollen Sie nicht lieber einen wirklichen Drink? Einen guten Cognac oder einen Whisky?«

»Nein, bitte schön«, Herr Rakos lächelte verlegen. »Ich möchte – wenn ich darf – eine Coca Cola.«

Bronner interessiert, warum es ausgerechnet dieses Getränk sein muß.

»Weil ... für uns hinter dem Eisernen Vorhang war Coca Cola immer irgendwie ein Symbol der Freiheit.«

Als dann das »bräunliche Zuckerwasser« vor ihm steht, nimmt er das Glas in die Hand und trinkt nicht.

»Warum trinken Sie nicht, Herr Rakos?«

»Ich hab Angst ... vielleicht schmeckt es mir gar nicht.«

Diese Jahrzehnte lang andauernde ungestillte Sehnsucht ... Vielleicht löste sich tatsächlich der Traum – wie die Bläschen im Glas – in Luft auf ... Die Erfahrung hat wohl mancher nach dem legendären Jahr 1989 auf seine Weise gemacht.

Aber wir wollen ja noch etwas die Situation im sozialistischen Ungarn betrachten.

Im Jahr 1962 wurde endlich der ehemalige Parteichef Rákosi wegen seiner stalinistischen Verbrechen aus der Kommunistischen Partei ausgeschlossen.

Sofort tritt Kohn in die Partei ein.

Seine Freunde wundern sich und fragen nach dem Grund.

»Ich möchte nicht mit Rákosi im Lager der Parteilosen sein.«

Ein weiser Rabbiner wird gefragt, woran die ungarische Wirtschaftsreform des Jahres 1968 gescheitert ist.

»Nun, ich bin zwar kein Fachmann für Ökonomie, aber mir fällt dazu eine symbolische Geschichte ein, ein kleines Märchen. Die hässliche alte und arme Riffke sitzt mit ihrem räudigen Köter an einem See und angelt einen kleinen goldenen Fisch.

›Wenn du mich leben lässt‹, sagt der Fisch, ›will ich dir drei Wünsche erfüllen.‹

Riffke wirft den Fisch sofort wieder ins Wasser zurück und sagt: ›Gut, als Erstes möchte ich wieder jung sein!‹

Mit einem Schlag verwandelt sie sich in ein bildhübsches junges Mädchen.

›Nun möchte ich reich sein‹, lautet ihr zweiter Wunsch.

Und schon sitzt sie in einem reich ausgestatteten Palast.

›Und drittens soll sich mein alter räudiger Hund in einen schönen jungen Mann verwandeln!‹

Auch das geschieht, und sofort zieht sie sich mit ihm in ihr Schlafgemach zurück.

Als der junge Mann schließlich nackt vor ihr steht, meint er mit einem Stoßseufzer: ›Ach, hättest du mich doch bloß nicht vor zehn Jahren kastrieren lassen!‹«

János soll auf einer Parteiversammlung zum Thema »Kritik und Selbstkritik« sprechen.

»Vor fünf Jahren ist mein Bruder Moische zu Besuch nach Israel gefahren und nicht zurückgekommen. Er hat sein ungarisches Vaterland verraten und den sozialistischen Aufbau sabotiert. Er ist also, Genossen, nicht mehr einer der Unsrigen, Schande über ihn!

Dies zum Thema Kritik. Und nun zur Selbstkritik: Ich Idiot, warum bin ich nicht mitgefahren?!«

Nahostkrieg 1967.

Die Staaten des Warschauer Paktes verurteilen Israel als Aggressor.

In einer Parteiversammlung protestiert Kohn gegen diese Einschätzung. Der Parteisekretär kritisiert ihn deshalb: »Wieso schließen Sie sich nicht unserer Meinung an? Sie sind doch seit dreißig Jahren Kommunist, Genosse Kohn!«

»Ja, aber ich bin schon seit sechzig Jahren Jude!«

Ein Zigeuner sitzt vor seinem Haus. Das Fenster steht offen, und aus dem Zimmer tönt laut der Sender Freies Europa. Plötzlich nähert sich ein Geheimdienstoffizier in Uniform dem Haus. Der Zigeuner kann das Radio nicht mehr ausschalten, schnappt sich seine neben ihm liegende Geige und beginnt wild zu spielen. Der Offizier sagt: »Du hörst doch gerade den Feindsender!«

»Im Gegenteil! Ich störe ihn!«

Immer wieder stellte sich die Frage, wer die Witze jeweils erfunden hat. Das war in Ungarn nicht anders. János Kádár, der Chef der Kommunistischen Partei des Landes, möchte das gern wissen. Ein Kenner der Szene sagt ihm, dass ein ungarischer Jude namens Kohn die meisten erfinden würde. Er lässt ihn zu sich bringen, damit er ihm aus seinem Repertoire einige erzählt, und lädt ihn vorher zu einem opulenten Abendessen ein.

Es gibt Sachen, die Kohn in seinem ganzen Leben noch nie gesehen hat. Er kann sich vor Staunen kaum fassen. Kádár bemerkt natürlich, wie fasziniert Kohn von den aufgefahrenen Speisen ist, und meint gönnerhaft: »Sehen Sie, und so werden bald alle Werktätigen in unserem Land leben.«

»Genosse Kádár, wenn ich richtig informiert wurde, dann bin ich derjenige, der hier heute die Witze erzählen soll.«

Der Ungar György Dalos, der in jungen Jahren überzeugter Kommunist war und schließlich konsequenter Dissident und Gegner dieses System wurde, kommentiert diese Geschichte so:

»Einerseits zollt sie der modernen Version des guten Königs Gebühr. Von dem liberalen Kommunisten Kádár ging seinerzeit die Legende, er schätze es, Witze über sich selbst zu hören. Andererseits wirft Kohn dem aufgeklärten Monarchen, der nach einem ehrlichen Hofnarren giert, die Wahrheit vor die Füße.«

Um noch einmal darauf zurückzukommen, wie die Witze entstehen oder wer sie erfindet. Dalos veröffentlichte in seinem Buch »Proletarier aller Länder, entschuldigt mich« eine authentische Geschichte, die ein Beleg dafür ist, wie ein entsprechendes Ereignis anschließend als politischer Witz die Runde machen kann.

»Nach Stalins Tod verbesserten sich die Verhältnisse in den ungarischen Vollzugsanstalten ein wenig, und der Umgang mit den Insassen wurde menschlicher. So versammelte ein Gefängnisdirektor alle Gefangenen auf dem Hof und erklärte, die Ursache für die Knappheit der

Verpflegung liege ausschließlich in der schwierigen ökonomischen Situation des Landes. Daraufhin sagte der Sozialdemokrat S. laut: »Wer sich keine Gefangenen leisten kann, soll sich auch keine halten.«

Über die Unterschiede zwischen dem Volk und denen »da oben« gibt auch das folgende knappe Beispiel Kunde:

»Was ist Cognac?«

»Cognac ist ein Getränk, das die Arbeiterklasse stellvertretend durch ihre gewählten Repräsentanten konsumiert.«

In der Klasse einer Budapester Schule werden die Kinder nach den Berufen ihrer Eltern gefragt. Als der kleine Ferenc sagen soll, wo sein Vater arbeitet, meint er zum Erstaunen aller: »Mein Vater ist Portier in einem Bordell.«

Der Lehrer ist entsetzt und schickt dem Vater eine Vorladung. Am nächsten Tag erscheint er, und es stellt sich heraus, dass der Mann Major beim Staatsschutz des Innenministeriums ist.

Der Lehrer ist schockiert und stammelt: »Genosse Major, Ihr Sohn hat in der Klasse gesagt, sein Vater wäre Portier in einem Bordell!«

»Ach, das sagt er immer, weil er sich schämt.«

Im Geschichtsunterricht.

Der Lehrer fragt: »Warum lieben wir die Russen?«

»Weil sie uns befreit haben.«

»Und warum hassen wir die Amerikaner?«

»Weil sie uns nicht befreit haben.«

Nach vielen Jahren kommt ein ungarischer Emigrant zurück nach Budapest.

Da er als junger Mensch die Stadt verlassen hat und

sich nicht mehr gut auskennt, fragt er einen Polizisten, wie er am besten zur Franz-Joseph-Straße kommt.

»Das ist jetzt die Josef-Wissarionowitsch-Stalin-Straße. Wo wollen Sie denn dort hin?«

»Von dort muss ich zur Erzherzogin-Sophie-Straße.«

»Die gibt es nicht mehr. Das ist jetzt die Marschall-Schukow-Straße, die in die Allee der Roten Armee mündet.«

Der Besucher ist völlig verdattert, geht ein paar Schritte ans Brückengeländer und beugt sich darüber. Der Polizist geht ihm nach und fragt: »He, Bürger, Sie wollen doch nicht etwa in den Fluss springen?«

»Nein, nein, ich sehe mir nur unsere schöne blaue Wolga an.«

Eine Konferenz über die Nutzung der Donau.

Es wird ein Abkommen zwischen der Sowjetunion und Ungarn geschlossen.

Die Russen dürfen die Donau der Länge nach befahren, die Ungarn der Breite nach.

Ein Arbeiter steht im Betrieb faul in der Gegend herum.

Der Werkleiter spricht ihn an: »Warum arbeitest du nicht?!«

»Weil die herrschende Klasse in Ungarn noch nie gearbeitet hat!«

Karoly stellt bei der Polizei einen Antrag auf Auswanderung.

»Wohin wollen Sie denn?«

»Nach Österreich.«

»Sind Sie denn nicht zufrieden hier in Budapest?«

«Ich kann nicht klagen.«

»Gefällt Ihnen Ihre Arbeit nicht?«

»Ich kann nicht klagen.«

»Sind Sie mit der Politik nicht einverstanden?«

»Ich kann nicht klagen.«
»Ja, warum wollen Sie denn dann nach Österreich?«
»Dort kann ich klagen.«

Ein ausländischer Journalist fragt einen Wirtschaftsfachmann: »Ungarn soll sich zur Zeit in einer Krise befinden. Was wäre denn der kürzeste Weg, der aus diesen Schwierigkeiten herausführt?«
»Die Autobahn nach Wien.«

Von Wien wiederum kamen mit den Jahren immer mehr Touristen in die ungarische Hauptstadt. Die Verbundenheit zwischen den beiden Ländern hörte ja nie auf, auch wenn die Menschen nun in total unterschiedlichen Systemen lebten. Etwas österreichisch-ungarische K. u. k.-Atmosphäre war da und dort schon noch zu spüren. Zum Beispiel bei einem Besuch des Gellert-Bades, in der legendären Párisi Passage oder beim Bummel durch die Flaniermeile Váci utca, des Kaffeehauses Hungaria (heißt längst wieder wie vor dem Krieg Café New York) oder Vörösmarty (heißt längst wieder Gerbeaud).

In den sechziger Jahren habe ich im letztgenannten Café noch feine Damen mit Hüten vor Augen, die mit durchbrochenen weißen Handschuhen den Henkel fassten ... und die Tassen hatten kleine Porzellandeckel, die ich noch nie sonst irgendwo gesehen hatte. Diese Bürgerlichkeit wirkte in Anbetracht von kommunistischen Transparenten, die es natürlich in der ungarischen Hauptstadt auch gab, wie aus der Zeit gefallen.

Ein Erlebnis vor einem Lokal auf der Margaretheninsel zeigte mir allerdings im Jahre 1968 sehr drastisch den Zeitgeist. Ich wurde mit meinem Freund nicht in ein Tanzlokal hineingelassen, weil ich Jeans anhatte. Die imaginäre Schranke vor der Tür ging mit dem Satz des Einlassdienstes runter: »Hosse nix gut!«

In den achtziger Jahren war ich einmal mit meiner Frau und einmal auch gemeinsam mit unserem Sohn in Budapest. Ungarn war für die DDR-Bürger ein äußerst beliebtes Reiseland. Der Parteichef Kádár hatte auf manchen Gebieten die Zügel gelockert. Nicht umsonst sagte man, dass Ungarn im sozialistischen Lager die fröhlichste Baracke sei!

Das Leben im Land war einfach viel lockerer geworden.

Erstaunt nahmen wir zur Kenntnis, dass von der Partei kleine private Unternehmen erlaubt wurden. Zwar sahen die desolaten Gründerzeit-Fassaden der Häuser oft grau bis schwarz aus und wurden die Fußgänger durch Schutzgerüste vor Unbill bewahrt, aber ging man den Schildern an den Hauseingängen nach, so landete man im Hof in einer bunten Boutique, in der es schicke Hemden, Hosen, Blusen und Kleider gab. Davon träumten wir zu Hause – dass man einfach etwas Privatinitiative gestattete.

Zu Hause traf man dann auf der Straße Bekannte und konnte konstatieren: »Ihr wart wohl auch in Ungarn?« Auf den ersten Blick erkannte man Produkte der ungarischen Privatwirtschaft aus einer Hofboutique.

Mit meiner Frau fuhr ich in Budapest auf einen stationären Flohmarkt etwas außerhalb der Stadt. Solch eine Handelsstätte wäre in Leipzig und der gesamten DDR undenkbar gewesen. Da wir ja pro Tag nur wenige Forint eintauschen durften und als DDR-Touristen immer finanziell klamm waren, hatten wir vorsichtshalber etwas Trödel von zu Hause mitgenommen, um unser Budget aufzustocken ... ein Zigarettenetui, alten Modeschmuck etc. Wir bekamen alles los, und Stefanie konnte sich einen Wunsch erfüllen – eine schicke lange schwarze Lederhose. Und wir hatten immer noch etwas Geld für einen Kaffeehausbesuch übrig.

Budapest war – wie Prag – beliebter Ort für deutsch-

deutsche Treffen. Sabine, die beste Freundin meiner Frau, traf sich dort mit ihrem Freund aus der Bundesrepublik, der in Wien lebte, und war dadurch mit ihm im Hilton-Hotel abgestiegen. Für uns DDR-Bürger war das unvorstellbar – im Hilton zu wohnen!

Meine Frau, unser Sohn Sascha und ich waren schon froh, durch eine mir bekannte Pfarrfamilie kostenlos auf Russenliegen im Bibelstundensaal Quartier zu beziehen.

Wir freuten uns sehr über diese tätige christliche Nächstenliebe.

Ich weiß noch, dass die Frau des Pfarrers, die aus meiner Heimatstadt Zwickau stammte, als Gegenleistung einen total bescheidenen Wunsch an uns hatte: Luvos Heilerde. Der Wunsch ließ sich leicht erfüllen.

Bei unserem Stadtbummel stieß ich mit Stefanie auf das Hotel Atrium/Hyatt.

Wir verunsicherten Menschen aus der DDR überlegten kurz ... dürfen wir denn da einfach mal rein? Zum Gucken? Wir trauten uns.

Die Halle: umwerfend groß, grün und schön. So etwas kannten wir nur aus amerikanischen Filmen. Von allen Etagen rankten Blattpflanzen nach unten. Ein Brunnen und ein Klavier verplätscherten liebliche Geräusche.

Knallrote Fahrstühle schwebten lautlos nach oben. Ob man als Leipziger auch mal ... Mutig betraten wir eine Glaskanzel und flogen musikbeträufelt in die Höhe. Oben wanderten wir als Menschen von Welt einmal um die Galerie, sahen den Pianospieler ganz klein und hörten sein Spiel als ferne Musik. Aug in Aug betrachteten wir ein Flugzeug, das dort als Dekoration von der Decke hing.

Mir ging durch den Kopf, dass die Amerikaner, die die Hyatt-Hotels kannten, sich mitten in Ungarn wie in den USA fühlten. Als wir durch die Halle gingen, wartete eine Gruppe älterer Touristen etwas gelangweilt in den schweren Sesseln darauf, so mein Eindruck, dass die Kellner endlich die historischen Gebäude vorbeitrugen.

Aber Kellner lassen eben überall auf sich warten.

Was mir und garantiert auch vielen ehemaligen DDR-Bürgern nicht bekannt war: Ab dem 1. Januar 1988 gab es für ungarische Bürger schon einen sogenannten Weltpass. In unseren Medien lasen oder hörten wir darüber natürlich nichts. Von so einer Möglichkeit haben wir in der DDR damals nur geträumt!

Die Ungarn konnten damit jederzeit ihr Land verlassen und in ihre Heimat wieder zurückkommen. György Dalos schreibt in seinem Buch »Der Vorhang geht auf« in Bezug auf das Jahr 1988: »… überschritten in diesem Jahr Millionen von Ungarn die Grenze zu Österreich und lösten einen Boom des Einkaufstourismus in Wien aus. Auf der legendären Mariahilfer Straße (von den spöttelnden Wienern Magyarenhilfer Straße genannt) kauften sie von ihrem ersparten Geld, mit häufig jahrzehntelang gehüteten Devisenvorräten, Computer, Kleidung und Parfüm, um diese zu Hause weiterzuverkaufen.«

Die Ungarn waren uns schon ein Jahr voraus. Kádár trat in jenem Jahr 1988 zurück, und die Demokratisierung des Landes nahm ungeahnte Ausmaße an. Es kam zur Gründung von Parteien und anderen Organisationen. Es gab wieder eine Sozialdemokratische Partei, also eine Partei, die es das letzte Mal 1948 gegeben hatte.

Neue Zeitungen erschienen – es existierte schon 1988 eine freie Presse. Da lasen wir noch in unseren Blättern die alten Phrasen. Bücher von Autoren, die in die DDR geschmuggelt werden mussten, weil ihre Autoren »zu kritisch« waren, erschienen in Ungarn ganz offiziell.

Und dann schließlich der Höhepunkt: die Öffnung der Grenze.

15 *Der Anfang vom Ende des Kalten Krieges: Im Juni 1989 durchtrennten der Außenminister von Österreich, Alois Mock (links), und sein ungarischer Amtskollege Gyula Horn bei Sopron den verhassten Stacheldraht*

Aus gutem Grund gab es in der DDR im Jahr 1989 zwei kurze Dialoge:

»Wie geht's?«
»Nur über Ungarn.«

»Kennen Sie Ungarn?«
»Ja, flüchtig.«

Ungarn, das Land, das sich mit den Jahren einen gewissen Freiraum erobert hatte, wurde im Jahr 1989 im wahrsten Sinn ein freier Raum und schnitt den verhassten Stacheldraht durch, öffnete damit für DDR-Bürger die Grenze nach Österreich.

Ein neues Zeitalter begann.

1996 erhielt ich von der Sparkasse Leipzig eine Einladung für einen besonderen Vortrag. Im Ballsaal des Hotels Westin hielt der Börsen- und Finanzexperte, Schriftsteller und Entertainer André Kostolany einen Vortrag. Das Wort Vortrag muss ich gleich wieder kassieren, denn der Börsenguru garnierte seine Informationen über die Funktion der Börse mit vielen humoristisch-satirischen Einlagen.

Und der Mann, der dort oben stand und ohne papiernes Konzept die begeisterten Menschen unterhielt, war tatsächlich neunzig Jahre alt!!!

Warum Kostolany im Kapitel Ungarn auftaucht, hat mehrere Gründe. Er ist 1906 in Budapest geboren und konnte zum Glück als Jude noch fliehen, ehe die Nazis Budapest besetzten. Er wurde US-Bürger, blieb aber in besonderer Weise mit Europa verbunden. Hätte Kostolany die Nazi-Zeit in Ungarn überlebt, dann wäre er garantiert spätestens 1956 aus seiner Heimat emigriert.

In seiner Publikation »Kostolanys Notizbuch« schreibt er: »Vergleicht man die Situation des Westens mit der des Ostblocks und nimmt an, dass nicht nur der Osten, sondern auch der Westen sozusagen pleite ist (nach der Meinung der Betriebswirte und ähnlichen Fachleuten), muss ich unwillkürlich an die Geschichte von zwei Schulkollegen denken ...«

Dann erzählt er von Kováčs und Szabo.

Kovacs war der Sohn eines reichen Unternehmers, bekam die beste Schulbildung und führte die Firma des Vaters weiter, investierte und erweiterte. Trotzdem ging er irgendwann in Konkurs. Kostolany bedauerte ihn. Bald erfuhr er jedoch, dass es Kovacs (vielleicht gerade wegen seiner Pleite) sehr gut ging, dass er weiter in seiner Villa in Cannes lebte und im Rolls Royce herumfuhr.

Szabo war der Sohn eines Lehrers, der ihm eine strenge Erziehung angedeihen ließ, und wurde ein tüchtiger Kaufmann. Er gründete mit dem hart Ersparten seines Vaters eine Firma. Arbeitete Tag und Nacht. Aber auch ihm blieb ein Konkurs nicht erspart, und er erholte sich davon nie mehr.

Und Kostolany zieht das Fazit: »... der Westen ist pleite à la Kovacs, der Osten ist pleite à la Szabo.«

Und heutzutage kurven überall noch reichlich solche Kovacs mit ihren Luxusschlitten durch die Gegend ...

Aus seinem Vortrag im Hotel Westin in Leipzig habe ich noch einen seiner legendären Bonmots in Erinnerung: »Ich kann Ihnen nicht sagen, wie man schnell reich wird, ich kann Ihnen aber sagen, wie man schnell arm wird: indem man versucht, schnell reich zu werden.«

Im Klappentext seines Buches wird er unter anderem als »Partisan des Kapitalismus und zugleich Kritiker seiner Auswüchse« beschrieben. Er warnte schon beizeiten vor den Hedgefondbetrügern.

Ich hatte mit Kostolany, wie ich merkte, ein paar Gemeinsamkeiten.

Da wäre zum Beispiel, dass er – wie ich – alte Kaffeehäuser liebte (vom Florian in Venedig bis zum »Hawelka« in Wien), alte Bücher sammelte (seine spielten allerdings vom Wert her in einer anderen Liga) und dass wir uns beide in Wien über die englische Übersetzung von »Kaiserschmarren« amüsiert haben: »Imperial Nonsens«.

Und noch eins: Als ich ihm nach seinem Vortrag in der Sparkasse von Ute Endesfelder vorgestellt wurde, informierte sie ihn, dass ich Kabarettist sei. Da strahlte er mich an und meinte: »Ich habe Börsenkabarett gemacht!« Und zu meiner Überraschung schrieb er mir als Widmung in sein Buch »Für den lieben Kollegen Bernd-Lutz Lange«.

Ich hätte doch nicht im Traum daran gedacht, dass ich mal einen weltbekannten Börsenguru als Kollegen habe ... Ein paar Jahre früher – und wir hätten gemeinsam die Börse zum Wackeln gebracht!

Kostolany war ein echter Mann von Welt, der, wie er

schrieb, »in mindestens zehn Städten der Welt« zu Hause war.

Von New York bis London, Paris bis Rom ... und »besonders zu Hause in Budapest: die Sprache, die Musik und die Küche! Alte Ecken, Spielplätze, Häuser aufsuchen und Geister beschwören.«

Weltgewandtheit, aber immer ein Stück der Heimat in der Tasche. Nur: Keine Chance für ihn, ein Leben in der Volksdemokratie zu führen.

Kostolany hat sich auch einen Namen als Spekulant gemacht. Und was wäre für ihn die absolute Spekulation?

»Die größte Spekulation der Welt wäre, einen Politiker zu dem Wert einzukaufen, den er hat, und ihn zu dem Wert zu verkaufen, den er sich selbst einräumt.«

Da hätte man wohl in Ost oder West gleichermaßen einen sagenhaften Gewinn erzielen können. Und das gilt erst recht bis in unsere Tage ...

Deutsche Demokratische Republik

Der Grundstein für die Jahre des Ostblock-Witzes in Ostdeutschland, der späteren DDR, wurde am 2. Mai 1945 gelegt.

An diesem Tag kapitulierte in Berlin die Deutsche Wehrmacht.

Und an diesem Tag landete ein Flugzeug mit einer Gruppe von zehn kommunistischen deutschen Funktionären aus Moskau »auf einem kleinen Platz, der offensichtlich für Notlandungen von Militärflugzeugen bestimmt war«.

So beschreibt es Wolfgang Leonhard in seinem Buch »Die Revolution entlässt ihre Kinder«. Der Chef der Gruppe erläuterte den Genossen, wo sie waren: »Wir sind in der Nähe der neuen deutsch-polnischen Grenze, zwischen Frankfurt an der Oder und Küstrin«, erklärte Ulbricht.

Von dort fuhren die zehn Funktionäre mit Personenkraftwagen in die Reichshauptstadt.

In Berlin, damals nur von sowjetischen Truppen besetzt, sollte Walter Ulbricht mit seinen Genossen die Verwaltung der Stadt aufbauen. Er legte zunächst Wert darauf, dass auch antifaschistische bürgerliche Kräfte und Sozialdemokraten als Stadtbürgermeister eingesetzt wurden.

Wolfgang Leonhard, das jüngste Mitglied der Gruppe Ulbricht, erzählt die dazugehörige Szene in seinem Buch so: »Über Ulbrichts Direktiven wurde noch hin und her diskutiert; vor allem über die Frage, wie man plötzlich soviel Bürgerliche und nun auch noch Geistliche finden sollte. Aber etwa nach einer halben Stunde brach Ulbricht die Diskussion ab. Im klassischen Sächsisch gab er uns die letzte abschließende Direktive: ›Es ist doch ganz klar: Es muß demokratisch aussehen, aber wir müssen alles in der Hand haben.‹«

Und das handhabten dann auch seine Nachfolger bis zum Herbst 1989 so.

Leonhard durchschaute beizeiten, dass die Entwicklung dieses Systems von der kommunistischen Utopie zur stalinistischen Diktatur führte, wurde zum Renegaten und floh 1949 nach Jugoslawien. Bei den herrschenden Kommunisten wie Ulbricht war Tito, der mit den Seinen einen eigenen Weg zum Sozialismus einschlug, ein Feind und musste bekämpft werden.

Leonhards Mutter Susanne hat als überzeugte Kommunistin im Moskauer Exil den Terror Stalins am eigenen Leib bitter erfahren und konnte erst nach zwölf Jahren Arbeitslager in ihre Heimat zurückkehren …

Ich kam 1950 in Zwickau in die Schule und hatte natürlich keine Ahnung, welche Konflikte in der DDR und dem Ostblock in jener Zeit existierten. Die Porträts von Stalin und Erzählungen über sein allumfassendes Wissen, seine unglaublichen Leistungen waren allgegenwärtig. Ich lernte lesen und konnte irgendwann den Text eines Transparents entziffern: »Stalin – Freund aller friedliebenden Menschen.«

Da ich auch ein friedliebender Mensch war, hatte ich nun tatsächlich Stalin zum Freund!

Wer hätte das gedacht?

In jener Zeit wurden die Kinder mitunter von Erwachsenen scherzhaft gefragt: »Na, Friedensfreund, wie geht's?«

Es gab eigentlich nur Friedensfreunde oder Kriegstreiber, aber die Kriegstreiber lebten alle im Westen.

Damals versuchte die Partei sogar, *positive* Satire zu entwickeln. Der Witz sollte eine »zielbewusste politische Kraft werden«, die »in die Gestaltung unseres Lebens eingreift, die zur Entlarvung der Kriegstreiber beiträgt und die den Kampf um den Frieden führen hilft«.

Da wurde aber nichts draus ...

Wenn sich jemand in der DDR über die Verhältnisse im Land kritisch äußerte und es zu einer Diskussion kam, beendete der Genosse – wenn ihm die Argumente ausgegangen waren – das Gespräch oft mit der Totschlag-Frage: »Na, bist du nun für'n Frieden, oder nicht?!«

Und wenn man »für'n Frieden« war, dann hatte man gefälligst die Zustände in der DDR so hinzunehmen und an eine rosige Zukunft zu glauben.

Neben dem Frieden tauchte unentwegt der Fortschritt auf. Das war ein unzertrennliches Paar.

Wir in der DDR waren immer auf der Seite des Fortschritts.

Die größte Aufgabe in diesem Zusammenhang war die Erziehung des neuen Menschen.

Auch aus uns ABC-Schützen sollten diese neuen Menschen geformt werden.

Der alte Adam und die alte Eva, die nach der Legende aus dem imaginären Paradies vertrieben wurden, würden nunmehr die Chance haben, in ein reales Paradies zu kommen. Natürlich nicht heute und morgen, aber doch in absehbarer Zeit. Es begann eine Zeit großer Versprechungen.

Eine Frau verlangt im Bahnhof eine Fahrkarte nach Kürze.

»Kürze, Kürze? Wo soll denn das sein?«

»Na, Walter Ulbricht hat doch gesagt, dass es in Kürze alles gibt.«

Denke ich an jene Jahre, dann hörten wir Kinder in der Schule immer wieder von der Gefahr eines Atomkriegs zwischen der UdSSR und den USA.

Mit Verspätung von 70 Jahren erfuhr ich im September 2020 in der Fernsehsendung »MDR Zeitreise«, wie nahe auch wir in der DDR seit 1956 tatsächlich dem Verderben waren. Zwickau, die Stadt meiner Kindheit und Jugend, so konnte ich diesem geheimen Planungspapier des Strategischen Luftkommandos der USA entnehmen, wäre als Industriestandort schwer bombardiert worden. Der Historiker Dr. Matthias Uhl recherchierte, dass allein über Leipzig drei Atombomben explodieren sollten, die auf einen Schlag 37 Ziele vernichtet hätten. Industrie- und Wohngebiete sollten zerstört werden. Sein Fazit: »Es wäre innerhalb kürzester Zeit nur noch glühende, verstrahlte Asche von der DDR übrig geblieben.«

Bilder der Apokalypse aus einem Science-Fiction-Film bauen sich vor den Augen auf.

Im Bombenterror des Zweiten Weltkrieges hatte man noch eine Chance zu überleben. Das wäre vorbei gewesen. An der Stelle der Messestadt hätte sich eine Wüste ausgebreitet.

Mit dem Foto eines Atompilzes wuchsen wir Kinder auf. Wir erfuhren, dass in Hiroshima und Nagasaki eine entsetzliche Katastrophe passiert war. Abertausende Tote waren zu beklagen. Überlebende litten ihr restliches Leben lang.

Andererseits wurden in dieser Zeit Informationsblättchen mit heute unvorstellbar naiv anmutenden »lebensrettenden« Ratschlägen gegeben: Sei man auf der Straße gerade mit einer Schultasche unterwegs, so müsse man die aufstellen und sich dahinter werfen, um die Druckwelle abzufangen. In der Küche böte schon eine Wachstuchdecke Schutz vor den tödlichen Strahlen … Mit dem Wissen von heute sind das geradezu makabre Vorschläge.

Angst lässt sich mitunter durch Humor abschwächen oder gar auflösen. Damals erzählten wir Kinder uns die erfundene Empfehlung nach einer Atombombenexplosion:

»Gehen Sie sofort nach Hause, ziehen Sie Ihr Nachthemd an und laufen Sie ruhig und langsam zum nächsten Friedhof.«

»Warum ruhig und langsam?«

»Damit keine Panik entsteht.«

Ein paar Jahre später stellte der Volkswitz in der DDR nach entsprechenden Erfahrungen die eventuell bedrohliche Lage so dar:

Anfrage an Radio Jerewan: »Ist es möglich, mit einer Atombombe die gesamte DDR zu vernichten?«

Antwort: »Im Prinzip ja, aber warum solche Umstände? 20 Zentimeter Neuschnee tun es doch auch.«

Aber ich möchte noch einmal auf den großen Führer aller friedliebenden Menschen zurückkommen ... Eine Leserin aus Plauen hat mir nach der Lektüre meines Kindheitsbuches »Magermilch und lange Strümpfe« einen Tischspruch aus ihrem Kindergarten geschickt, den sie über die Jahrzehnte im Kopf behalten hatte:

Iss, Kind, iss,
wirst ein großer starker Mann,
der sein Land beschützen kann,
der den Traktor fährt aufs Feld
und den Acker wohl bestellt,
der den großen Hammer schwingt
und ein Lied vom Frieden singt,
der Genosse Stalin liebt

und dafür ’ne Bockwurst kriegt!
Guten Appetit, ihr Kinder.
Guten Appetit und danke, Fräulein Meyer.

Man muss natürlich wissen: Eine Bockwurst hatte seinerzeit noch einen ganz anderen Wert. Dafür konnte man den Herrscher über die Sowjetunion schon mal lieben.

Der Mann im Kreml wurde aber nicht nur im Kindergarten bedichtet, sondern auch besungen:

»Erde, blüh von jungen Küssen
Unsrer stolzen Gegenwart.
Stalins Wort gibt uns das Wissen.
Stalins Wille macht uns hart.«

Unvorstellbar, dass dies alles ernst gemeint war ... Dass also die Erde in der stolzen Gegenwart von jungen Küssen angeregt zu blühen anfängt und dass wir alle von Stalins Wissen profitieren.

Zum Glück wurde nur ein kleiner Teil der Menschen in der DDR von Stalins Willen hart, aber wer an solche Leute geraten ist, der konnte alle Hoffnungen fahren lassen ...

Den Text zu diesem Lied schrieb der sowjetische Autor Maxim Rylsky, und Erich Weinert schuf die deutsche Übersetzung: »Lied von Stalin.«. Es wurde zu seinem 71. Geburtstag am 21. 12. 1950 in der DDR aufgeführt. Der bedeutende Ernst Busch sang es, »Barrikaden-Tauber« wurde er mitunter genannt. Ein Kämpfer mit einer Stimme, die dem großen Sänger Richard Tauber ebenbürtig war.

Aber nun das Drama: Am 7. März 1953 erschien das »Neue Deutschland« mit der Titelzeile »Das Herz des größten Menschen unserer Epoche, des Genossen J. W. Stalin, hat aufgehört zu schlagen«.

Als er starb, war ich acht Jahre alt und zu einer Kur nach Bernburg verschickt worden. Menschen formierten sich zu einem Trauermarsch durch die Stadt. Wir Kur-Kinder mussten uns mit einreihen. Ich hatte das Gefühl, etwas Ungeheuerliches sei passiert. Wir kamen in der Stadt an einer Blumenuhr vorbei. Ich wunderte mich, dass die Uhr nicht sofort stehen geblieben war.

Ich hätte gar nicht gedacht, dass Stalin sterben kann.

Nach den Schilderungen der Lehrer und nach dem, was ich sonst über ihn gehört hatte, war er einfach kein Mensch mehr (was in völlig anderer Weise sogar zutraf …).

Als Achtjähriger resümierte ich: Es gibt also keinen Weihnachtsmann, keinen Osterhasen und auch keinen Stalin mehr.

Wenn er nun schon als Mensch doch den irdischen Weg aller Erdbewohner gegangen war, hieß es jetzt zum Trost, dass seine Ideen unsterblich wären – was sich aber zum Glück in der Folgezeit als Irrtum herausstellte.

In Leipzig stand ein Stalin-Denkmal vor der Oper. Der Volksmund nannte die Figur deshalb »den großen Kartenabreißer«.

Während des Volksaufstands am 17. Juni 1953 hat er noch Glück gehabt. Er wurde nicht vom Sockel gestoßen, die Demonstranten haben ihm lediglich einen Strohhut aufgesetzt. Gleich sah Stalin wie ein harmloser sowjetischer Tourist in der Messestadt aus.

Und plötzlich verschwanden in der DDR alle nach ihm benannten Straßen und Plätze, alle Bilder in den Amtsstuben, Transparente mit seinen Aussprüchen, und Ulbricht meinte, dass man ihn nun nicht mehr zu den Klassikern zählen könne.

So sah in der DDR die Entstalinisierung aus, die aber öffentlich niemals so genannt wurde.

16 Der Volksaufstand in der DDR begann am 17. Juni 1953 in der Hauptstadt Berlin. Das Foto zeigt Demonstranten auf dem Potsdamer Platz

Die Staaten des sozialistischen Lagers wurden bekanntlich ohne demokratische Legitimation gegründet. Bei freien Wahlen hätten die Kommunisten keine Chance gehabt. Schon vier Jahre nach Gründung der DDR sah man bei den Demonstrationen am 17. Juni 1953 Schilder mit der Aufschrift »Freie Wahlen«.

Als neunjähriger Bub hörte ich in Zwickau irgendwo mit großem Erstaunen den folgenden Spruch:

»Spitzbart, Bauch und Brille
sind nicht des Volkes Wille.«

Hier wurden also eindeutig Ulbricht, Pieck und Grotewohl attackiert.

Das hatten Kinder augenscheinlich von Erwachsenen aufgeschnappt.

Das klang ganz anders als in den Lobliedern der Lehrer und der »Freien Presse« Zwickau. Die drei schienen also nicht überall beliebt zu sein. In Berlin wurde es dann am 17. Juni noch deutlicher:

»Ulbricht, Pieck und Grotewohl,
dass Euch drei der Teufel hol.«

Aber davon hörte ich erst viel später.

Walter Ulbricht sprach im Zusammenhang mit den Ereignissen am 17. Juni 1953 auf einer Tagung des Berliner Parteiaktivs. Es ging zum Beispiel um die »... weitere Entwicklung und offene Entfaltung der Selbstkritik und der Kritik von unten ... Bisher wurde meist nur Kritik von oben nach unten geübt. Aber es ist nicht nur das Recht, sondern auch die Pflicht der Parteimitglieder, Kritik an den führenden Genossen zu üben. Auch die führenden Genossen sind keine Menschen, die von der Kritik für ihre Mängel ausgenommen sind ...«

Die Mängel nahmen von Jahr zu Jahr zu, aber von der Kritik war nichts mehr zu merken.

So etwas sagt man eben, wenn Tausende auf der Straße sind.

Das Volk sezierte die Situation messerscharf:

Was ist der Unterschied zwischen Kritik von oben und Kritik von unten?

Ein Mann steht auf der Straße und einer steht im ersten Stockwerk mit einem Eimer Wasser auf dem Balkon. Der unten stehende Mann kriegt die kalte Dusche ab.

Das ist Kritik von oben.

Kritik von unten geht so: Der auf der Straße stehende Mann schüttet seinen Eimer Wasser nach oben zu dem Mann auf dem Balkon.

Und wird dadurch zum zweiten Mal nass.

Schon früh gab es innerhalb der SED auch führende Genossen, denen eine andere Entwicklung im Land vorschwebte. Das begann schon Ende 1945 mit dem Aufsatz von Anton Ackermann »Gibt es einen besonderen deutschen Weg zum Sozialismus?« Die Idee hielt sich jedoch nicht lange und wurde bald als parteifeindlich verunglimpft und von einer immer stärkeren Bindung an die KPdSU und die Sowjetunion abgelöst. Eine regelrechte Sowjetisierung begann. Selbst Kommunisten in hohen Positionen eckten mit ihren Vorstellungen an und scheiterten an Ulbricht. Da fallen mir auf Anhieb Namen ein, die ich mir über Jahrzehnte gemerkt habe wie zum Beispiel Dahlem, Oelßner, Schirdewan, Wollweber, Merker, Herrnstadt, Zaisser. Ulbricht schaffte es mit Strategie, Taktik und verbündeten orthodoxen Genossen, sie jeweils ins Abseits zu manövrieren.

Die Parteilinie war jedoch mitunter jähen Wendungen unterworfen. Da musste man aufpassen, dass man auch die richtigen Antworten zur jeweiligen Auffassung parat hatte:

In den fünfziger Jahre wird ein Mann in der Parteischule gefragt: »Wie viel ist zwei mal zwei?«

»Vier«, antwortet er im Brustton der Überzeugung. Er wird verhaftet und zu mehreren Jahren Gefängnis verurteilt. Der Richter sagt zu ihm: »Damit Sie sich merken, dass zwei mal zwei fünf ist!«

Nach 1956 wird er wieder bei einer Parteischulung gefragt: »Wie viel ist zwei mal zwei?«

Der Mann bleibt seiner Überzeugung treu und antwortet wieder: »Vier.«

Der Parteisekretär redet heftig auf ihn ein: »Aber Genosse, Ihnen muss doch nun endlich klar sein, dass zwei mal zwei drei ist! Oder wollen Sie etwa den schrecklichen Zeiten nachweinen, als zwei Mal zwei noch fünf war?!«

Wirklich schreckliche Zeiten erlebte der Chef des Aufbau Verlages Berlin. Das ist der Verlag, in dem auch dieses Buch, das Sie gerade lesen, erschienen ist.

Nach der Verhaftung seines Cheflektors Wolfgang Harich wurde im Dezember 1957 auch Walter Janka abgeholt und einer »konterrevolutionären Verschwörung gegen die Regierung Ulbricht« beschuldigt. Es lief ein Schauprozess ab, der an die verhängnisvollen dreißiger Jahre in der Sowjetunion erinnerte. Zur »Harich-Janka-Gruppe« zählten die Ermittler weiterhin Heinz Zöger, Gustav Just, Bernhard Steinberger, Richard Wolf und Manfred Hertwig. Alle wurden zu Gefängnisstrafen zwischen drei bis zehn Jahren verurteilt. Besonders hart traf es Bernhard Steinberger, der nach langer Haft eine Zeit lang in Leipzig lebte. Als Jude war er vor den Nazis in die Schweiz geflohen. Nach dem Krieg kam er in die DDR und wurde unter falschen Anschuldigungen von den sowjetischen Besatzungsbehörden zu 15 Jahren Arbeitslager verurteilt und nach Workuta deportiert. Erst 1955 war er zurückgekehrt und rehabilitiert worden.

In der Harich-Janka-Gruppe ging es in Gesprächen nicht nur um die Zukunft der DDR, sondern auch um die von der SED angeblich immer noch gewünschte baldige Wiedervereinigung. Deshalb forderten die Mitglieder freie Wahlen, die Absetzung Ulbrichts, Meinungsfreiheit und Rechtsstaatlichkeit. Wohlgemerkt: Es handelte sich durchweg um SED-Mitglieder, vom Philosophen über den Journalisten bis zum Ökonomen.

Kritische Geister waren in jenen Jahren prinzipiell Konterrevolutionäre. Dabei hofften sie doch nach dem XX. Parteitag der KPdSU, auf dem Chruschtschow mit den Verbrechen Stalins abrechnete, dass nun Veränderungen, Reformen möglich würden.

Brecht starb 1956. Vielleicht hätte er auch noch Probleme bekommen. Janka schreibt in seinem Buch »Schwierigkeiten mit der Wahrheit«: »Brechts ›Mutter Courage‹

und das ›Verhör des Lukullus‹ galten als pazifistisch. ›Das Leben des Galilei‹ wurde als Polemik gegen unsere Kulturpolitik gewertet. Die ›Dreigroschenoper‹ (erst kommt das Fressen, dann die Moral) galt als Angriff auf unsere Sozial- und Wirtschaftspolitik.«

Brechts Ironie zu bestimmten Erscheinungen im DDR-Apparat lässt sich an dieser kleinen Anekdote ablesen. Als er einen Fragebogen ausfüllen muss, schreibt er hinter »Massenorganisationen«: Nationalpreisträger.

Bei dem folgenden Beispiel endet der Konflikt in einer schönen Doppelbödigkeit:

Genosse Müller steht zum dritten Mal vor der Parteikontrollkommission und erwartet seine Strafe. Der Vorsitzende sagt zu ihm: »Wir haben uns die Entscheidung nicht einfach gemacht, lange darüber diskutiert. Trotz deiner Verfehlungen haben wir beschlossen, dich nicht aus der Partei auszuschließen.«

»Gut«, sagt Genosse Müller, »ich nehme die Strafe an.«

Ein Funktionär spricht während einer Parteischulung fast zwei Stunden über die Bedeutung der Werke von Marx für Sozialismus und Kommunismus. Die Zuhörer dösen teilweise vor sich hin. Ein Genosse hat ein Hörproblem und versteht auch manche Wörter falsch. Als der Funktionär auffordert, Fragen zu stellen, will er einen guten Eindruck hinterlassen und meldet sich.

»Ja, Genosse, was hast du für eine Frage?«

»Also, im Großen und Ganzen habe ich das ja alles verstanden, aber was mich doch brennend interessiert: Ist der Mars nun bewohnt oder nicht?«

Die Schwierigkeiten mit der Bewusstseinsbildung zogen sich durch die Zeiten:

Ein Mann kommt zum Parteisekretär und will seine Aufnahme in die SED beantragen.

Der Sekretär fragt ihn: »Kennst Du Marx?«

»Nein.«

»Kennst Du Engels?«

»Nein.«

»Kennst Du Lenin?«

»Nein.«

»Ja und was willst Du dann eigentlich in unserer Partei?«

»Na, Moment mal«, antwortet der Mann und fragt den Parteisekretär: »Kennst Du Bauer?«

»Nein.«

»Kennst Du Lorenz?«

»Nein.«

»Kennst Du Schmalfuß?«

»Nein.«

Der Mann lacht: »Siehst Du! Du kennst meine Bekannten nicht, und ich kenne Deine Bekannten nicht. Was hat das mit meiner Aufnahme in die Partei zu tun?!«

Wie definiert man den Begriff Sozialismus?

Sozialismus ist ein System zum Überwinden von Schwierigkeiten, die es ohne den Sozialismus nicht gäbe.

Parteilehrjahr.

Es geht um das Thema: »Dürfen wir in der DDR jederzeit frei und offen sagen, was wir denken?«

Auch auf mehrmalige Aufforderung meldet sich niemand, der sich dazu äußern will.

Darauf ergreift der Parteisekretär das Wort.

»Genossinnen und Genossen! So geht das nicht, dass ihr alle schweigt. Auf solch eine wichtige Frage müsst ihr doch unbedingt eine Antwort wissen! Also, es ist ganz einfach: Selbstverständlich dürfen wir in unserer DDR jederzeit offen sagen, was wir denken. Wir dürfen nur nicht etwas denken, was wir nicht frei und offen sagen dürfen.«

Ich habe Ihnen in diesem Buch von den beiden Schriftstellern Lec und Laub erzählt und von den treffenden Aphorismen, die sie über das Leben im Ostblock geschrieben haben. Die beiden haben mich angeregt, es auch mit dieser kleinen literarischen Form zu versuchen.

Da Lec und Laub aber in einer anderen Liga formulierten, nannte ich meine satirischen Gedanken eben nicht A-, sondern »Bephorismen«.

In diesem DDR-Kapitel werde ich Ihnen deshalb an den entsprechenden Stellen einigermaßen passende Bephorismen zu den politischen Witzen offerieren.

Neben dem Toten fand man die Mordwaffe: ein Schlagwort.

Weil der Apparat funktionieren sollte, mussten Menschen dran glauben.

»Ich werde mein Wissen verdoppeln«, sagte die Null.

Im Sozialismus, so wurde immer wieder behauptet, ist der Mensch dem Menschen kein Wolf mehr.

Richtig!

Hier musstest du Fuchs ein!

»Man muss«, meinte der Redner, »die Realität immer wieder an der Wirklichkeit überprüfen!«

Politische Witze in der Struktur jüdischen Humors wie in der Sowjetunion und anderen osteuropäischen Staaten gab es in der DDR nicht. Bei uns fehlten einfach die Träger dieses Humors. Trotzdem kam es in den Jahren 1952/53 im

Zusammenhang mit den Schauprozessen mit antisemitischer Ausrichtung im Ostblock auch in der DDR zu Repressalien gegen Juden. Die Kaderakten von jüdischen SED-Mitgliedern wurden überprüft. Über 400 Juden flohen aus dem Land, darunter fünf von acht Gemeindevorsitzenden.

Juden galten in jenen Jahren oft als »wurzellose Kosmopoliten« und waren zumeist schon verdächtig, wenn sie nicht in die Sowjetunion, sondern in ein westliches Land emigriert waren.

Leo Zuckermann wurde zum Beispiel als »zionistischer Agent« diffamiert. Er war nicht irgendjemand. Zuckermann war Staatssekretär, Leiter der Präsidial-Kanzlei vom Präsidenten Wilhelm Pieck, Mitautor der Verfassung der DDR und Direktor des Institutes für Rechtswissenschaft. So ein Mann floh also nach Westberlin und ging wieder nach Mexiko, wo er in den dreißiger Jahren vor den Nazis Zuflucht gefunden hatte.

Auch das ist weitestgehend unbekannt: Der bekannte Wirtschaftswissenschaftler Jürgen Kuczynski durfte auf Druck Stalins nicht mehr Chef der Gesellschaft zum Studium der Kultur der Sowjetunion (Vorgänger der Gesellschaft für Deutsch-Sowjetische Freundschaft) sein. Warum? Weil er Jude war.

Erst nach Stalins Tod verbesserte sich die Lage. Als die Mauer gebaut wurde, gab es in den acht Jüdischen Gemeinden etwa noch 1500 Mitglieder. Zum Ende der DDR wegen der Überalterung nur noch um die 400.

In den Gründungsjahren des Ostblocks ging es laut der SED um die »positive Herausstellung der Erfolge der Sowjetunion, besonders der sowjetischen Wissenschaftler, der Leistungen des Fünf-Jahr-Planes, unserer Freundschaft mit den Volksdemokratien und des unbarmherzigen Kampfes gegen Schädlinge, um den aggressiven USA-Imperialismus und seine deutschen Lakaien«.

In der Nazi-Zeit sprach man von »Volksschädlingen«, nun waren sie wieder da – nur ohne Volk. Und unterschwellig wurden Assoziationen zu jenen Tieren geweckt, die in der Natur Schaden anrichten.

Was die »positive Herausstellung der Erfolge der Sowjetunion« anbelangt – in der Schule hörten wir immer wieder, dass die Sowjetunion die Welt mit großen wissenschaftlichen und technischen Errungenschaften beglückt.

Den Biologen Mitschurin habe ich schon im Kapitel über die UdSSR erwähnt. Nach den Erzählungen der Lehrer gelangen ihm unwahrscheinliche Ergebnisse bei seinen Züchtungen. Die übertriebene Art und Weise, wie uns das vermittelt wurde, hat uns Kinder instinktiv genervt. Wir spürten irgendwie, dass es nicht mit rechten Dingen zuging und auch Selbstverständlichkeiten aufgebauscht wurden. Ich erinnere mich noch, welche Sprüche deshalb in der Schule die Runde machten.

»Mitschurin hat festgestellt,
dass Marmelade Fett enthält.
Drum essen wir zu jeder Speise
Marmelade fässerweise.«

Oder es wurde mit kindlichem Witz lakonisch und deftig formuliert:

»Mitschurin hat festgestellt,
dass der Arsch die Beine hält!«

Aus der Sowjetunion wurde auch die Aktivistenbewegung übernommen. Jedem Kind war der Bergmann Adolf Hennecke ein Begriff. Das Vorbild für Fleiß. Wenn einer irgendwo ordentlich ranklotzte, dann sagte man üblicherweise: »Der arbeitet ja wie Hennecke.« Sein schwarzweißes Foto auf dem Plakat mit Helm und Pickhammer habe ich als Kind in Zwickau oft gesehen. Dort gab es noch bis in die sechziger Jahre Steinkohlenbergbau.

Was ich damals nicht wusste: Seine legendäre Schicht, in der er 387 Prozent über dem Soll schaffte, war organisiert und inszeniert, um eine Bewegung daraus zu machen. Es ging um eine Kampagne zur Erhöhung der Arbeitsproduktivität in der DDR. Und jener Tag wurde zum »Tag des Aktivisten« hochstilisiert.

Kaum jemand weiß noch, dass Hennecke einen Konkurrenten hatte: Josef bzw. Sepp Wenig. Er gehörte zu den ersten Vertretern der Neuerer- bzw. Aktivistenbewegung im Land. Ein Neuerer war ein Mensch, der sich für einen bestimmten Arbeitsprozess etwas einfallen ließ, was sich auf den Ablauf und die Qualität positiv auswirkte.

Sepp Wenig war Hauer, Brigadier und Obersteiger im Uranbergbau.

Es gab mal die Überlegung, ihn zum Arbeitshelden zu machen. Das wurde aber fallen gelassen, denn die ganze DDR hätte lauthals gelacht, wenn man eine Wenig-Bewegung initiiert hätte ...

Trotz der angeblichen ständigen Erfüllung und Übererfüllung der Pläne zogen sich Versorgungsschwierigkeiten bis zum Ende des sozialistischen Lagers kontinuierlich durch die Jahrzehnte. Für uns in der DDR kam hinzu, dass wir den Zweiten Weltkrieg scheinbar als Einzige verloren hatten.

Während in der Bundesrepublik mit dem Marshallplan ein gigantisches Aufbauwerk begann, hatten wir im Osten ganz andere Probleme. Die Reparationen an die Sowjetunion schwächten die Wirtschaft der DDR erheblich. Ein Drittel der Industriekapazität des Landes wurde demontiert und in die UdSSR geschafft. Das betraf 2000 ostdeutsche Betriebe.

Günter Grass schrieb darüber in der »Zeit«: »Diese siebzehn Millionen Ostdeutschen sind es gewesen, denen, sozusagen stellvertretend, die Hauptlast des von allen Deutschen begonnenen und verlorenen Krieges aufgebürdet wurde. Geschwächt von Anbeginn durch Demontage und Reparationsleistungen in Milliardenhöhe, hatten sie nie freie Wahl.«

In der Bevölkerung erzählte man sich zu diesem Problemkreis den folgenden tragikomischen Witz:

Walter Ulbricht steht im Rostocker Hafen und sieht dort drei Schiffe vor Anker liegen.

Er fragt am ersten: »Na, Genossen, wohin geht denn die Reise?«

»Wir bringen Düngemittel nach Mosambik und kommen mit einer Ladung Kaffee zurück.«

»Das ist sehr gut, ja.«

Beim zweiten Schiff erfährt er: »Wir haben Fahrräder für Kuba geladen und kommen mit Bananen zurück.«

»Hervorragend.«

Am dritten Schiff erklärt man ihm: »Wir bringen Kaffee und Bananen nach Leningrad.«

»Und womit kommt ihr zurück?«

»Na, wie immer – mit der Eisenbahn.«

Als ich 1963 in Zwickau meine Tätigkeit als buchhändlerische Hilfskraft in der Volksbuchhandlung Gutenberg aufnahm, sah ich irgendwann, wie zwei Kolleginnen über Tage Rechnungen für SED-Grundorganisationen schrieben. Nach einem bestimmten Schlüssel mussten diese immer Veröffentlichungen der Partei kaufen. Auf den Broschüren, die ich meine, las ich zwei Autorennamen: Apel/Mittag. Es ging um Reformen in der Wirtschaft.

1965 nahm sich Erich Apel das Leben. Am Vorabend der Unterzeichnung des neuen Wirtschaftsabkommens mit der Sowjetunion erschoss sich der Leiter der Staatlichen

Plankommission und das Mitglied des Politbüros in seinem Dienstzimmer. Er hatte bis zuletzt um bessere Modalitäten im Handel mit der Sowjetunion gekämpft und wusste genau, was es für die DDR bedeutete, sich mit dem Vertrag wieder für fünf Jahre den entsprechenden Exportvereinbarungen auszuliefern. Ulbricht soll Erich Apel ultimativ zur Unterschrift aufgefordert haben.

Im Volk machte die folgende Frage die Runde:
»Wann erschoss sich Apel? … Vor Mittag.«

Als sich später der Wind drehte, schwenkte Günter Mittag zu den orthodoxen Kommunisten in der SED-Führung und verabschiedete sich von der Neuen Ökonomischen Politik.

In jenen Tagen, so scherzten wir, erschien eine Prachtausgabe »Das Kapital« von Karl Marx mit ganzseitigen Radierungen von Günter Mittag.

Im Volk brach man das Verhältnis zwischen der DDR und der UdSSR symbolisch auf die folgende Begebenheit herunter:

Ein Russe und ein DDR-Bürger finden im Wald eine Kiste Whisky.

»Oh«, sagt der Russe, »die teilen wir brüderlich.«

Darauf meint der DDR-Bürger: »Nein, nicht brüderlich. Schön halbe halbe.«

Und der Volkswitz wusste natürlich auch, dass die DDR unter Umständen auch weltpolitischen Konstellationen ausgeliefert sein konnte:

Wegen der Differenzen zwischen China und der UdSSR fliegt der sowjetische Parteichef Chruschtschow nach

Peking. Man verhandelt intensiv, und schließlich sind beide Seiten zufrieden.

»Genosse Mao, ich bin sehr froh, dass unser Gipfeltreffen so gut verlaufen ist. Sie haben deshalb drei Wünsche frei!«

»Oh, das ist ja hervorragend ... also ... wir bräuchten dringend 10 000 Autos.«

»Bekommen Sie!«

»Und dann hätten wir gern 50 000 Fahrräder ...«

»Kein Problem.«

»Und 100 000 Sack Reis.«

»Das tut mir leid, Genosse Mao, das geht leider nicht. Reis wird in der DDR nicht angebaut.«

Aber was in der DDR über Nacht in großem Maße angebaut wurde, das war – Mais. Und wie kam das?

Chruschtschow lobte den Mais über den grünen Klee, um bei einem Bild aus der Landwirtschaft zu bleiben. Und wenn das die sowjetischen Freunde toll fanden, dann war dies Grund genug, ihnen nachzueifern. Und auf die DDR-Bauern kam deshalb eine entsprechende Kampagne zu. Es wurde sogar ein Lied gedichtet, in dem es hieß:

»Der Mais, der Mais,
wie jeder weiß,
das ist die Wurst am Stängel!«

Wir wussten das zwar noch nicht, aber man sieht: Das weiß ich heute noch und bin immerhin schon über die Mitte der siebzig hinaus!

Und die landwirtschaftlichen Tipps von Nikita gingen weiter. Er informierte uns, dass Rinderoffenställe das Nonplusultra seien, und schon ging die nächste Kampagne los!

Als große Errungenschaft wurden sie von der Sowjetunion übernommen. Aber: Die Ställe waren für unsere klimatischen Verhältnisse zwischen Ostsee und Erzgebirge gar nicht geeignet, da sie nur in wärmeren Gegenden der UdSSR Verwendung fanden.

Hinzu kam: In jenen Jahren gab es im Osten Deutschlands noch richtige Winter. Den Kühen war saukalt. Die Milchleistung ging zurück. Das Jungvieh erfror mitunter.

Und dann auch noch das: Es klingt zwar wie eine Szene aus einem Lustspielfilm, war aber alles anders als lustig: Viele Tiere stolperten tatsächlich über die gefrorenen Kuhfladen oder rutschten auf der vereisten Gülle aus. Und jetzt kommt eine kleine Reminiszenz an Manfred Krug, die nur Kenner verstehen: Auch Bauern!

Am gefrorenen Kuhfladen scheiterte jedenfalls regional die Umsetzung der Losung »Von der Sowjetunion lernen heißt siegen lernen.«

Der Volksmund kreierte indes eine eigene Losung, die nirgends als Transparent hing:

»Mit der Sowjetunion auf ewig verbunden – aber keinen Tag länger!«

Eine beliebte Scherzfrage: Was ist die größte Stadt in der DDR? ... Westberlin.

Der größte Einschnitt in der Geschichte der jungen Republik ereignete sich am 13. August 1961. Es begann der Bau einer Mauer um Westberlin. Zwei Monate vorher hatte Walter Ulbricht in seinem legendären Singsang noch in einer Pressekonferenz gesagt. »Niemand hat die Absicht, eine Mauer zu errichten!«

Der Volksmund beklagte sofort, dass es einen Herrn Niemand gäbe, der die Absicht habe, eine Mauer zu errichten ...

Die Bevölkerung saß in der Falle. Ein Hinüberwechseln ins andere Deutschland durch das Schlupfloch Westberlin war nicht mehr möglich. Da die Tragödie am 13. August ihren Anfang nahm, nannte man Ulbricht nun »August XIII.«

Ich erinnere mich an eine Diskussion in meiner Alexander-Puschkin-Schule in Zwickau. Der Lehrer kam ins Schwitzen, als ich den offiziellen Terminus für die Mauer, nämlich »antifaschistischer Schutzwall«, beim Wort nahm. Das hieße, meinte ich, dass in Westberlin Faschisten an der Macht sein müssten. Dort regiere aber doch die SPD mit Willy Brandt. Und der gilt bekanntlich als Antifaschist, da er vor Hitler ins Exil nach Norwegen fliehen musste. Der Lehrer eierte herum und rettete sich in Agentenzentralen, die in Westberlin ihren Sitz hätten.

Die Witze in jener Zeit wurden etwas deftiger.

Ein Oberschüler kommt nach Hause und erzählt seinen Eltern, dass er im Aufsatz zum Thema Mauerbau die beste Arbeit geschrieben hätte. Die Eltern sind ganz stolz und fragen nach der Zensur.

»Eine fünf.«

»Eine fünf?! Und das soll der beste Aufsatz sein?! Was haben denn da die anderen gekriegt?«

»Die sind noch in der U-Haft.«

Das eingemauerte Volk kolportierte vielfach diese neue Erkenntnis:

»Jetzt brauchen wir in der DDR keinen Führerschein mehr.«

»Warum?«

»Beim Fahren in einem umzäunten Gelände ist kein Führerschein erforderlich.«

Ein junger Afrikaner, der ein paar Jahre nach dem Bau der Mauer an der Humboldt-Universität in Ost-Berlin studiert, fragt auf der Straße den Mitarbeiter einer Baubrigade: »Sie entschuldigen, ich bin erst kurze Zeit in Berlin, wie komme ich denn von hier am schnellsten nach West-Berlin? Können Sie mir das sagen?«

»Nee«, meint einer der Arbeiter, »aba wenn se det rausjefund'n hamm, saren se uns bitte schnellstens Bescheid!«

Die Chancen, das Land zu verlassen, tendierten gegen Null. Das Grenzregime wurde immer mehr perfektioniert. Die alltäglichen Probleme konnte man aber nun nicht mehr auf die offene Grenze schieben, auf Diversanten, Agenten, Grenzgänger, Schmuggler und die »Abwerbung von Fachkräften« durch den Westen.

Auch die Energieprobleme blieben uns in vierzig Jahren DDR immer erhalten.

Ein strenger Winter. Tagelang Frost. Der Parteichef von Suhl berichtet im Politbüro, dass es in seinem Bezirk keine Kohlen mehr gibt.

Walter Ulbricht fragt: »Und, Genosse, was macht da die Bevölkerung?«

»Sie friert«, antwortet der Funktionär.

Daraufhin meint Ulbricht: »Es ist doch bewundernswert, wie sich unsere Menschen immer wieder zu helfen wissen.«

In meiner Jugendzeit, also in den sechziger Jahren des vorigen Jahrhunderts, erzählte man sich oft Witze, in denen der oberste Parteichef und Staatsratsvorsitzende Hauptakteur war.

Richtig interpretieren konnten diese Schnurren natürlich nur Sachsen, denn wie klingt das, wenn ein Berliner oder Mecklenburger versucht, sächsisch zu imitieren? Da stellen sich doch alle Nackenhaare auf!

1965 kam ich zum Studium nach Leipzig. Zum ersten Mal in meinem Leben war ich über Nacht Selbstversorger in Sachen Frühstück und Abendbrot. In dieser Zeit gab es plötzlich Versorgungsprobleme mit Butter. Sie war wieder rationiert. Nicht auf Marken, aber gegen Nennung einer Nummer im Lebensmittelladen. Mir ist meine Butternummer entfallen, aber ich kenne Leute, die sie heute noch abrufbereit haben. In jenen Wochen witzelte der Volksmund im landauf und landab bekannten Tonfall des sächsischen Partei- und Staatschefs:

»Wenn unsere Feinde behaupten, wir hätten keine Butter, ja, so ist das wieder eine dieser typischen Hetztiraden aus Westdeutschland! Natürlich haben wir Butter, ja!? Wir haben nur im Moment kein Papier, um sie einzuwickeln!«

In meiner Jugend war das Wort »Schäker« noch sehr verbreitet. Wer gern »schäkerte«, der »poussierte« oft mit dem anderen Geschlecht. Ein Witz aus den sechziger Jahren ging so:

Walter Ulbricht war im Krankenhaus hervorragend gesundgepflegt worden. Die nette Krankenschwester durfte sich etwas von ihm wünschen.

»Ich wünsche mir, dass Sie die Mauer für einen Tag öffnen.«

Darauf der Parteichef: »Na, du kleiner Schäker, du willst bloß mit mir alleine sein!«

Walter Ulbricht weiht in Rostock ein großes neues Schiff für die DDR-Handelsflotte ein.

Bei der Schiffstaufe zerschellt die Sektflasche nicht, sondern fällt ins Wasser. Wagemutig springt Ulbricht ins Wasser, um sie augenscheinlich zu retten.

17 Der Generalsekretär der SED, Walter Ulbricht, gab sich gern sportlich. Hier steht er mit seiner Frau Lotte auf Skiern in Oberhof

Als er triefend nass wieder an Land ist, meinen die dort stehenden Repräsentanten: »Aber Genosse Ulbricht, das wäre doch nicht nötig gewesen!«

»Das steht hier nicht zur Debatte, Genossen, ja, vielmehr möchte ich sofort wissen, wer mir den Arschtritt gegeben hat!«

Ulbricht besucht die Karl-Marx-Universität in Leipzig. Um ihn herum ein erheblicher Tross von diversen Wichtigtuern. Als die Menge im Sitzungszimmer angekommen ist, meint Ulbricht: »Man müsste eine Idee ...«

»... Es ist eminent bedeutsam, Genosse Ulbricht, dass Sie gleich eingangs den Begriff IDEE in die Runde einbringen«, fällt ihm da ein eifernder Philosoph ins Wort. Ohne Luft zu holen palavert er endlos über die philosophische Kategorie IDEE, die altgriechische platonische

Ideenlehre, um schließlich auf die Neuzeit zu kommen, in der der Begriff IDEE in unterschiedlichen philosophischen Richtungen verschiedenen Inhalt erhielt. Nach etwa zwanzig Minuten verliert er schließlich den Faden und fragt Ulbricht: »… aber ich hatte Sie unterbrochen, Genosse Ulbricht.«

»Ja, Genossen, ich sagte, man müsste eine Idee näher zusammenrücken, damit alle am Gespräch teilnehmen können.«

Der Name des obersten Genossen wurde im Sprachgebrauch unter Freunden auch gern mal als Gag eingebaut. Die folgende Formulierung stammt aus Biertisch-Blödeleien unseres Kabaretts in unserer Stammkneipe Schwalbennest: »Alles waltere erulbricht sich.«

Von Wolf Biermann stammt der Satz: »Was blieb mir Walter Ulbricht.«

In der DDR wurde im Zusammenhang mit Ulbricht auch eine neue Maßeinheit festgelegt.

Was war ein Ulb?

Das war die gemessene Zeit, die benötigt wurde, um bei Ankündigung einer Rede vom jeweiligen Sitzmöbel bis zum Fernsehapparat zu gelangen, um den auszuschalten.

Der Generalsekretär der SED und Vorsitzende des Staatsrats der DDR geht mit seiner Frau spazieren. Da kommt ihm ein junges Mädchen im Minirock entgegen. Ulbricht ist sehr angetan. Als sie vorbeigegangen ist, dreht er sich nach ihr um.

Seine Lotte ist alles andere als angetan.

Kurze Zeit darauf taucht wieder ein schickes Mädchen im Mini auf. Ulbricht bekommt wieder große Augen und schaut ihr nach.

Da sagt seine Lotte zu ihm: »Wenn du dich jetzt noch einmal nach so einem jungen Mädchen umdrehst, hau ich dir meinen Schirm auf den Kopf!«

Sie gehen weiter, und der Zufall will es – vielleicht gibt es in der Nähe eine Schule für Kindergärtnerinnen oder Krankenschwestern –, wieder läuft ein Mädchen mit langen schlanken Beinen vorbei ... und Ulbricht kann es nicht lassen, seinen Kopf zu drehen.

Da nimmt die Lotte ihren Schirm und zieht ihrem Mann eins über die Rübe.

Sofort kommt von der anderen Straßenseite ein Mann mit seinem Schirm und haut Ulbricht auch eins über die Rübe!

Da sagt Lotte völlig empört zu dem Mann: »Na, was fällt denn Ihnen ein? Wie kommen Sie dazu, meinen Mann zu schlagen?!«

Darauf er verwundert: »Ach so ... ich dachte, es geht los!«

In der DDR ging allerdings nichts los, dafür aber in der benachbarten ČSSR.

Unglaublich, was da passierte!

Da kam die Erneuerung *aus* der Partei. Ich habe im Kapitel über die Tschechoslowakei darüber berichtet. Mit den dortigen Reformen wuchs die Hoffnung, dass letztlich auch die DDR nicht um Veränderungen des Systems herumkommen würde. Aber schon bald machte sich Ernüchterung breit. Die demokratische Erneuerung, der »Sozialismus mit menschlichem Antlitz« fern stalinistischer Auswüchse, wurde von den orthodoxen Funktionären (und davon gab es leider reichlich) in der DDR abgeblockt. Und nicht nur das, die Reformen wurden als konterrevolutionäre Vorhaben diskreditiert.

Wer dafür starke Sympathien zeigte, riskierte größere Probleme bis hin zu Verhaftungen. Kein Wunder, dass der Polit-Witz im Land den Machthabern bei uns sogar eine Aktion gegen eine Kleinbahn zutraute.

Der Regierung und der Parteiführung in der DDR ist die Kleinbahn von Zittau nach Oybin/Jonsdorf ein Dorn im Auge. Man trägt sich mit dem Gedanken, sie einzustellen.

Warum denn das?

Die Bahn macht nach Ansicht der Genossen eindeutig Reklame für die tschechischen Reformer. Fährt der Zug bergauf, dann klingt die Lokomotive wie »Dub-ček, Dub-ček, Dub-ček«, und rollt sie wieder talwärts, hört man »Svoboda, Svoboda, Svoboda«.

1971 passierte zwar in der DDR etwas ganz oben in der Parteispitze, aber das war lediglich ein Putsch innerhalb der Führung. Mit Hilfe von Breschnew löste Honecker Ulbricht ab. Den Sowjets waren dessen Reformen in der Wirtschaftspolitik nicht geheuer. Und da kam für die Veränderung grünes Licht aus dem roten Kreml.

In den Tagen nach Ulbrichts Ablösung erzählte sich der Volksmund die folgende ausgedachte Episode:

Im Arbeitszimmer von Honecker klingelt das Telefon.

Als der sich meldet, legt der Anrufer sofort auf. Nach einer Stunde passiert das wieder. Die Anrufe ziehen sich über den ganzen Tag. Da reißt Honecker am Nachmittag der Geduldsfaden, und er schreit in die Sprechmuschel: »Walter! Wenn du noch ein einziges Mal anrufst, lasse ich dir auch noch das Telefon abschalten!«

Zwei Jahre später fanden in Berlin die X. Weltfestspiele statt. Millionen junger Menschen strömten in die Hauptstadt der DDR – darunter 25 000 ausländische Gäste aus allen Himmelsrichtungen.

Am 1. August starb der erkrankte Ulbricht, und die Genossen kolportierten seinen angeblichen letzten Wunsch: Im Ernstfall sollten die Festtage trotzdem weitergehen. Und so wurde es gemacht.

Unser Kabarett »academixer« hatte auch einen Auftritt bei diesem politisch-kulturellen Fest. Es war wirklich »was los« in der Hauptstadt der DDR. Etwas Woodstock in Ostberlin. Die normale DDR-Spießigkeit war in Quarantäne, und es ging überall locker vom Hocker. Lachende junge Leute lagen in den Grünanlagen, und kein Grüner in Uniform kam des Wegs und fragte: »Na, Bürger, was machen wir denn da auf der Wiese?«

Überall Stimmung und alle mögliche Musik.

Wir lernten in einer Kneipe eine Schweizer Gesangsgruppe kennen. Drei langhaarige und bärtige Kerle, zwei Gitarren, eine Geige. Sie konnten auf der ganzen Welt überall sofort loslegen, brauchten keine Steckdose. Und sie legten auch in folkloristischer Art los:

»Ja, Grüezi wohl Frau Stirnimaa,
Säged si, wi läbed si,
Wi sind si ä so draa?«

Wir waren alle gut »draa« und die Stimmung in der Kneipe, die die Gruppe »Minstrels« sofort herbeizauberte, war großartig. Mit den freundlichen Typen schwatzten wir beim Bier. Fern jeglicher politischer Parolen. Aber Politik gab es natürlich auch. »Unser ›Oktoberclub‹« vorn dran mit »Sag mir, wo du stehst«. Man sollte sich zum Staat bekennen und nicht den Einflüsterungen des Klassenfeindes anheimfallen. Am liebsten hätte man in die Köpfe der jungen Menschen in der DDR gesehen. Wie dachte jemand wirklich?

Die Mehrheit hielt es aber so, nur verlässlichen Freunden zu sagen, wo man stand.

Der Volksmund der DDR reduzierte das friedliche Massenereignis in Berlin lediglich auf die deftige sexuelle Betätigung der fortschrittlichen Weltjugend und dichtete:

»Sie zogen aus mit bunten Wimpeln
Und kehrten heim mit wunden Pimpeln!«

Ein anderes Ereignis aus jenem Jahr 1973 steht mir noch besonders bildlich vor Augen: Der Besuch des Films »Die Legende von Paula und Paul« im Filmtheater Capitol in Leipzig! Dieses Gemeinschaftsgefühl, das man im Raum spürte, war unglaublich. Ja, hier wurde Leben in diesem Land realistisch und phantasievoll vorgeführt. Die Reaktionen waren enthusiastisch. Die schönen Frechheiten gegenüber dem Staat ließen mich hoffen: Mein Gott, wenn dieser Film jetzt bei uns gezeigt werden darf, dann tut sich was im Land!

Es war eine kurze Blüte. Es gibt ja solche tollen Blumen, die leider nur sehr kurz blühen.

Die Legende zum Film erzählte der Autor Ulrich Plenzdorf in einem Gespräch mit Cornelia Klauß. Honecker hätte sich den Streifen angeblich vor der Premiere an einem Nachmittag im Berliner Kino Kosmos angesehen und danach gesagt: »Lasst ihn laufen.«

Und wie er lief! Ich habe das erste Mal in meinem Leben Schlangen vor den Kassen bei einem DEFA-Film gesehen.

Kehren wir zum politischen Witz zurück. Ab 1973 gibt es also keine neuen Witze mit Walter Ulbricht mehr, sondern nur noch mit Erich Honecker.

Honecker und Breschnew unterhalten sich über die Versorgung mit Lebensmitteln in ihren Ländern. Breschnew meint: »Wir haben immer wieder mit der Bereitstellung von Lebensmitteln in unserem Land große Probleme. Wir kriegen das einfach nicht hin.«

Darauf sagt Honecker: »Wir haben da eine einfache Lösung gefunden. Alle Waren gehen nach Berlin, und von dort holen sich die Leute ab, was sie brauchen.«

Und so war es dann auch – zumindest für jene Leute, denen vergönnt war, ab und an eine Dienstreise in die Hauptstadt der DDR zu machen. Anfang der siebziger Jahre gehörte ich kurz dazu. Vor der Rückreise ging ich immer in eine Kaufhalle am Alexanderplatz, um vor allem für unseren kleinen Sohn ein paar Fläschchen Früchte C zu kaufen. Auch H-Milch in Tetrapacks oder ein paar Konserven landeten im Einkaufsnetz.

Berlin war im Land in Sachen Versorgung stets ein Reizwort, und man schimpfte: »Alles geht nach Berlin.« Die Hauptstadt glänzte immer mit besserem Warenangebot.

Deshalb informierte der Volksmund, dass demnächst am Stadtrand von Berlin Schilder mit der Aufschrift EDV aufgestellt werden. Die drei Großbuchstaben standen aber hier nicht für die in Mode gekommene »Elektronische Datenverarbeitung«, sondern für ENDE DER VERSORGUNG.

Es soll ja auch tatsächlich Berliner gegeben haben, die, wenn sie ihre Stadt verließen, gesagt haben: »Ich fahre morgen in die DDR«, oder in früheren Jahren noch verschärfter: »Ich muss morgen in die Zone.«

Wenn das mit der Obst- und Gemüseversorgung im Land so weitergegangen wäre, hätte man bald die Stillleben aus den Museen entfernt.

Der Kunde war nicht König, sondern Bettelmann.

Weinselig in der DDR: selig, einen Wein zu bekommen.

Im Jahr 1970 wurde in der DDR der 100. Geburtstag von Lenin gefeiert, als wäre die ganze Oktoberrevolution von hier ausgegangen. Ich arbeitete damals im LKG Leipziger Kommissions- und Großbuchhandel (wir handelten nicht etwa mit großen Büchern, deshalb hätte es eigentlich Buchgroßhandel heißen müssen …). Wenn ich von meiner Arbeitsstelle, die an der Leninstraße (!) lag, in Richtung Zentrum lief, so sah ich schon in den dazugehörigen Schaufenstern mehrmals Porträts von Lenin. Je näher man der Stadt kam, desto häufiger wurden sie – vor allem an Litfasssäulen. Man glaubte, nicht in Leipzig, sondern in Leningrad zu sein … Nicht umsonst flachste der Volksmund »Haste ne Sitzung, erzählnse was von Lenin, stellste das Radio an, hörste was von Lenin, drehste den Fernseher an, siehste was von Lenin – ich hab das Bügeleisen gar nicht erst angemacht!«

In Berlin wurde der kürzeste Witz zum Thema erfunden: »Lenin? Ick Lenin ab!«

Wolf Winkler arbeitete in einem Gestaltungskollektiv, das den Auftrag hatte, für die Leipziger Frühjahrsmesse 1970 in der Multivisionsschau des Kombinats Carl Zeiss Jena den 100. Geburtstag von Lenin zu würdigen.

Er erzählte mir: »Auf der Suche nach einem profunden Kenner Lenins wurde uns der Direktor des Georgi-Dimitroff-Museums empfohlen.«

Ich habe den bulgarischen Kommunistenführer schon im Text über Bulgarien erwähnt. Das gesamte frühere Reichsgericht wurde nach ihm benannt.

Mit einem Grafiker macht sich also seinerzeit Wolf Winkler auf den Weg.

»Der marxistisch-leninistisch gebildete und promovierte Wissenschaftler, der dem Museum vorstand, empfahl uns, Lenin damit zu ehren, dass wir einen Bezug zur Gegenwart herstellen. Er meinte, man solle doch den Unterschied zwischen der Arbeiterklasse der DDR und Westdeutschlands in Form von Porträts bildlich sichtbar zu machen. Daraufhin fragten wir den Mann nun, wie dieser Unterschied denn in den Fotos erkennbar wäre? Darauf antwortete er: Das sieht man am Glanz in den Augen.«

Obwohl es sich hierbei um ein klassisches Beispiel von unfreiwilligem Humor handelt, hieß es für die beiden Zuhörer, Haltung zu bewahren und ernst zu bleiben.

Wolf Winkler und der Grafiker haben es dann in ihrer Arbeit beim Glanz von Lenins Augen belassen …

Sie sehen an diesem Beispiel, dass mitunter das wirkliche Leben Pointen schafft – die kann man sich selbst als Kabarett-Autor gar nicht einfallen lassen. Da fehlt es an Phantasie.

Aber dem Volk und uns Kabarettisten fielen zum Glück noch genügend satirische Bonmots ein. Das Publikum in der Messestadt und viele Gäste hatten ihre helle Freude an den Programmen unseres Kabaretts »academixer« oder der »Leipziger Pfeffermühle«. Schon deshalb, weil das Leben im realen Sozialismus aus einer Perspektive geschildert wurde, die in den Massenmedien des Landes nicht vorkam. Die Besucher der Leipziger Messe aus der Bundesrepublik staunten wiederum, was auf unserer Brettl-Bühne gesagt und verhandelt wurde. Das hätten sie sich nicht vorstellen können, dass wir die Widersprüche zwischen Ideal und Wirklichkeit so deutlich oder aber aus strategisch-taktischen Gründen mit entsprechendem doppelten Boden auf die Bühne brachten.

Und genau deshalb hatten die Kabaretts der DDR auch allesamt Fernsehverbot.

1988 stieg ich bei den »academixern« aus und gründete mit meinem Kollegen Gunter Böhnke ein Kabarett-Duo. Bei der »Abnahme« (ich erläuterte den Begriff bereits im Vorwort) unseres ersten Programms bekamen sich sogar die SED-Funktionäre in die Haare, denn einige hatten vor allem bei einem Text starke »ideologische Bauchschmerzen« und wollten offensichtlich diese Szene nicht im Programm lassen.

Was war passiert?

Ich hatte mir in einem Text einmal vorgestellt, wie die Messestadt aussehen würde, wenn die Amerikaner im April 1945 in Leipzig geblieben wären. Ein Funktionär empörte sich: »Und am Schluss kommt dann vielleicht noch raus, dass das für Leipzig besser gewesen wäre?!«

Diesen Satz von ihm haben wir in Anbetracht des Zustandes unserer Stadt lieber nicht kommentiert.

Aus dem Jahr 1988 habe ich unlängst in einer Mappe eine »Vereinbarung über Mietminderung« vom »VEB Gebäudewirtschaft Leipzig« gefunden.

Wir erhielten sie wegen »Wegfalls des Balkons«.

Er war zwar noch nicht direkt »weggefallen«, aber so baufällig, dass wir ihn nicht mehr betreten durften (was wir uns aber trotzdem getraut haben).

Dann gab es ein weiteres Problem. Als wir diese Wohnung acht Jahre vorher durch einen Tausch erhalten hatten, machte ich den Mitarbeiter der Gebäudewirtschaft bei der Besichtigung auf einen eklatanten Schaden aufmerksam: In einem Zimmer war an einer größeren Stelle die nackte Ziegelwand zu sehen. Wegen eines Stücks fehlenden Fallrohrs an der Außenmauer war dort die Wand »ersoffen« und eine aufgewölbte Putzblase schließlich irgendwann auf das Parkett gefallen. Als ich den Mitarbeiter beim Betreten des Raumes auf diese unhaltbare Situation aufmerksam machte und fragte, wie er sie zu lösen beabsichtige, reagierte er mit dem Satz: »Das ist kein Problem, Herr Lange, das Zimmer haben wir schon aus der Miete herausgenommen!«

So lösten Verantwortliche im Land solche Probleme!

Es wird Sie aber bestimmt interessieren, wie sich mir eine Gelegenheit bot, die Initiative zu ergreifen ... Eines

Tages sprach mich in einer Kneipe am Nachbartisch ein Mann an und fragte, ob ich ihm nicht bei der Besorgung von zwei Kabarettkarten helfen könne. Er wäre großer Fan und Liebhaber von Kabarett usw. usw. Es muss ein Urinstinkt bei mir gewesen sein, der mich zu der Frage verleitete, was er denn beruflich mache.

Darauf kam, ob Sie es mir nun glauben oder nicht, die kuriose Antwort. »Ich bin bei der Gebäudewirtschaft.«

Nachdem ich die schlimmste Kritik abgelassen hatte und ihm vom Schaden in unserem künftigen Schlafzimmer erzählt hatte, kam von ihm die Antwort: »Kein Problem.«

Er besorgte ein Stück Fallrohr, kannte einen Mann, der einen Gewerbeschein für seine Firma namens »Gefahren-Kluge« bekommen hatte. Was machte der? Er kletterte eine Leiter hoch, um an den Fassaden Teile abzuhacken, die auf den Bürgersteig zu fallen drohten.

Dieser Mann kam in unserem Hof, stieg mit Hilfe seiner Drehleiter nach oben und in Umkehrung seiner eigentlichen Tätigkeit schlug er nichts ab, sondern brachte etwas an – nämlich das Stück fehlendes Fallrohr.

In zwanzig Minuten war die Hauswand unseres vierstöckigen Jugendstil-Mietshauses trocken gelegt. Da das die Gebäudewirtschaft nie erfuhr, war dieser Raum bis ans Ende der DDR aus der Miete »rausgenommen«.

Was ich mit der selbst erlebten Geschichte sagen will: Letzten Endes konnten ein fehlender Ziegelstein oder ein Stück nicht mehr vorhandene Dachrinne über die Jahre dazu führen, dass ein Haus letztlich unbewohnbar wurde.

Und deshalb reimte der Volksmund die bittere Losung »Ruinen schaffen – ohne Waffen!«

Über den zumeist verheerenden Zustand der Bausubstanz unterhielt sich in einer Szene unseres Kabarett-Programms im Jahr 1988 ein Gesellschaftswissenschaftler mit einem Mitarbeiter jener legendären Gebäudewirtschaft unter dem Dach eines Hauses. Der Wissenschaftler beschwor die Theorie, und der Zuschauer sah die Praxis: Auf der Bühne waren verschiedene Gefäße deponiert, und man hörte über Band, wie das Wasser in die Schüsseln und Eimer tropfte ...

Das als große Kampagne angekündigte »Dächer-dicht-Programm« der SED für das Land war ein Lacher. Dem ersten Mann des Staates hätte es die Schamröte ins Gesicht treiben müssen, denn er war schließlich von Beruf – Dachdecker!

Diese Szene signalisierte: Dieses System war nicht mehr zu retten. In einem anderen Text wurde gar schon das Völkerschlachtdenkmal für Devisen ins kapitalistische Ausland verscherbelt ...

Ich schweife ab. Zurück zu den Amerikanern und dem Text »Utopie bzw. Leipzig im Westen«: Es gab aber mittlerweile Genossen, die schon liberaler dachten und von »offensiver Selbstdarstellung« sprachen. Fazit: Wir bekamen den Text durch! In jener Zeit bröckelte nicht nur der Putz, sondern es gab da und dort auch ohne Regen Aufweichungstendenzen.

Und das Kuriose: Im November 1988 hatte ich beispielsweise schon – als hätte ich's geahnt! – das »unterirdische Einkaufszentrum im Hauptbahnhof«, »die U-Bahn« oder »C&A in der Petersstraße« beschrieben!

Genau zwei Messen spielten wir »Mir fang gleich an« noch zu DDR-Zeiten, und kurz nach der Friedlichen Revolution sendete es der Fernsehsender 3sat live aus dem academixer-Keller – war das aufregend!

Zum ersten Mal Ost-Kabarett aus Leipzig im Westen!

Aber so weit sind wir noch lange nicht. Zurück zu den Frühjahrs- und Herbstmessen zu sozialistischen Zeiten: Die westdeutschen Freunde und Bekannten waren zur

Messe immer sehr erpicht auf unsere neuesten politischen Witze. Die gab es dann als Nachschlag am Stammtisch. Auf diesem Gebiet war das Volk der Ostdeutschen ausgesprochen innovativ, und die besondere Dialektik dieses Humors beeindruckte die Gäste.

Gerade während der Messen wurde in den Ausstellungshallen der technische Abstand zwischen Ost und West auf verschiedenen Gebieten besonders deutlich.

Ironisch und schöpferisch wurde das an der folgenden Geschichte illustriert:

Einer der weltweit gefragten Artikel aus der DDR war Plauener Spitze. Ein japanisches Handelsunternehmen zeigt Interesse, und der Direktor des Betriebes wird zur Unterzeichnung des Vertrages nach Tokio eingeladen. Das Ministerium für Außenhandel hat aber keine Devisen für den Flug, und der Direktor muss mit dem Zug nach Tokio reisen.

In Plauen kann er natürlich keine Fahrkarte nach Tokio kaufen, und deshalb fährt er nach Karl-Marx-Stadt. Von dort schickt man ihn nach Berlin, aber auch in der Hauptstadt der DDR gibt es keine Fahrkarte nach Tokio, und man verweist ihn schließlich nach Moskau. Dort bekommt er endlich die Fahrkarte nach Wladiwostok und die Schiffspassage nach Tokio.

Nachdem die Verhandlungen erfolgreich abgeschlossen sind, will er sich nun die Rückfahrkarte kaufen und verlangt in seinem Übermut am Schalter im Tokioter Bahnhof gleich eine Fahrkarte bis Plauen. Der Mann hinter der Glasscheibe lächelt ihn an und fragt: »Oberer oder Unterer Bahnhof?«

Der Direktor ist fassungslos.

Leises Surren und schon ist die Karte ausgedruckt. Auf der Rückseite liest er: »Beachten Sie bitte, dass vom 1. bis 20. Juli zwischen Reichenbach und Plauen Oberer Bahnhof wegen Bauarbeiten Schienenersatzverkehr eingerichtet ist.«

Der praktizierte Marxismus in der DDR und im gesamten Ostblock hatte immer auf seiner Agenda, dass angeblich alles Wirken dem Wohle des Volkes dienen soll.

Der Philosoph Karl Popper benennt in seinem Buch »Die offene Gesellschaft und ihre Feinde« eine Erkenntnis, die kurioserweise voll auf den Sozialismus zutraf: »Von allen politischen Idealen ist der Wunsch, die Menschen glücklich zu machen, vielleicht der gefährlichste. Ein solcher Wunsch führt unvermeidlich zu dem Versuch, anderen Menschen ›höhere‹ Werte« aufzuzwingen, um ihnen so die Einsicht in Dinge zu verschaffen, die uns für ihr Glück am wichtigsten zu sein scheinen; also gleichsam zu dem Versuch, ihre Seelen zu retten. Dieser Wunsch führt zu Utopismus und Romantizismus.«

Und eben zur Diktatur.

Wir bekamen in der DDR immerzu »höhere Werte« bei permanentem Glücksversprechen aufgezwungen. Die Seelenretter waren im Dauereinsatz. Das Resümee der Gedanken von Karl Popper haben Menschen im Ostblock in den schlimmsten Phasen in diesen Ländern am eigenen Leib erfahren müssen: »Der Versuch, den Himmel auf Erden zu errichten, erzeugt stets die Hölle.«

An einer Universität fragt der Professor einen Studenten nach dem Unterschied zwischen Kommunismus und Sozialismus.

»Bertolt Brecht sagte: ›Der Kommunismus ist das Einfache, das schwer zu machen ist.‹«

»Und der Sozialismus?«

»Der Sozialismus ... der ist das Schwere, das einfach nicht zu machen ist.«

18 Im Leipziger Café Corso gehörten politische Witze am Tisch dazu – wie die Sahne zum Kaffee

Auch diese Pointe, diese Analyse über die Chancen unserer Gesellschaftsordnung bewahrheitete sich dann im Jahr 1989.

An dieser Stelle will ich mal jene hervorragende Definition einfließen lassen, die ich in den sechziger Jahren in meinem geliebten Café Corso hörte. Dieses Kaffeehaus der Leipziger Künstler und Studenten war der Partei ein schmerzender Dorn im Auge, es wurde 1968 geschlossen, und bald wurde auch das gesamte Haus abgerissen … für alle Fälle.

Aber es nützte alles nichts. Nur wenige Meter entfernt stand die Nikolaikirche und lag der Karl-Marx-Platz. Welche Bedeutung diese beiden Namen 1989 erlangten, ist bekannt.

Also, an einem der alten Marmortische definierte einer in fröhlicher Runde (politische Witze gehörten dort dazu wie die Sahne zum Kaffee) den Unterschied zwischen Wissenschaft, Philosophie und Marxismus/Leninismus:

Wissenschaft ist, wenn man in einem völlig schwarzen, verdunkelten Raum eine schwarze Katze fangen will.

Philosophie ist, wenn man in einem völlig schwarzen, verdunkelten Raum eine schwarze Katze fangen will, die gar nicht drin ist!

Und Marxismus/Leninismus ist ... wenn man in einem völlig schwarzen, verdunkelten Raum eine schwarze Katze fangen will, die gar nicht drin ist, und man ruft: »Ich hab se!«

Unlängst saß ich bei einer Geburtstagfeier in einem Garten mit einigen Leuten zusammen. Ich fragte im Laufe des Gesprächs das nette Ehepaar neben mir, was sie denn studiert hätten. Lächelnd sagten sie: »WK.«

Nicht nur Menschen, die im Westen Deutschlands aufgewachsen sind, sondern alle jüngeren Semester können natürlich mit dieser Abkürzung gar nichts anfangen. Die zwei Buchstaben bedeuten »Wissenschaftlicher Kommunismus«.

Das muss man sich einmal vorstellen: Kommunismus war ja an sich schon eine Utopie. Und diesen Begriff nun gar mit dem Attribut »wissenschaftlich« zu garnieren – dazu gehört schon viel fester Glaube.

Das war sozusagen die imaginäre Hoffnung auf ein wissenschaftlich begründetes Paradies ...

Der Volksmund brachte das Thema kurz und knapp auf den Punkt:

Was ist Kommunismus?

Der Sieg des Gedankens über die Vernunft.

Was zeichnet einen Kommunisten aus?

Ein Kommunist hat die Werke von Marx und Lenin gelesen.

Und wer ist kein Kommunist?

Einer, der sie verstanden hat.

Wie wurde das Erbe vom Karl Marx aufgeteilt?

Die DDR bekam das »Manifest«, die Bundesrepublik das »Kapital«.

Anfrage an Radio Jerewan: »Stimmt es, dass die DDR mit Volldampf in den Sozialismus fährt?«

Antwort: »Im Prinzip ja, aber 95 Prozent werden zum Tuten verbraucht.«

Zum Tuten gehörte auch, vor allem permanent darüber zu reden, dass die Bedürfnisse der Bevölkerung immer besser befriedigt werden. Zu den Exquisit-Läden, in denen es überteuerte Kleidung und Schuhe zu kaufen gab, um eben »Kaufkraft abzuschöpfen«, gesellten sich dann in den siebziger Jahren mehr und mehr Delikat-Läden, die besondere Lebensmittel und Spirituosen (oft DDR-Produkte in schicker westlicher Verpackung) im Angebot hatten.

Die »Deli-Läden« nannte der Volksmund auch »Fress-Ex«.

So definierte man scherzhaft eine neue Stufe der gesellschaftlichen Entwicklung – es entstand als Übergang vom Sozialismus zum Kommunismus der »Delikatismus«. In dieser Phase kann man den Leuten das Geld abknöpfen, das sie im späteren Kommunismus ja nicht mehr brauchen, weil dann jeder nach seinen Bedürfnissen lebt. Deshalb gibt es auch kein Geld mehr. Man bekommt einfach, was man braucht.

Es kursierte allerdings eine andere Deutung auf diese Frage im Land:

»Wird es im Kommunismus noch Geld geben?«

Und die Antwort lautete: »Nur noch Geld ...«

Eine einfache Definition, worin der hauptsächliche Unterschied zwischen Kapitalismus und Sozialismus besteht:

Der Kapitalismus macht soziale Fehler.

Der Sozialismus macht kapitale Fehler.

Wer zu meiner Generation gehört, der hat die zwei wichtigsten Etappen des Sozialismus in der DDR genau erleben können:

Die erste Etappe war geprägt von den Schwierigkeiten des Wachstums.

Und die zweite vom Wachstum der Schwierigkeiten.

Während das Leben in der westlichen Gesellschaft vor allem von Einnahmen und Ausgaben geprägt war, spielten auf der östlichen Seite Eingaben und Ausnahmen eine große Rolle.

Die »Prawda« kostet umgerechnet 13 Pfennige.

Das »Neue Deutschland« kostet 15 Pfennige.

Wie kommt die Differenz zustande?

Das sind die Übersetzungskosten.

Unsere Tageszeitungen druckten zwar keine Satiren, aber sie lieferten täglich den Stoff dazu.

Es werden täglich weitaus mehr Nachrichten als Köpfe frisiert.

1971 wurde Werner Lamberz Mitglied des Politbüros der SED. Er war für Agitation und Propaganda zuständig, also auch für die Presse des Landes. Schon bald machten Gerüchte die Runde, dass mit Lamberz ein Hoffnungsträger ins Allerheiligste aufgestiegen war. Sensationell war schon einmal sein Alter: 42 Jahre. In dieser Altersgruppe stand er allein auf weiter Flur, da hatte sich quasi ein Jungspund, von Honecker gefördert, in die Riege der Alten gemischt. Nicht umsonst fragte man bis zum Ende der DDR:

»Was ist der Unterschied zwischen dem Politbüro und einer Waschmaschine? ...

Eine Waschmaschine kann man entkalken.«

Lamberz wurde selbst in westdeutschen Zeitungen und Zeitschriften als ein Mann von hoher Intelligenz und weltmännischem Auftreten beschrieben. Sprach frei (soweit das in der DDR möglich war) und konnte in mehreren Sprachen bei Verhandlungen oder Empfängen parlieren. Im »Spiegel« las ich, dass einer seiner Jugendfreunde der später bedeutende Schauspieler Mario Adorf war. Und Adorf ließ auf seinen Kumpel aus diesen Tagen nichts kommen.

Der andere »Hoffnungsträger« Modrow sagte über ihn: »Ich hatte im Politbüro nur einen Freund – Werner Lamberz.«

Das jüngste Politbüro-Mitglied, das es je gab, reiste viel. Vor allem in afrikanische und arabische Staaten. Das wäre eigentlich das Feld von Hermann Axen gewesen, der im Politbüro für internationale Beziehungen verantwortlich war. Im Magazin »Spiegel« stand, dass die arabischen Staatschefs aber Axen ablehnten, weil er Jude war.

Woher wussten die das?

Das spielte in der Öffentlichkeit der DDR keine Rolle, nirgendwo wurde darüber geschrieben, dass neben Axen auch Alexander Abusch und Albert Norden aus jüdischen Familien stammten. Norden war sogar ein Rabbinersohn.

In den siebziger Jahren stieg auf dem Weltmarkt der

Kaffeepreis. Lamberz reiste nach Äthiopien, um für die permanent devisenschwache DDR Rohkaffee zu erwerben. Schließlich kam es zu einem Geschäft: Waffen gegen Kaffee.

Das hätten wir uns auch nicht träumen lassen, dass unsere friedliche Kaffeestunde durch Kriegsgerät ermöglicht wurde …

Der chronische Devisenmangel veranlasste die Parteiführung in dieser Zeit, eine besonders ungeliebte Mischung von Original- und Ersatzkaffee zu produzieren. Und das ausgerechnet in dem Land, in dem die Kaffeesachsen wohnten!

Der »Kaffee-Mix« bestand nur zu 51 Prozent aus Röstkaffee, der restliche Teil war vor allem ein Roggen- und Gerstegemisch. Die Verpackung sah geradezu lockend westlich aus, der Inhalt schmeckte verheerend. Und war auch noch teuer. Die Parteiführung wurde mit Eingaben bombardiert.

Der Volksmund benannte den »Kaffee-Mix« sofort in »Erichs Krönung« um, in »Mokkafuck« oder »Bohnenlose Gemeinheit«.

Und das Ende vom Lied: Weit vor dem Herbst 1989 kapitulierte die Partei das erste Mal vor dem geballten Zorn des Volkes und zog die Mischung zurück.

In jene Zeit fiel auch die Nachricht von der Produktion amerikanischer Neutronenbomben, die Leben zerstörten, während Bauten und Dinge erhalten blieben. Flugs griff dies der Volksmund auf und schuf in der Art des schwarzen Humors die Version von »Neutronen-Kaffee«: »Der Mensch geht kaputt, die Tasse bleibt heil!«

Doch noch einmal zurück zu Werner Lamberz. Im Jahr 1978 flog er nach Libyen, um mit Gaddafi Gespräche zu führen. Bei diesem Staatsbesuch stürzte er mit einem Hubschrauber ab. Keiner der Insassen überlebte. Die Gerüchteküche brodelte. War es ein Attentat, und war eigentlich Gaddafi gemeint, der manchmal mit diesem Hubschrauber flog? Oder war gar Honecker von bestimmten Gedanken seines Kronprinzen inzwischen gar nicht mehr angetan? Spekulationen gab es reichlich.

Der Volksmund raunte sich in diesen Tagen zu:

»Was ist die schlimmste Parteistrafe? ... Rundflug über Libyen.«

Viele Jahre galt Lamberz als der aussichtsreichste Nachfolger für Erich Honecker. Man stelle sich vor, Lamberz hätte Honecker in jenen Jahren abgelöst, in denen Gorbatschow an die Macht gekommen ist. Unter dieser Konstellation hätte sich vieles vermutlich anders entwickelt. Und so zeigt sich wieder einmal, welche Rolle der Zufall in der Geschichte spielt.

Alle politischen Wendungen in der DDR hat eine Fernsehsendung überstanden, die den Großteil der Bürger im Land besonders genervt hat: »Der schwarze Kanal« von und mit Karl-Eduard von Schnitzler. Sie lief von 1960 bis 1989 (ohne die Friedliche Revolution wäre sie noch ein paar Jahre länger gelaufen).

1519 Folgen, die ohne Folgen blieben, weil die Mehrheit der Menschen im Land die Sendung nicht ansah, viele hassten sie regelrecht. Dabei muss man sich vorstellen, dass der agitierende Adlige seinerzeit mal bei der BBC und beim Nordwestdeutschen Rundfunk gearbeitet hatte.

Am ehesten wurde »Der schwarze Kanal« noch in jenen Gegenden der DDR geguckt, in denen kein Westempfang möglich war. Vielleicht, weil die Menschen dort in den kurzen Ausschnitten wenigstens mal ein paar Fetzen Westfernsehen betrachten konnten.

Montags lief im DDR-Fernsehen immer ein alter deutscher Film. Die guten Einschaltquoten für diese Sendung wollte man für den »Schwarzen Kanal« ausnutzen. Die Realität sah aber so aus:

Der bekannte Fernsehkommentator Karl-Eduard von Schnitzler kommt aus seinem Haus und eine ältere Frau grüßt ihn mit »Guten Morgen, Herr von Schnitz!«

Schnitzler freut sich, dass ihn die Zuschauerin erkannt hat. Als im Laufe der Zeit jedoch die Dame ihn immer wieder »Herr von Schnitz« nennt, sagt er ihr: »Entschuldigung, aber ich heiße nicht von Schnitz, sondern von Schnitzler!«

»Ach, aber da schalte ich den Fernseher immer aus.«

Besonderes Spottobjekt in der DDR waren die Volkspolizisten. Sie galten eher als schlicht denn sonderlich intelligent. Und das regte die Phantasie des Volkes enorm an. Lesen Sie nun, was den armen grün Uniformierten alles passiert ist …

Ein Volkspolizist kommt in ein Warenhaus, zeigt auf ein Produkt und sagt zur Verkäuferin:

»Ich hätte gern dieses Tonbandgerät.«

Die antwortet ihm zu seiner Verblüffung: »An Polizisten verkaufen wir nichts.«

Am nächsten Tag geht er deshalb in Zivil in das Warenhaus: »Guten Tag, ich hätte gern dort dieses Tonbandgerät.«

Wieder antwortet die Verkäuferin: »An Polizisten verkaufen wir nichts.«

Völlig verstört verlässt er die Einkaufsstätte und verkleidet sich am Tag darauf mit Hut, Brille und einem Bart.

Zu seinem Erstaunen muss er jedoch wieder hören: »An Polizisten verkaufen wir nichts.«

Völlig verzweifelt fragt er nun die Verkäuferin, woran sie ihn denn erkannt habe.

»Ganz einfach, das ist kein Tonbandgerät, sondern ein zweiflammiger Gaskocher!«

Warum lächelt ein Polizist meist bei Gewitter?

Weil er bei jedem Blitz denkt, er wird fotografiert.

Was sind die drei schwersten Jahre eines Volkspolizisten?

Das 5. Schuljahr.

Warum ertrinken viele Polizisten, wenn sie an Seen und Flüssen Wache halten müssen?

Wenn sie geraucht haben, werfen sie die Kippe ins Wasser und wollen sie mit dem Fuß austreten.

Zwei Volkspolizisten unterhalten sich über ihre Kinder.

»Mein Sohn soll eine Sonderschule besuchen.«

»Na, wenn er das Zeug dazu hat!«

Zwei Volkspolizisten machen während ihrer Dienstzeit Pause.

Sie setzen sich auf eine Bank und wickeln ihre Stullen aus. Plötzlich steht der eine auf, überquert die Straße und isst dort sein Brot.

Verblüfft ruft sein Genosse über die Straße: »Was machst du denn da?«

»Ich war gestern beim Zahnarzt, und der hat mir gesagt, ich soll jetzt auf der anderen Seite kauen.«

Ein Polizist winkt einen Pkw an den Straßenrand.

»Bürger, Sie haben ein Schild übersehen! Diese Straße darf zur Zeit nicht befahren werden.«

»Gilt das auch für Nationalpreisträger?«

Der Polizist salutiert, und das Auto darf weiterfahren.

19 *Beliebtes Spottobjekt der DDR-Bürger: der Vopo*

Da sagt der Beifahrer zum Fahrer: »Du bist doch gar kein Nationalpreisträger!«

»Na und? Man wird doch noch mal fragen dürfen!«

Vom Leipziger Hauptbahnhof kommt eine Straßenbahn die Goethestraße hochgefahren. Auf der Mitte der Straße steht ein Volkspolizist und rudert wild mit den Armen, dass die Bahn anhalten soll. Der Fahrer kann sich den Grund überhaupt nicht erklären, aber er hält natürlich die Bahn an, öffnet die Tür, beugt sich heraus und fragt: »Eh, was is denn iewrhaubd los?!«

Da antwortet der Polizist in scharfem Ton: »Disgudiernse nich rum! Fahrnse rechds ran!!!«

Morgenprogramm bei Radio DDR.

»Und nun die Zeitansage: Es ist genau 8 Uhr. 8 Uhr. Hier noch der Hinweis für alle Angehörigen der Deutschen Volkspolizei – Der große Zeiger zeigt steil nach oben, der kleine auf die Brezel!«

Während es an einer Wohnungstür klopft, ruft gleichzeitig eine Stimme: »Sind Sie allein zu Haus?«

»Ja.«

«Haben Sie einen Hund?«

»Nein.«

»Aufmachen! Deutsche Volkspolizei!«

Zwei Volkspolizisten wollen unbedingt zur Wasserschutz-Polizei und informieren darüber ihren Vorgesetzten. Der sagt ihnen: »Genossen, stellt euch das nicht so einfach vor. Die stellen hohe Anforderungen und haben eine schwierige Aufnahmeprüfung.«

Sie bewerben sich trotzdem. Der Vorsitzende der Prüfungskommission stellt ihnen folgende Frage: »Was passiert mit Wasser, wenn es auf hundert Grad erhitzt wird?«

Die beiden überlegen, schauen sich dann ratlos an und müssen gestehen, dass sie es nicht wissen.

Darauf meint der Vorsitzende: »Na gut, versuchen wir es mit einer anderen Frage. Was passiert mit Wasser unter null Grad?«

Auch da wissen die beiden Kandidaten keine Antwort und blicken peinlich berührt im Raum herum.

Daraufhin werden sie von der Kommission mit dem Hinweis entlassen, dass sie leider nicht für die Wasserschutz-Polizei der DDR in Frage kommen.

Völlig niedergeschlagen melden sie sich wieder bei ihrem Vorgesetzten und beichten ihm ihre Niederlage.

»Was haben sie euch denn gefragt?«

»Was passiert mit Wasser unter null Grad.«

»Was passiert mit Wasser unter null Grad ...? Sehr schwer ... unter Null Grad ... hätte ich auch nicht gewusst. Und was noch?«

»Was passiert mit Wasser über hundert Grad?«

»... über hundert Grad? Sehr seltsame Frage ... Also,

wenn sie euch gefragt hätten, was geschieht mit Wasser bei neunzig Grad ... da hätte ich gesagt ... es fließt im rechten Winkel ab!«

Was ist der Unterschied zwischen einer Straßendirne und einem Volkspolizisten?

Da gibt es keinen.

Beide stehen an der Ecke, und die ganze Familie schämt sich.

Zum Tag der Volkspolizei gibt es in Berlin einen festlichen Empfang.

Margot Honecker wurde auch eingeladen, und ein General der VP fordert sie zum Tanz auf.

Im Gespräch bittet er sie als Ministerin für Volksbildung, doch ihren Einfluss an Schulen und Bildungseinrichtungen geltend zu machen und gegen das permanente Erzählen von Polizistenwitzen einzuschreiten.

»Die Volkspolizisten sind nicht so dumm und naiv, wie das immer wieder dargestellt wird!«

»Ich will es gern versuchen, Genosse General, aber etwas scheint schon dran zu sein, denn Sie sind der Erste, der mich beim Abspielen der Nationalhymne zum Tanz aufgefordert hat!«

Mitten auf dem Alexanderplatz steht ein Mann auf einer Kiste und hält eine Rede. Eine Menschenmenge hört ihm gespannt zu.

»In der Geschichte ist doch das Volk immer wieder betrogen worden. Denken Sie an die Zeit nach den Befreiungskriegen. Es wurde alles schlimmer, Zensur, politischer Druck. Und dann unterm Kaiser. Die Sozialisten wurden verfolgt. Nach der Novemberrevolution wurden Demonstranten erschossen. Dann die schreckliche Hitler-Diktatur. Und was, meine Damen und Herren, haben wir heute?!« ... In dem Moment entdeckt er plötzlich zwei Volkspolizisten, die sich gerade von hinten der Menschenmenge nähern.

»Heute ... meine Damen und Herren ... heute haben wir Mittwoch.«

Stasi-Witze sind relativ selten. Während manche Volkspolizisten noch als fast liebenswerte Trottel durchgingen, wollte man mit Stasi-Leuten einfach nichts zu tun haben. Die waren abgrundtief unbeliebt und witzunwürdig. Immerhin, an drei Beispiele erinnere ich mich.

Auf einem Wochenmarkt erregt sich eine Frau: »Das Angebot ist doch eine Schande. Kaum Gemüse, kaum Obst. Furchtbar. Und daran ist nur dieser Schuft schuld!«

Ein Mann zückt seinen Stasi-Ausweis: »Kommen Sie mal mit hier rüber. Wen haben Sie denn mit ›Schuft‹ gemeint?!«

Die Frau erschrickt und sagt: »Na meinen Mann natürlich!«

»Oh, entschuldigen Sie vielmals, ich habe Sie gar nicht gleich erkannt, Frau Honecker!«

Eine Plenartagung des ZK der SED.

Die Staatssicherheit erhält eine Information, dass sich unter den Teilnehmern ein Spion befinden soll. Ein Beauftragter des Geheimdienstes betritt den Saal und versucht, den Westspion ausfindig zu machen.

Schon nach wenigen Minuten kommt er mit dem Agenten heraus.

Die Eingeweihten fragen erstaunt, wie er denn so schnell den Spion erkannt habe?

»Ganz einfach. Ich habe nur Lenins Warnung berücksichtigt: ›Der Klassenfeind schläft nicht.‹«

Eine ältere Frau hatte ihrem Sohn in der Bundesrepublik geschrieben: »Die Pistole und die Munition sind bei mir angekommen, und ich habe beides im Garten vergraben.«

Nach kurzer Zeit teilte sie ihrem Sohn mit: »Die Stasi war da und hat den Garten umgegraben. Du kannst jetzt die Tulpenzwiebeln schicken.«

Eines Tages lief ich durch das Zentrum von Leipzig und entdeckte in der Petersstraße einen Stand. Ich sah auf das Angebot und entdeckte zu meiner großen Überraschung – Körbe mit Pilzen!

Das hatte ich meinem DDR-Leben noch nie gesehen. Stolz erwarb ich ein Exemplar und freute mich schon auf das überraschte Gesicht meiner Frau und auf unser Abendbrot.

Und wodurch kam ich in den Genuss der duftenden Pilze?

Das war mir an jenem Tag nicht klar.

1986 kam es in dem Kernkraftwerk in Tschernobyl zu einer Explosion mit schlimmen Folgen. Es gab Tote und Verletzte. Viele Menschen starben in den Jahren danach an Krebs.

Es war makaber, aber meine Familie profitierte letztlich von dieser Katastrophe.

Der Westen nahm dem Osten die Pilze (und auch diverses Gemüse) nicht mehr ab – dann bekam sie eben die Bevölkerung in der DDR. Die werden es schon verkraften!

Mit strahlenden Gesichtern nahmen wir am Abend an unserem Küchentisch Platz und registrierten den Symbolwert dieses Adjektivs erst einige Zeit danach …

Und was erzählte man sich in der DDR in schwarz-humoriger Weise in diesem Zusammenhang?

Man habe gehört, dass auf neuen Schildern in den Krankenhäusern von Kiew und Umgebung stehen würde »Patienten, die eine Strahlentherapie bekommen, begeben sich bitte nach draußen.«

Ein ewiges Problem in der sozialistischen Gesellschaft war der Diebstahl von Volkseigentum bzw. man hat den Begriff zu wörtlich genommen. In diesem Zusammenhang wurde auch von den Akteuren nie von »stehlen« gesprochen, sondern man hat etwas »abgezweigt« oder »organisiert«.

Ein Arbeiter wird bei einer Kontrolle dabei erwischt, dass er Material aus seinem Betrieb für handwerkliche Arbeiten zu Hause gestohlen hat. Man stellt ihn zur Rede.

»Aber ich habe das doch auf Empfehlung von Erich Honecker gemacht.«

Die Kontrolleure sind über diese Reaktion empört.

»Doch! Er hat ausdrücklich gesagt, dass aus unseren Betrieben noch viel mehr rauszuholen ist!«

Und die Logik des sogenannten einfachen Menschen war in dieser Beziehung auch tatsächlich frappierend, weil letztlich seine Sicht war:

»Wer Marx vertraut
und Bretter klaut,
der hat bald eine Laube.«

Eine Baustelle in der DDR.

Zwei Bauarbeiter machen an einem Donnerstag Mittagspause. Einer ist schweigsam und in sich gekehrt.

»Was hast du denn heute?«

»Ich habe gerade überlegt, was passiert, wenn jetzt auf uns eine Atombombe fallen würde.

Wir beide wären nicht mehr da. Die Mörtelmaschine, der Zement und das Bauholz wären auch nicht mehr da.«

Der andere hört sich das an und zuckt verständnislos mit den Schultern.

Am Tag danach grübelt sein Kollege wieder in der Mittagspause.

»Was hast du denn heute wieder?«

»Ich habe gerade daran gedacht, was passiert, wenn eine Neutronenbombe fallen würde. Wir beide wären nicht mehr da, aber die Mörtelmaschine, den Zement und das Bauholz gäbe es noch.«

Nach dem Wochenende, am Montag, sitzt der Grübler zur Mittagspause schon wieder nachdenklich da.

»Was ist denn nun schon wieder?«

»Ich frage mich, was da am Wochenende für eine Bombe gefallen ist ... Wir beide sind da, aber die Mörtelmaschine, der Zement und das Bauholz sind weg!«

Es gibt einen Witz, der eigentlich ins Kapitel Sowjetunion gehört. Ich habe ihn aber aus gutem Grund in die DDR-Sparte aufgenommen und werde das anschließend noch näher erklären.

Cäsar, Alexander der Große und Napoleon verfolgen aus dem Jenseits eine Truppenparade auf dem Roten Platz und kommentieren sie so:

»Wenn ich sowjetische Panzer gehabt hätte, dann wäre ich unbesiegbar gewesen!«

»Wenn ich sowjetische Flugzeuge gehabt hätte, dann hätte ich die ganze Welt erobert!«

»Und wenn ich die ›Prawda‹ gehabt hätte, dann hätte die Welt nie erfahren, dass ich die Völkerschlacht bei Leipzig verloren habe!«

Von diesem Witz gibt es eine DDR-Variante, die ich in dem Band »Lachen hilft« von Willy Brandt gefunden habe. Der ehemalige Bundeskanzler war bekannt dafür, dass er unentwegt bei seinen vielen Kontakten und Reisen auf der Jagd nach politischen Witzen war. Seine Witwe Brigitte Seebacher-Brandt hat das Buch herausgegeben und schrieb im Vorwort, wie seine Sammlung aussah. Manche Witze hat er tatsächlich sauber auf Blätter geschrieben. »Überwiegend aber handelte es sich um Schnipsel, ausgeschnittene Drucksachen und handbeschriebene Zettel aller Art. Es konnten auch schon mal Speisekarten sein, wenn er beim Essen einen neuen Witz gehört hatte.«

Nun aber zu einer besonderen DDR-Variante des oben abgedruckten Witzes:

Cäsar, der Alte Fritz und Napoleon kommen zusammen und beobachten die Feierlichkeiten zum 30. Jahrestag der DDR.

»Hätte ich schon die Stasi gehabt«, sagt Cäsar, »wäre Brutus enttarnt worden.«

»Hätte ich die NVA gehabt«, sagt der Alte Fritz, »wäre ganz Europa erobert worden.«

» Ja, und hätte ich das ›Neue Deutschland‹ gehabt«, sagt Napoleon, »wüsste die Welt heute noch nicht, dass ich die Schlacht von Waterloo verloren habe.«

Nun kommt aber die eigentliche Pointe: Im Buch ist der originale Notizzettel von Brandt abgedruckt. Und darauf steht »Juni 86 von Axen«.

Da hat Hermann Axen gegenüber Brandt den weltgewandten originellen Vertreter der Diktatur gespielt und hatte doch keine Ahnung, wie sich drei Jahre später der 40. Jahrestag der DDR real abspielen würde und er selbst und alle anderen hohen Persönlichkeiten zu Witzfiguren werden sollten …

Außerdem ist es natürlich ein Witz, der damit kokettiert, wie gut die Stasi und die NVA von großen Persönlichkeiten der Geschichte eingeschätzt werden, und da konnte sich Axen schon mal eine Spitze in Bezug auf die fehlende Informationsfunktion des Parteiblatts »Neues Deutschland« im Beisein von Willy Brandt leisten. Wobei an der Stelle darauf hingewiesen werden soll, dass Axen im Gegensatz zu Honecker, so bestätigen Augenzeugen aus jenen Kreisen, tatsächlich durchaus mal einen Witz erzählte und sich selbst sogar auf die Schippe nehmen konnte, was bei Honecker unmöglich gewesen wäre. Der Mann war einfach abgrundtief humorlos und lächelte höchstens, wenn hübsche FDJlerinnen oder Sportlerinnen neben ihm standen.

Ich will hier eine Episode dazwischenschieben, und Sie werden gleich merken, warum ... Also: Im Sommer 1987 fuhr ich mit Frau und Sohn an die Ostsee, auf die schöne Insel Rügen. Schon von Weitem sahen wir das feudale ZK-Heim in Baabe. Einheimische erzählten uns, wie die Urlauber auf der Straße bis zu drei Stunden warten mussten, wenn Honecker anreiste. Eine in der Nähe befindliche Klärgrube wurde extra verlegt, damit den Genossen nicht etwas unangenehm in die Nase stieg. Dabei stank in diesem Land so viel zum Himmel!

Wir wollten uns das gut bewachte, exterritoriale Gebiet des ZK-Heimes einmal aus der Nähe betrachten. Tatsächlich, der Volksmund hatte nicht gelogen, da gab es eine bewachte Einfahrt mit einem Schlagbaum, sogar Stacheldraht auf dem Zaun und einen Fahrstuhl zum Strand!

Als wir an der Strandseite in Höhe jener Türe waren, die sich nur dem öffnete, der hier hineinschreiten durfte, sah ich ihn plötzlich im Bademantel im Sand stehen: Hermann Axen.

Rings um ihn, ob Sie es mir nun glauben oder nicht, drei, vier Herren mit der – gleichen! – Badehose. Die war vermutlich vom VEB Frottana aus einem Exportauftrag abgezweigt, denn die fröhlichen Farben fielen völlig aus dem gewohnten Sortiment.

Zwischen Stacheldraht und dem weiten Meer stand Axen lachend im Sand.

Und mir ging durch den Kopf, dass er als Jude und Kommunist im KZ Auschwitz und im KZ Buchenwald gelitten hatte und dass ihn dort einst Stacheldraht an der Flucht hindern sollte. Hier nun schützte er ihn vor dem Volk, für das er angeblich alles tat.

Dabei hatten all jene Genossen schon lange jeglichen Draht zu diesem Volk verloren ...

Um auf das Erzählen von Witzen in den höchsten Kreisen der SED zurückzukommen: Bei Feiern des Partei-Apparates in Berlin sei vor allem mit steigendem Alkoholgenuss von verschiedenen Genossen schon dieser und jener Witz erzählt worden – der konnte dann auch mal etwas sexuell anzüglich sein. Im ZK sollen durchaus sarkastische Witze zu hören gewesen sein, auch gern solche, die letztendlich die DDR im Verhältnis zur Sowjetunion und den andere Ostblockstaaten besser aussehen ließen.

Es gab vor allem in wirtschaftlichen Dingen einen gewissen Hochmut. Bestimmte ökonomische Erfolge der DDR im Verhältnis zu anderen Ostblockstaaten spielten eine Rolle. Und es soll in der Endphase Witze gegeben haben, die sich vor allem gegen Gorbatschow und seine Mannschaft richteten.

Was natürlich die obersten Genossen im Politbüro besonders stolz machte – das waren die enormen Erfolge im DDR-Sport. So ein kleines Land und so viele Olympiasieger und Weltmeister! Man wollte die Überlegenheit des Systems anhand der Medaillen beweisen.

«Was sind die drei wichtigsten Staaten der Welt, die mit U anfangen?«

»Die UdSSR, die USA und Unsere DDR.«

Fußball-Weltmeisterschaft 1974.

Eine politisch heikle Sache: Die DDR spielt gegen die BRD.

Und was viele nicht auf ihrer Agenda hatten – die DDR gewinnt!

Anschließend sitzen die Spieler gemeinsam beim Bier. Einem westdeutschen Spieler fällt auf, dass der DDR-Spieler unterm Tisch nach einem Bier greift.

»Hast du dir etwa extra Bier mitgebracht? Wir haben doch hier genügend.«

»Nein, das geht nicht.«

»Warum geht denn das nicht?«

»Da hätten wir dann die gleiche Fahne …«

Ein Hammerwerfer aus der DDR hat zu den olympischen Spielen eine unglaubliche Weite erzielt.

Weltrekord! Das Stadion rast. Die Sportreporter stürzen zu dem Athleten. Ein Blitzlichtgewitter.

Die erste Frage eines Journalisten an ihn: »Was sind denn nun Ihre weiteren Pläne?«

»Jetzt kommt die Sichel dran!«

Erwin Strittmatter schreibt in den achtziger Jahren in sein Tagebuch (er hatte sich übrigens schon viel früher vom DDR-Sozialismus verabschiedet, als er bereit war, in der Öffentlichkeit anzudeuten …): »Das Verschweigen von Tatsachen kommt dem Lügen gleich.«

So gesehen wurde reichlich im Land gelogen.

Die permanenten Erfolgsmeldungen in den Medien nervten die Bevölkerung in Anbetracht der wahren Verhältnisse. Jene Menschen, denen ein gerüttelt Maß an Humor und Satire gegeben war, hielten entsprechend dagegen. Mit den Jahren wurden die Zustände auch in der Öffentlichkeit immer mehr entlarvt und verlacht.

Ich besitze einen Durchschlag einer erfundenen Rede

im DIN-A-4-Format, in der im Jargon »sozialistischer Leiter« eines Produktionsbetriebs mit hanebüchenen Verwechslungen in der Wortwahl und propagandistischen Losungen Satire erzeugt wird.

Wie oft werden wohl Sekretärinnen diese Rede mit entsprechenden Durchschlägen während der Arbeitszeit zwischen Rostock und Suhl abgetippt haben?

Einige Sätze daraus haben sich zu geflügelten Sprüchen im Land entwickelt.

Vermutlich hat sich beim Entwurf dieser anonymen Rede ein größeres Kollektiv zusammengefunden, also eine echte Gemeinschaftsarbeit, die vielleicht auch noch durch den Genuss alkoholischer Getränke befeuert wurde ... Hier einige Auszüge:

»Die Sittewation, in der sich gegenwärtig unser Betrieb befindet, ist als äußerst primär zu betrachten. Es ist deshalb erforderlich, dass sich die endilektuelle Führungsschicht unseres Betriebes in allen Fragen gegenseitig und miteinander kondulieren muß.

Alles an sich herankommen lassen und im Zusammenbruch sehen! ...

Was heute falsch ist, kann morgen verkehrt sein und braucht übermorgen nicht zu stimmen!

Im Mittelpunkt des Menschen steht die Sorge um den Vordergrund! ...

Wissen ist Macht! Wer nichts weiß, braucht nichts zu machen, und wer nichts macht, braucht nichts zu wissen!

In Verwirklichung des Frauenkongresses müssen wir uns mehr auf unsere werktätigen Frauen legen. Es ist notwendig, den unteren Organen mehr Vertrauen entgegenzubringen ...

Spare mit jedem Pfennig, koste es, was es wolle! Frei nach unserer konzertierten Wettbewerbslosung: Jeder macht, was er will, keiner macht, was er soll. Vorwärts zu allem Möglichen! ... Wir wissen zwar nicht, was wir wollen, aber das mit ganzer Kraft!«

Soweit einige Gedanken aus den sozialistischen Verwaltungen. Und nun noch mal einige Bephorismen:

Ohnmacht zwingt zu schärferer Ausübung der Macht.

Manche hören schon auf, an ihren Ketten zu rasseln, wenn man sie nur vergoldet.

Müssen Soldaten auch Zivilcourage besitzen?

Die Kämpfer geben auf. Die vielen Siege ermüden sie.

Mit den Jahren wurde die Hoffnung auf grundlegende Veränderungen in der DDR immer geringer. Aber hier lernen sie einen kennen, der hat sie noch nicht aufgegeben:

Eine Frau beobachtet bei ihrem Mann, dass er in der letzten Zeit immer mal ans Fenster tritt, den Himmel betrachtet und vor sich hin murmelt: »Nee, heute wird's nischt. Heute nich.«

Schon wenige Tage später dasselbe Spiel. Das zieht sich über einige Zeit hin, und die Frau macht sich etwas Sorgen um ihren Mann.

Und dann, eines Tages, ist er ganz frohgemut, strahlt, als er den Himmel und das sonnige Wetter vom Fenster aus gesehen hat, und sie hört ihn immer wieder sagen: »Heute könnt's klappen! Ja, heute könnt's klappen!«

Schließlich fragt sie ihn: »Was könnte denn heute klappen?«

»Na, mein Vater hat immer gesagt: Eines *schönen* Tages bricht der ganze Laden hier mal zusamm'.«

Aber es gab natürlich trotz vieler misslichen Sachen im Land auch einige Rekorde zu verzeichnen. So zum Beispiel diese Weltpremiere: Der erste Deutsche im All war ein DDR-Bürger aus dem schönen Vogtland.

Nachdem Sigmund Jähn mit sowjetischen Kosmonauten die Erde umrundet hatte, so scherzte das Volk, nannte die DDR-Führung das Weltall in »Jähnseits« um.

Der Papst empfängt einen amerikanischen Astronauten. »Sagen Sie mal, Sie waren doch nun da ganz oben. Haben Sie Gott gesehen?«

»Nein.«

»Oh, das ist traurig. Das zerstört ja unseren ganzen Glauben. Also erzählen Sie das bitte niemandem.«

Gorbatschow empfängt einen sowjetischen Kosmonauten: »Sag mal, Genosse, du warst doch jetzt da ganz oben ... Hast du Gott gesehen?«

»Ja.«

»Oh, das haut ja unsere ganze Weltanschauung über den Haufen! Erzähl das bloß niemandem.«

Honecker empfängt den DDR-Kosmonauten Sigmund Jähn. »Sag mal, Genosse Jähn, du warst doch jetzt ganz oben. Hast du da vielleicht Gott gesehen?«

»Ja, habe ich.«

»Und? ... Sieht er mir ein bisschen ähnlich?«

Der polnische Staatschef Jaruzelski nennt in seinen Erinnerungen Honecker spöttisch einen »Meisterdenker« und sieht ihn und Husak als »lebende Abbilder einer bestimmten Vergangenheit«. Dann erinnert sich der polnische General, dass der DDR-Generalsekretär »... als einziger Chef einer kommunistischen Partei Osteuropas in der Lage war, eine volle Drehung an der Reckstange zu vollführen ...«

Dadurch erfuhr ich, dass ich mit Honecker sogar etwas gemeinsam hatte, denn diesen sogenannten Felgumschwung habe ich tatsächlich auch zustande gebracht – aber ohne jegliche Begeisterung.

Jaruzelski meint noch bei der Charakterisierung des obersten DDR-Genossen, dass er »sich in geradezu obsessiver Weise seiner Gesundheit widmete. Er hielt es für seine Pflicht, mir Lektionen in angewandtem Marxismus-Leninismus zu geben, wie er es auch gegenüber Gorbatschow getan hatte. Er versuchte, uns mit den Erfolgen des Landes zu beeindrucken.«

Das versuchte er bei uns auch immer.

Aber es hat einfach nicht geklappt.

Erich Honecker und Willi Stoph wollen inkognito in die Bundesrepublik fahren. Damit sie niemand erkennt, verkleiden sie sich als Maler. Als sie das Zugabteil betreten, sagt ein altes Mütterchen sofort zu Ihnen: »Du bist der Honecker und du der Stoph!«

Schnell verlassen sie den Zug. Ein paar Tage später versuchen sie es wieder – dieses Mal als Schornsteinfeger. Wieder sitzt das alte Mütterchen im Zug und ruft: »Du bist der Honecker und du der Stoph!«

Völlig verunsichert fragen sie das Mütterchen, wie sie das denn so schnell herausgefunden habe.

»Na, ich bin doch der Volkskammerpräsident Sindermann!«

1987 war dann Honeckers Jahr. Er konnte ganz offiziell ohne Verkleidung zu einem Staatsbesuch in die Bundesrepublik reisen. Außerdem war er schon seit zehn Jahren Rentner.

Der Generalsekretär und der Bundeskanzler schritten

eine Ehrenkompanie ab, liefen gemeinsam über den Teppich, unter den in beiden deutschen Staaten immer so viel gekehrt wurde.

Was verband die beiden Staatsmänner?

An ehesten wohl der Trend zu einer gewissen Humorlosigkeit. Vielleicht die einzige Mentalität, in der Kohl dem Honecker ähnelte. Wenigstens in der Beziehung müssten sie sich doch beim Staatsbesuch gut verstanden haben.

Um diese deutsch-deutsche Visite würdig vorzubereiten, kam es zu einer Überraschung, in der nun gerade Humor eine große Rolle spielte ... Unmögliches wurde möglich und unser Kabarett auserkoren, im Saarland, also in der Heimat von Honecker, den Boden etwas für diesen Besuch zu lockern.

Die »academixer« durften eine knappe Woche, bevor E. H. von seiner Margot die Koffer für seine Westreise gepackt bekam, zu Kleinkunst-Tagen nach St. Ingbert fahren!

Das war unsere erste Gastspielreise in den Westen. Wir stellten erstaunt fest: Reisegenehmigungen konnten in der DDR mitunter sogar erteilt werden, ohne dass der Reisende davon wusste. Wir hatten keine Ahnung, dass für die »academixer« von dort eine Einladung ausgesprochen worden war ...

Wir leisteten uns natürlich vor Ort den Spaß und ließen uns von einem SPD-Mann, der mit der Organisation des Festivals »St. Ingberter Pfanne« zu tun hatte, das Geburtshaus Honeckers in Neunkirchen zeigen. Darin (oder war es das Nachbarhaus?) befand sich eine Kneipe, die »Zum letzten Strohhalm« hieß und die man wegen des bevorstehenden Besuchs aus gutem Grund lieber, um nicht zu provozieren, umbenennen wollte ... Der neue Name ist mir leider entfallen. »Zum ersten Strohhalm« wäre ja auch nicht schlecht gewesen!

Unser Programm kam beim Publikum sehr gut an, und die Presse regte sich – mit Recht! – darüber auf, dass Funk- und Fernsehmitschnitte von den DDR-Verantwortlichen nicht erlaubt worden waren.

Uns war das natürlich klar, hätte die Aufzeichnung doch bedeutet, dass die Zuschauer im Osten plötzlich DDR-Kabarett im Westfernsehen hätten sehen können, was ihnen im Ostfernsehen verwehrt blieb!

Der Volksmund hatte natürlich ganz andere inoffizielle Informationen über den Staatsbesuch. So raunten sich die Menschen folgenden Kurzdialog zu:

Kohl fragt Honecker beim Empfang anlässlich seines Besuches: »Sagen Sie mal, Herr Honecker, was wurde eigentlich aus der alten Losung »Den Kapitalismus überholen, ohne ihn einzuholen«?

»Die gilt nicht mehr. Unsere Losung heißt heute: Den Kapitalismus überspringen!«

»Und wie weit sind Sie damit?«

»Wir gehen gerade in die Knie.«

Tja, 1987 sah alles für unseren ersten Mann so gut aus. Er genoss die Aufmerksamkeit beim Staatsbesuch und träumte gar von einem Empfang im Weißen Haus. Da er die Realitäten verdrängte oder einfach nicht wahrnahm, was passierte da? Da nahm eben das Unheil seinen Lauf. Sein sowjetischer Genosse in Moskau war längst sehr viel weiter …

Honecker bekommt von Gorbatschow ein Auto geschenkt.

Er setzt sich hinter das Lenkrad und will losfahren. Aber das Auto fährt nicht. Er steigt aus, sieht unter die Motorhaube – kein Motor drin!

»Aber Michael, das Auto hat ja gar keinen Motor!«

Gorbatschow meint: »Brauchst du auch nicht. Bei euch geht es doch sowieso nur noch bergab.«

»Und wenn es irgendwann wieder bergauf geht?«

»Dann sitzt *du* ganz bestimmt nicht mehr hinterm Steuer.«

So viele Erzähler politischer Witze haben nicht mehr erlebt, dass jene Mächtigen, die sie karikierten, ihre Macht verloren.

In der Sammlung »Geflüstertes. Die Hitlerei im Volksmund« ist als Autor »Vox Populi«, also die Stimme des Volkes, genannt. Der Band erschien 1948 im Freiheit Verlag Heidelberg.

Die beiden Herausgeber John Alexander Meier (der sammelte) und Kurt Sellin (der auswählte) tauchen nur im Kleingedruckten auf und legen Wert auf die Feststellung »Verfasser dieses Buches ist das leidende und lachende deutsche Volk«. So war es dann auch wieder nach 1989 ...

Gegen Ende der Nazi-Zeit kam ein Witz auf, der sich auch in den letzten Jahren des Ostblocks wieder ausbreitete. Es ging um die Anwerbung neuer Mitglieder für die Partei:

Wer ein neues Mitglied wirbt, braucht keine Parteiversammlung mehr zu besuchen.

Wer zwei neue Mitglieder bringt, darf aus der Partei austreten.

Wer drei neue Mitglieder bringt, erhält eine Bescheinigung, dass er nie Mitglied der Partei war.

Honecker blieb bis zum Schluss unbelehrbar und setzte gegen Ende noch diesen Spruch in die Welt:

»Den Sozialismus in seinem Lauf
hält weder Ochs noch Esel auf!«

Der Volksmund konterte sofort ungereimt:
»Den Sozialismus in seinem Lauf
hält weder Ochs noch Esel aus!«

Am Ende der DDR breitete sich im Zusammenhang mit der Massenflucht aus dem Land diese knappe Frage aus:

»Wie begrüßen sich mitunter die Bewohner des Landes?

»ND? ND? ND?«

Die beiden Großbuchstaben haben in diesem Zusammenhang überhaupt nichts mit der gebräuchlichen Abkürzung für die Tageszeitung »Neues Deutschland« zu tun, sondern die Auflösung lautete ausgesprochen: »NA DU? NOCH DA? NICHT DRÜBEN?«

»Weißt du, was du bei der Übersiedlung in die Bundesrepublik unbedingt mitnehmen musst?

»Nein.«

»Deinen DSF-Ausweis!«

»Warum?«

»Die Jahre der Mitgliedschaft in der Gesellschaft für Deutsch-Sowjetische Freundschaft werden dir drüben als Zeit in russischer Kriegsgefangenschaft anerkannt.«

In der Schlussphase der DDR kam auch ein Spruch auf, der auf besondere Weise Hoffnung ausdrückte. Vierzig Jahre hatte sich nichts im Sinne der Mehrheit verändert, aber nun ahnte man, dass – wie auch immer – große Veränderungen bevorstanden. Auf dem Weg in die Nikolaikirche kam ich mit einem Bekannten ins Gespräch über die Demonstrationen, den Mut von denen, die immer mehr wurden, über die Polizeigewalt, und dann verabschiedete er sich in der Grimmaischen Straße mit einem knappen satirischen Satz, der haargenau auf die neue Situation passte: »Es bleibt alles ... ganz anders.«

Diese kurze Feststellung symbolisierte, dass die Veränderung spürbar in der Luft lag.

Und auch diese Weisheit tauchte aus der Vergangenheit plötzlich wieder in der Umgangssprache auf:

»Was kennzeichnet eine revolutionäre Situation? Wenn die da unten nicht mehr wollen und die da oben nicht mehr können.«

Wolfgang Thierse, nach der Friedlichen Revolution Präsident des Deutschen Bundestages, schreibt über den Witz in der DDR: »Der in der DDR so blühende Volkswitz war Resultat einer Zwangslage, war Produkt jahrzehntelangen Mangels an Mündigkeit, Freizügigkeit, Wohlstand und hatte daher viele Funktionen zugleich: er löste die Wut, bot Trost bei lähmender Aussichtslosigkeit, brachte Farbtupfer ins monotone Grau des Alltagsleben, schaffte spontanen Konsens, fand und verband Gleichgesinnte unter Verhältnissen, die viel Realsatire enthielten.«

Am Ende des DDR-Kapitels möchte ich noch auf originelle Bezeichnungen zu sprechen kommen, die von der Kreativität des Volksmundes künden. Schier unerschöpflich erfand er Namen für Dinge aus dem Alltag, die er damit satirisch einordnete. Mitunter tragen diese Begriffe auch den Ansatz von Widerstand in sich, wenn damit auf die Lebenssituation in einer Diktatur reagiert wird.

Diese Wörter sind sozusagen die kürzesten politischen Witze, die es gibt.

Wenden wir uns in dem Zusammenhang zunächst jenem Kleinwagen aus meiner Heimatstadt Zwickau zu, der die Bürger der DDR wie kein anderes Objekt zu Wortschöpfungen anregte.

Das reicht vom »Zwickauer Flüchtlingskoffer« bis »Rennpappe«, »Gehhilfe«, »Carton de blamage«, »Sachsenporsche«, »Arbeiter- und Bauern-Volvo« bis »Mercedes Krenz«.

Oder eben »Zittröhn 601«. Die Erklärung: Vorn zittert er, hinten dröhnt er. 600 wollen ihn haben, einer kriegt ihn.

Und was ist der Unterschied zwischen einem Trabbi und einem Trabbi Sport?

Beim Trabbi-Sport hat der Fahrer Turnschuhe an.

Für das Heranholen von sehnsüchtig erwarteten Waren oder Baumaterialien aus anderen Orten hatte sich manch einer an seinem Auto eine Hängerkupplung anbringen lassen, die der Volksmund sehr treffend »Hamsterhaken« taufte.

Der morgendliche Städteschnellverkehr der Deutschen Reichsbahn (die hieß tatsächlich in der sozialistischen DDR noch so!), der diverse Leitungskader zu Besprechungen in die Ministerien brachte, wurde »Bonzenschleuder« genannt. Auch die Dienstwagen der SED-Funktionäre bezeichnete man so.

Bis in die sechziger Jahre kam es immer wieder zu Versorgungsschwierigkeiten selbst mit so wichtigen Lebensmitteln wie Butter. Deswegen nannte sie der Volksmund in »Kapitalistischer Brotaufstrich« um. Die Margarine im Land wurde aus gutem Grund mit den drei Großbuchstaben »BBB« abgekürzt. Ausgesprochen bedeutete dies »Backen-Braten-Bohnern«.

Bis zum Ende der DDR waren Südfrüchte absolute Mangelware. Apfelsinen gab es zumeist nur in der Weihnachtszeit. Deshalb erhielten sie den schönen Namen »Jahresendfrucht«.

Wissen Sie, dass es in unseren Gewässern – einmalig in der Welt – eine besonders seltene Fischart gab?

Er hieß »Dreifarbenfisch«: »Grün gefangen, braun geräuchert, schwarz verkauft.«

Hinter diesem seltenen Exemplar der Natur verbirgt sich der Aal.

In der DDR wandelte sich mitunter die Kaufhalle zum »Pornoshop« um. Die Erklärung: Wegen fehlender Ware gab es darin »nackte Schaufenster« und »entblößte Regale«.

Die Genossen vom Staatssicherheitsdienst waren die »Firma«, die »Innere Mission« oder eben »VEB Horch und Guck«. Und wenn die unauffällig auffälligen Herren, die »Sicherheitsnadeln«, bei Festen oder Demonstrationen vor allem in der Nähe der Ehrentribüne mit einem kleinen Regenschirm in der Hand für eine störungsfreie Durchführung sorgten, dann stand dort die »Knirpskolonne«.

Besonders unbeliebt war bei den jungen Männern die Zeit in den grauen Uniformen bei der Nationalen Volksarmee. Deshalb wurde die NVA auch »Asche« genannt. Oder »VEB Gleichschritt«. Viele Jahre war Armeegeneral Heinz Hoffmann Chef der Truppe, deswegen befehligte er aus Volkes Sicht »Hoffmanns Trachtentruppe«.

Das SED-Parteiabzeichen, das am Jackett getragen werden musste, klebte als »Bonbon« am Revers. Die Nähe zum Stoff brachte ihm auch den Namen »Webfehler« ein. Seine Form deutete auf eine »Existenzellipse« hin.

Parteifunktionäre redeten vor allem viel, und so traf die Bezeichnung »Mundwerktätiger« ins Schwarze, dem Sekretär für Agitation und Propaganda wurde aus gutem Grund ein besonderer »Ehrentitel« verliehen: »Nebelwerfer«.

Vorträge zur ideologischen Ausrichtung wurden medizinisch beschrieben: »Rotlichtbestrahlung«, bei Lehrgängen kam es dann zur »Runderneuerung«.

Die sogenannten Volkswahlen, bei denen nur über die zwei Zahlen hinter dem Komma gewettet wurde, die 99 davor stand schon fest, diese »Wahlen« gerieten in einer

Mischung von Zorn und Fatalismus zur »Zettelfaltveranstaltung«.

Von den Arbeitern stammt ein Begriff für die aufgeblähten Verwaltungen der sogenannten sozialistischen Großbetriebe: der »Wasserkopf« bezog Quartier in der »Faultierfarm«. Dort saßen dann an den Schreibtischen die »Lackschuhe«.

Das Wort Smog gab es in der DDR nicht. Es wurde tunlichst vermieden, auf Schädigungen der Natur durch die Industrie einzugehen. Der Volksmund umschrieb deshalb den Smog mit »Sozialistischer Industrienebel«.

Die DDR war »das Land der begrenzten Unmöglichkeiten«, ein DDR-Bürger ein »Russe de luxe«, und die Landeswährung nannte man »Alu-Chips« oder »Spielgeld«. Manch einer ließ konspirativ erkennen, dass er für eine besondere Handwerker- oder Versorgungsleistung »Blaue Fliesen«, »Bunte« oder ein »Dürer-Bild« sehen wollte.

Damit waren dann D-Mark gemeint.

1989 konnte man sich noch nicht vorstellen, dass diese Währung bald im Leben aller DDR-Bürger eine Selbstverständlichkeit sein würde. Aber es war nun die Zeit gekommen, dass der Volksmund die Produktion seiner Wortschöpfungen, zu denen ihn der »real existierende Sozialismus« angeregt hatte, einstellen konnte.

Als die Volksrepublik Ungarn am 10. September des Jahres ihre Grenze zu Österreich öffnete und damit vielen DDR-Bürgern die Flucht in den Westen ermöglichte, war das für die Menschen zwischen Suhl und Saßnitz der »Tag der Hinterbliebenen«, vermutlich die letzte satirische Formulierung zum Leben im Osten.

Glücklicherweise versanken die »Hinterbliebenen« nicht in Trauer und Lethargie, sondern fassten Mut und brachen auf. Überall im Land. Vorreiter wurde meine Heimatstadt Leipzig, und den Umbruch leitete symbolisch

20 *Montagsdemo am 16. Oktober 1989 in Leipzig*

die Demonstration der 70 000 (ziemlich sicher waren es sogar noch mehr) am 9. Oktober 1989 ein. Es wurde jener Tag, an dem die Macht im Angesicht der Massen vor dem Volk kapitulierte.

Die Tage der DDR … und des Ostblocks waren gezählt.

Und dadurch wurde schließlich eine »freie Spitze« Realität, die man über Jahre im Freundeskreis wiedergegeben hatte:

»Was ist Sozialismus? … Der längste Weg vom Kapitalismus zum Kapitalismus.«

Freud schrieb einst: »Der Witz dient dazu, das sagen zu können, was man nicht sagen darf.«

Das galt besonders für den politischen Witz im Ostblock. Und diese Sentenz gilt logischerweise für alle Diktaturen.

Kleine Schlussbemerkung

1990 ging in Osteuropa eine geschichtliche Epoche zu Ende.

Mit ihr starb der politische Witz in jenen Ländern. Der Mensch brauchte ein Ventil.

Humor war dafür bestens geeignet. Es gibt keine bessere Seelenhygiene als das Lachen.

Und die Völker zwischen Wernigerode, Varna und Wladiwostok hatten dieses Lachen zwischen 1945 und 1989 bitter nötig … die Bewohner der Sowjetunion noch einige Jahrzehnte länger.

Adam Michnik schreibt in seinem Buch »Der lange Abschied vom Kommunismus«: »Wir verabschieden ein System, in dem der Staat Eigentum einer totalitären Partei und der Mensch Eigentum dieses Staates war. Wir verabschieden ein System, dessen Utopie von Planwirtschaft und sozialer Gerechtigkeit sich als eine Versuchung, dessen Idee von Gleichheit und Harmonie in den menschlichen Beziehungen sich als Täuschung erwies.«

Marx hatte einst gesagt, dass der Kapitalismus an seinen inneren Widersprüchen kaputtgehen würde. Er konnte nicht ahnen, dass genau dieses Schicksal einst einem Sozialismus widerfahren sollte, der sich in der Zeit seiner Existenz auf ihn berufen hatte.

Was ich aber bei der Gelegenheit den Nachgeborenen auch sagen möchte: In all diesen Ländern und bei all diesen schwierigen Zeiten haben die Menschen trotzdem intensiv gelebt, geliebt, gefeiert und vor allem eben – viel gelacht!

Nach unserem Eindruck hat die Bevölkerung in Nordkorea nichts zu lachen, und wir vermuten lediglich eine verordnete Fröhlichkeit. Dort scheint man zu lachen, wenn es erwünscht ist, und zu trauern, wenn es die Situation erfordert.

Es hat mich überhaupt nicht verwundert, als ich im Internet las, dass einer der klassischen Witze aus dem Ostblock dort noch lebt:

Zwei Stecknadeln gehen spazieren. Da sagt die eine: »Soll ich dir mal den neuesten Witz erzählen?«

»Nicht jetzt, hinter uns geht eine Sicherheitsnadel.«

Im heutigen China war bei den jungen Leuten eine Witze-App sehr beliebt. Die »Frankfurter Allgemeine Zeitung« benannte in einem Beitrag diese App: »frech, subversiv und hintergründig«. Warum »war«? Sie wurde von der Zensur stillgelegt.

Und wie reagierte das entsprechende Internetunternehmen darauf? Es streute sich Asche aufs Haupt und meinte, dass sein Produkt wohl nicht »mit den sozialistischen Kernwerten« vereinbar gewesen wäre ... Die Vereinigung von Kommunismus, Kapitalismus *und* Demokratie funktioniert eben in China überhaupt nicht.

Und wie ist in Deutschland heute die Lage in Sachen politischer Witz?

Es gab ja auch im freien Westen politische Witze, die man – im Gegensatz zum Osten – überall in der Öffentlichkeit erzählen konnte. Also jetzt, wo wir alle könnten, da können wir mitunter nicht mehr. Warum? Dem Volk ist der Witz ausgegangen. Seit dem rasanten Wandel der Wendejahre, also seit nunmehr über dreißig Jahren ist er verschwunden.

Das immer schneller gewordene Leben mit Handy,

Computer, Internet und Globalisierung hat dazu wohl beigetragen. Die Kreativität ist versiegt.

»Wir leben in einer Zeit vollkommener Mittel und verworrener Ziele.« Dieser Aphorismus scheint auf den ersten Blick aus unseren Tagen zu stammen. Die Diagnose täuscht jedoch. Ihn schrieb im vorigen Jahrhundert Albert Einstein. Tröstet uns das?

Oder erhöht das eher die Verunsicherung, dass die Menschheit wieder in sehr unsicheres Fahrwasser geraten ist?

Und dann kommt noch dazu: Jetzt, wo wir Ostdeutschen froh sind, dass es die Zensur seit über 30 Jahren nicht mehr gibt, machen sich plötzlich Ehrenamtliche auf diesem Sektor breit.

Zensur – das geht auch ohne Diktatur.

Wer etwas vermeintlich Falsches sagt, steht schnell am digitalen Pranger. Und das bleibt für immer. Es gibt inzwischen im Land da und dort einen moralischen Rigorismus, der es so manchem Bürger, Journalisten oder Künstler schwermacht, sich in der Öffentlichkeit unbeschwert zu artikulieren. Dann zieht auf der politischen Wetterkarte schnell ein Shitstorm auf.

Aber das ist nicht etwa ein rein deutsches Problem. In der »Leipziger Volkszeitung« las ich einen Beitrag über die französische Autorin Caroline Fourest, eine frühzeitige Kämpferin gegen Sexismus, Homophobie und Rassismus (sie war auch Mitarbeiterin der bekannten Satirezeitschrift »Charlie Hebdo«). Ihr Buch heißt »Generation Beleidigt«. Sie bezieht sich auf ihre Erfahrungen und den wachsenden Einfluss von »linken Identitären« in den USA und Frankreich und formuliert: »Wie alle Stürme kommen die üblen Winde der modernen Inquisition zunächst in den sozialen Netzwerken auf. Als ein Ort der Freiheit ist das Internet zugleich ein Ort der Unterstellungen.« Deshalb formuliert sie im Untertitel scharf »Von der Sprachpolizei zur Gedankenpolizei«.

Janina Fleischer schreibt in diesem Zeitungsbeitrag über die Autorin: »Sie plädiert dafür, der Öffentlichkeit zu überlassen, ihre Urteile selbst zu fällen. Angesichts einer Empörung, die auch Furor genannt werden kann, warnt sie vor einer ›narzisstischen und neurotischen Generation, deren Wut auf Andersdenkende dank der sozialen Netzwerke noch verstärkt wird.‹«

Unter Meinungsaustausch, das ist mein Eindruck, verstehen bestimmte Tugendwächter und Sprachpolizisten (die Tag und Nacht auf Streife gehen), dass man nach einem Gespräch mit ihrer Meinung vom Tisch aufsteht. Sie geben die Norm vor.

Hans Joachim Maaz, Psychiater und Autor aus Halle, hat für solche und ähnliche Leute einen Begriff parat, sie leiden an Normopathie.

Aber wo, bitte, soll man denn sonst unterschiedliche Meinungen haben dürfen und aushalten müssen, wenn nicht in einer Demokratie?

Und wo sonst hat der Mensch ein verbrieftes Recht auf eine eigene Meinung?

Konrad Paul Liessmann, Professor für Methoden der Vermittlung von Philosophie und Ethik an der Universität Wien, schrieb unter diesem Gesichtspunkt in der »Neuen Züricher Zeitung«: »Witze zu unterdrücken, Satire zu verbieten, Humor zu verbannen gehört deshalb zum wichtigsten Arsenal aller selbstgefälligen Weltverbesserer: Sie möchten nicht daran erinnert werden, dass in ihrem Inneren nicht alles so gut ist, wie es die Parole verkündet.«

Und die Weltverbesserer haben sich ja in den letzten Jahren stattlich vermehrt.

Und so meint Professor Liessmann: »Nicht nur die Humorlosigkeit der neuen Verbotskultur ist mittlerweile hemmungslos geworden. Die schrille Attitüde der moralischen Überlegenheit wirkt dabei unfreiwillig komisch. Dass so viele vor dieser erzittern, ist hingegen ein schlechter Witz.«

Apropos »moralische Überlegenheit«.

In München stellten Grüne die Erich-Kästner-Straße in Frage. Bitte? Erich Kästner?

Jener Schriftsteller, der zeitlose, von alten und jungen Menschen geliebte Kinderbücher und ergreifende Gedichte gegen den Militarismus geschrieben hat?

Was sollte es da für einen Grund geben?

Die Benennung müsste geprüft werden, weil … er während der Nazizeit nicht emigriert ist.

Da fällt einem nichts mehr ein.

Höchstens: So ist das eben, wenn sich Kleingeister an große Geister wagen.

Im Sozialismus jedenfalls hatten kleine Geister auch die Chance, an die Macht zu kommen.

Aber wie wir gesehen haben, gilt immer noch diese alte Volksweisheit: »Wer zuletzt lacht, lacht am besten.«

Die Völker des Ostblocks haben den Beweis angetreten. Wir haben zuletzt gelacht.

Plötzlich wurde ein Satz Realität, der immer sehr doppelbödig war: »Die Partei geht mit der Zeit.«

Aber ehe sie tatsächlich ging – das dauerte vielleicht!

Mein Fazit in Sachen politischer Witz im Ostblock ist jedenfalls: Das Originellste, was der Sozialismus hervorgebracht hat – das waren die Witze über ihn …

Dank

Mein besonderer Dank gilt Dr. Thorsten Ahrend für sein sorgsames Lektorat und die gute Zusammenarbeit.

Meinem Freund und Kollegen Küf Kaufmann danke ich für einige Witze, die er in seinen Leningrader Jahren gehört hat, sowie für Informationen aus seinem sowjetischen Alltag.

Ich bedanke mich beim Polnischen Institut Berlin – Filiale Leipzig. Rainer Mende fand und übersetzte für das Buch freundlicherweise einige Witze und bereicherte damit das Kapitel »Volksrepublik Polen«.

An diesen und jenen Witz erinnerten mich das Internet, Arnulf Eichhorn, Egbert Herfurth, Dr. Dietmar Keller, Vladimir Larkin und Katrin Mayer-Larkin, Eleni Vafiadu (die für mich das tschechische Internet durchstöberte).

Bei einigen historischen Fakten half mir das Nachschlagen bei Wikipedia.

Im Kapitel »Union der Sozialistischen Sowjetrepubliken« und »Volksrepublik Rumänien« verwendete ich einige Passagen aus meinem Buch »Es bleibt alles ganz anders« (vergriffen, erscheint nicht wieder). Ein Text im Kapitel über die Sowjetunion und eine Episode im Kapitel über die DDR stammt aus »Dämmerschoppen« (erscheint ebenfalls nicht wieder).

Verwendete Literatur

Assuntino, Rudi und Goldkorn, Wladek: Der Hüter – Marek Edelmann erzählt, Verlag C. H. Beck, München 2002

Böll, Heinrich: Der Panzer zielte auf Kafka, Kiepenheuer & Witsch, Köln 2018

Brandt, Willy: Lachen hilft, Piper Verlag, München 2001

Bronner, Gerhard: Tränen gelacht, F. A. Herbig Verlagsbuchhandlung, Wien München 1999

Checinski, Michael Moshe: Der traurige Frühling, Eichborn Verlag, Frankfurt am Main 2003

Dalos, György: Proletarier aller Länder, entschuldigt mich! Edition Temmen, Bremen 1993

Dalos, György: Der Vorhang geht auf, Verlag C. H. Beck, München 2009

Dor, Milo und Federmann, Reinhard: Der politische Witz, Verlag Kurt Desch, München/Wien/Basel 1964

Drozdzynski, Alexander: Der politische Witz im Ostblock, Droste Verlag, Düsseldorf 1974

Engel, Hans-Ulrich: Nichts Neues an der finnisch-chinesischen Grenze, Olzog Verlag, München 1984

Filip, Ota und Steiger, Ivan: Schwejk heute, Universitas, Berlin 1977

Goldstücker, Eduard: Prozesse – Erfahrungen eines Mitteleuropäers, Albrecht Knaus Verlag, München und Hamburg 1989

Handloik, Volker und Hauswald, Harald (Herausgeber): Die DDR wird 50, Aufbau Verlag, Berlin 1999

Herzog, Wilhelm: Menschen, denen ich begegnete, Francke Verlag, Bern und München 1959

Hirche, Kurt: West-östlicher Witzdiwan, Econ Verlag, Düsseldorf Wien 1977

Janka, Walter: Schwierigkeiten mit der Wahrheit, Rowohlt Taschenbuch Verlag, Hamburg 1989

Jaruzelski, Wojciech: Mein Leben für Polen, Piper Verlag, München 1993

Kalina, Ján L.: Nichts zu lachen, F. A. Herbig Verlagsbuchhandlung, München 1980

Koestler, Arthur: Der Yogi und der Kommissar, Suhrkamp, Frankfurt 1974

Kordon, Klaus: Der erste Frühling, Beltz und Gelberg, Weinheim 1993

Kostolany, André: Kostolany's Notizbuch, Verlag Busse + Seewald, Herford 1988

Krall, Hanna: Die Untermieterin, neue kritik, Frankfurt am Main 1986

Laub, Gabriel: Verärgerte Logik, Carl Hanser Verlag, München 1969

Laub, Gabriel: Die Kunst des Lachens, Langen Müller, München 1997

Lec, Stanisław Jerzy: Unfrisierte Gedanken, Carl Hanser Verlag, München 1970

Lendvai, Paul: Antisemitismus ohne Juden, Europaverlag, Wien 1972

Leonhard, Wolfgang: Die Revolution entlässt ihre Kinder, Kiepenheuer & Witsch, Köln 1955

Leonhard, Wolfgang: Anmerkungen zu Stalin, Rowohlt, Berlin 2009

Levy, Alan: Verlorener Frühling, Vitalis, Prag 1998

Lewis, Ben: Das komische Manifest, Karl Blessing Verlag, München 2010

Loest, Erich: Durch die Erde ein Riss, Hoffmann und Campe Verlag, Hamburg 1981

Marx, Werner und Wagenlehner, Günther: Das tschechische Schwarzbuch, Seewald Verlag, Stuttgart-Degerloch 1969
Michnik, Adam: Der lange Abschied vom Kommunismus, Rowohlt Taschenbuch Verlag, Hamburg 1992
Mlynář, Zdeněk: Nachtfrost, Europäische Verlagsanstalt, Köln, Frankfurt am Main 1978
Mňačko, Ladislav: Die siebente Nacht, Verlag Fritz Molden, Wien/München/Zürich 1968

Nekrassow, Vladimir F. (Hrsg.): Berija, Henker in Stalins Diensten. Ende einer Karriere, Bechtermünz Verlag, Augsburg 1997

Orlowa-Kopelew, Raissa: Eine Vergangenheit, die nicht vergeht, Albrecht Knaus Verlag, München und Hamburg 1985

Popper, Karl: Die offene Gesellschaft und ihre Feinde, Mohr Siebeck Verlag, Tübingen 1992
Potok, Chaim: Novembernächte, Paul Zsolnay Verlag, Wien 1998

Röhrich, Lutz: Der Witz, Deutscher Taschenbuch Verlag, München 1980

Schiewe, Andrea und Schiewe, Jürgen: Witzkultur in der DDR, Vandenhoeck & Ruprecht, Göttingen 2000
Serke, Jürgen: Das neue Exil. Die verbannten Dichter, Fischer Taschenbuch Verlag, Frankfurt am Main 1985

Vox Populi: Geflüstertes, Freiheit-Verlag, Heidelberg 1948

Wagner, Reinhard: DDR-Witze, Dietz Verlag, Berlin 1994
Wainer, Arkadi und Georgi: Im Zeichen von Schlinge und Stein, Verlag Volk und Welt, Berlin 1991
Willenbacher, Jörg: Deutsche Flüsterwitze, Verlagsanstalt »Graphia«, Karlsbad 1935

Bildnachweis

action press: 19
akg-images: 1, 16
dpa: 17
Gerhard Gäbler: 20
imago stock & people: 7
Katrin Hart: 4
Norbert Homann: 5
Bernd-Lutz Lange: 2, 3, 10, 11
picture alliance/ullstein bild: 6
Shutterstock: 9
Silvia-Marita Plath: 12
UIG/FOTOFINDER.COM: 14, 15
ullstein bild – Chotas: 13
ullstein bild – CTK: 8
Wolfgang G. Schröter: 18

Bernd-Lutz Lange, Sascha Lange
David gegen Goliath
Erinnerungen an die Friedliche Revolution
221 Seiten. Gebunden mit Schutzumschlag
ISBN 978-3-351-03787-1
Auch als E-Book lieferbar

Erinnerungen an den Herbst 1989

Der 9. Oktober 1989 in Leipzig ist der schicksalhafteste Tag der Friedlichen Revolution. Hochgerüstete Polizisten standen mehr als 70 000 Menschen gegenüber. Der gewaltlose Ausgang des Tages hat viele Väter, viele Mütter. Als einer der »Leipziger Sechs« arbeitete Bernd-Lutz Lange am 9. Oktober mit an einen Aufruf, den Kurt Masur über den Stadtfunk verlas und der dazu beitrug, dass diese Montagsdemonstration friedlich verlief.
Dreißig Jahre danach begibt sich Bernd-Lutz Lange auf Spurensuche und entdeckt noch bislang Unbekanntes. Sein Sohn, der Historiker Sascha Lange, zeichnet anhand überlieferter Akten die Ereignisse nach und zeigt, welchen immensen Aufwand der SED-Staat betrieb, um das zu verhindern, was er nicht mehr verhindern konnte – das Aufbegehren mündiger Bürger für Freiheit und Demokratie.

Regelmäßige Informationen erhalten Sie über unseren Newsletter.
Jetzt anmelden unter: www.aufbau-verlage.de/newsletter

aufbau